核心素养理念下的
高中数学
教学策略

田世广◎编著

辽宁师范大学出版社

·大连·

图书在版编目(CIP)数据

核心素养理念下的高中数学教学策略 / 田世广编著
. -- 大连 : 辽宁师范大学出版社, 2023.11
　　ISBN 978-7-5652-4243-4

　　Ⅰ.①核… Ⅱ.①田… Ⅲ.①中学数学课 – 教学研究
– 高中 Ⅳ.①G633.602

中国国家版本馆CIP数据核字(2023)第204041号

HEXIN SUYANG LINIAN XIA DE GAOZHONG SHUXUE JIAOXUE CELUE

核 心 素 养 理 念 下 的 高 中 数 学 教 学 策 略

出 版 人：王　星
责任编辑：王迷林　陈伟荣
责任校对：刘海莲　孔德镇
装帧设计：周　飞　宇雯静

出 版 者：辽宁师范大学出版社
地　　址：大连市黄河路850号
网　　址：http://www.lnnup.net
　　　　　http://www.press.lnnu.edu.cn
邮　　编：116029
营销电话：（0411）82159127　82159912　82159913
印 刷 者：大连丽彩数字印刷有限公司
发 行 者：辽宁师范大学出版社

幅面尺寸：170 mm × 230 mm
印　　张：16.75
字　　数：265千字

出版时间：2023 年 11 月第 1 版
印刷时间：2023 年 11 月第 1 次印刷
书　　号：ISBN 978-7-5652-4243-4

定　　价：69.80元

前　言

　　高中阶段是学生数学学科学习思维及能力培养的重要阶段，教师要站在学生的角度，培养学生的数学素养，这会对学生后期的发展起主要作用，而且会对学生的成长成才产生重要影响。在高中数学教学中，教师培养学生的核心素养，不仅能使学生在课堂学习中养成良好的习惯，还能使学生形成严谨的逻辑思维及数学观。若以基础的数学知识与技能为本体，则数学学科的核心素养是"用"，即教师在数学课堂的教学中需要做到"体用结合"，以使学生在学习数学知识的基础上学会应用数学知识，解决数学问题，从而实现良好的发展。从教师的角度来看，数学学科的核心素养能通过指导得以实现。教师在进行教学目标的设置时，需要将数学素养的培养作为中心，在实际教学中培养学生的数学素养，这样既能提升学生的数学素养，锻炼学生的数学思维，又能调动学生学习数学知识的积极性，从而使学生实现有效学习。另外，数学教师在进行评价时，也应以核心素养为标准，对学生的学习成效及教师的教学成果进行检验，从而确保高中数学的教学任务得以顺利完成，并通过合理制订教学计划，促进数学课堂教学效果的提升。因此，数学学科核心素养的培养，不仅带给教师挑战，还带给教师机遇，这就需要教师结合学生的实际情况，促进数学课堂教学水平的提高。

　　本书共有八章内容。第一章介绍了核心素养基本概述，数学核心素养基本概述，相关基础理论依据；第二章介绍了基于核心素养的导学案设计理论根据，基于核心素养的导学案设计工作，基于核心素养的导学案设计原则、构成要素和模式，典型数学课型的基于核心素养的导学案设计；第三章介绍了培养高中生数学抽象素养的教学策略，培养高中生数学直观想象素养的教学策略，培养高中生数学逻辑推理素养的教学策略，培养高中生数学运算素养的教学策略；第四章介绍了研究背景及国内外现状，高中数学教师数据素养的理论概述，高中数学教师数据素养存在的问题及原因，高中数学教师数据素养的培养路径；第五章介绍了信息化发展历程及新课改的要求，信息化技术与高中数学的整合及理论，促进信息化技术与高中数学有效整合的策略；第六章介绍了微信教学产生的背景及现状，移动学习与学习微型化的相关理论，基于微信公众平台的高中数学微型移动学习课程个案设计；第七章介绍了翻转课堂产生的背景及理论，翻转课堂教学的研究及理论，翻转课堂有效教学设计；第八章介绍了大数据产生的背景，大数据与高中数学的联系及应用，大数据背景下高中数学有效教学研究，高中数学数据分析有效教学策略，大数据背景下高中生心智发展研究——以数形结合为例。

　　限于作者水平，书中难免存在不妥及疏漏之处，敬请读者批评指正。

编者

2023 年 6 月

目 录

第一章　核心素养及数学素养的基本概述

第一节　核心素养基本概述

核心素养的研究是应对社会发展变化提出的新课题，是国际上课程改革的总体趋势。中华人民共和国教育部于2014年初确立了基于核心素养的课程改革，明确普通高中课程标准的修订围绕核心素养展开，在教学中发展学生学科核心素养并将其作为学生学习评价的指标。教育部颁布的《中国学生发展核心素养》明确提出核心素养的概念及其要素："学生发展核心素养，主要指学生应具备的，能够适应终身发展和社会发展需要的必备品格和关键能力。""核心素养以培养'全面发展的人'为核心，分为文化基础、自主发展、社会参与三个方面，综合表现为人文底蕴、科学精神、学会学习、健康生活、责任担当、实践创新六大素养，具体细化为国家认同等十八个基本要点。"

为了倡导核心素养教育理念，发展学生核心素养需要凝练各个学科的核心素养，进一步落实在学科教学中。因此，教育部于2014年以高中为切入点进行课程标准修订工作。"各学科的核心素养是什么""不同阶段核心素养水平应如何划分"等是课程标准修订中专家们需要解决的问题。经过各个学科领域专家们的不断交流和探讨，凝聚各学科核心思想的学科核心素养最终被确定下来。从此，各学科的核心素养被写进课程标准。

《普通高中数学课程标准（2017年版）》将数学核心素养界定为"具有数学基

本特征的、适应个人终身发展和社会发展需要的人的思维品质与关键能力"。同时指出数学核心素养是数学课程目标的集中体现，是在数学学习的过程中逐步形成的。教师要树立以培养学生数学核心素养为导向的教学意识。数学核心素养是指学生通过数学学习而具备的自身学习及未来发展所必需的思维和能力，实现学生在数学上的发展以及在其他领域对教学的应用。

　　培养学生数学核心素养具有重要的现实意义。第一，数学核心素养是数学教育的总目标。史宁中教授在一次接受访谈中提到数学教育的终极目标为会用数学的眼光观察现实世界，会用数学的思维思考现实世界，会用数学的语言表达现实世界。数学的眼光即数学抽象和直观想象素养，数学的思维即逻辑推理和数学运算素养，数学的语言即数学建模和数据分析素养。第二，数学核心素养反映数学的本质。史宁中还提到，抽象、推理、模型是数学产生和发展所依赖的基本思想。通过抽象把事物蕴含的数量关系和图形关系抽象出来，并对其定义和表示来获得研究对象；通过推理丰富数学结论，发展数学知识；通过模型把数学知识应用于外部世界，实现数学价值与进一步的发展。数学运算贯穿在代数中，学生需要理解运算对象、掌握运算法则、探索运算思路、设计运算程序。直观想象与几何密切联系，学生在掌握图形结构特征的同时形成直观思维，发展空间想象能力，并能建立代数与几何的联系，构建直观模型。数据分析与统计相关，从数据获取到数据分析再到知识建构的过程是形成学生数据分析能力的过程。

　　通过数学核心素养的培养，促进学生掌握知识，提高数学应用能力，塑造理性思维和提升创造力，即学生会学习数学、会应用数学、会数学思考、会数学创新。数学核心素养的形成是数学教育价值的具体表现，最终要落实到教学活动上。

第二节　数学核心素养基本概述

　　数学学科核心素养是学生在数学学习和应用的过程中逐步形成和发展的数学

课程目标的集中体现，是具有数学基本特征的思维品质、关键能力以及情感、态度与价值观的综合体现。

数学学科核心素养包括：数学抽象、逻辑推理、数学建模、直观想象、数学运算和数据分析。

为落实党的十八大、十九大关于立德树人的要求，进一步深化基础教育课程改革，教育部组织 260 多位专家对普通高中课程方案和语文等 14 门学科课程标准进行了修订，历时 4 年全部完成，经国家教材委员会审查通过，于 2017 年底印发。新的课程方案和课程标准中，各学科首次凝练提出学科核心素养。

学科核心素养是育人价值的集中体现，是学生通过学科学习而逐步形成的正确价值观、必备品格和关键能力。中国学生发展核心素养是党的教育方针的具体化、细化。为建立核心素养与课程教学的内在联系，充分挖掘各学科课程教学对全面贯彻党的教育方针、落实立德树人根本任务、发展素质教育的独特育人价值，各学科基于学科本质凝练了本学科的核心素养，明确了学生学习该学科课程后应达成的正确价值观、必备品格和关键能力，对知识与技能、过程与方法、情感态度与价值观三维目标进行了整合。

一、数学学科核心素养内容

（一）数学抽象

数学抽象是指通过对数量关系与空间形式的抽象，得到数学研究对象的素养。主要包括：从数量与数量关系、图形与图形关系中抽象出数学概念及概念之间的关系，从事物的具体背景中抽象出一般规律和结构，并用数学语言予以表征。

数学抽象是数学的基本思想，是形成理性思维的重要基础，反映了数学的本质特征，贯穿在数学产生、发展、应用的过程中。数学抽象使得数学成为高度概括、表达准确、结论一般、有序多级的系统。

数学抽象主要表现为：获得数学概念和规则，提出数学命题和模型，形成数学方法与思想，认识数学结构与体系。

（二）逻辑推理

逻辑推理是指从一些事实和命题出发，依据规则推出其他命题的素养。主要包括两类：一类是从特殊到一般的推理，推理形式主要有归纳、类比；一类是从一般到特殊的推理，推理形式主要有演绎。

逻辑推理是得到数学结论、构建数学体系的重要方式，是数学严谨性的基本保证，是人们在数学活动中进行交流的基本思维品质。

逻辑推理主要表现为：掌握推理基本形式和规则，发现问题和提出命题，探索和表述论证过程，理解命题体系，有逻辑地表达与交流。

（三）数学建模

数学建模是对现实问题进行数学抽象，用数学语言表达问题、用数学方法构建模型解决问题的素养。数学建模过程主要包括：在实际情境中从数学的视角发现问题、提出问题，分析问题、建立模型，确定参数、计算求解，检验结果、改进模型，最终解决实际问题。

数学模型搭建了数学与外部世界联系的桥梁，是数学应用的重要形式。数学建模是应用数学解决实际问题的基本手段，也是推动数学发展的动力。

数学建模主要表现为：发现和提出问题，建立和求解模型，检验和完善模型，分析和解决问题。

（四）直观想象

直观想象是指借助几何直观和空间想象感知事物的形态与变化，利用空间形式特别是图形，理解和解决数学问题的素养。主要包括：借助空间形式认识事物的位置关系、形态变化与运动规律；利用图形描述、分析数学问题；建立形与数的联系，构建数学问题的直观模型，探索解决问题的思路。

直观想象是发现和提出问题、分析和解决问题的重要手段，是探索和形成论证思路、进行数学推理、构建抽象结构的思维基础。

直观想象主要表现为：建立形与数的联系，利用几何图形描述问题，借助几何直观理解问题，运用空间想象认识事物。

（五）数学运算

数学运算是指在明晰运算对象的基础上，依据运算法则解决数学问题的素养。主要包括：理解运算对象，掌握运算法则，探究运算思路，选择运算方法，设计运算程序，求得运算结果等。

数学运算是解决数学问题的基本手段。数学运算是演绎推理，是计算机解决问题的基础。

数学运算主要表现为：理解运算对象，掌握运算法则，探究运算思路，求得运算结果。

（六）数据分析

数据分析是指针对研究对象获取数据，运用数学方法对数据进行整理、分析和推断，形成关于研究对象知识的素养。数据分析过程主要包括：收集数据，整理数据，提取信息，构建模型，进行推断，获得结论。

数据分析是研究随机现象的重要数学技术，是大数据时代数学应用的主要方法，也是"互联网＋"相关领域的主要数学方法，数据分析已经深入到科学、技术、工程和现代社会生活的各个方面。

数据分析主要表现为：收集和整理数据，理解和处理数据，获得和解释结论，概括和形成知识。

二、数学学科核心素养与高中数学课程

（一）数学抽象

通过高中数学课程的学习，学生能在情境中抽象出数学概念、命题、方法和体系，积累从具体到抽象的活动经验；养成在日常生活和实践中一般性思考问题的习惯，把握事物的本质，以简驭繁；运用数学抽象的思维方式思考并解决问题。

（二）逻辑推理

通过高中数学课程的学习，学生能掌握逻辑推理的基本形式，学会有逻辑地思考问题；能够在比较复杂的情境中把握事物之间的关联，把握事物发展的脉络；形成重论据、有条理、合乎逻辑的思维品质和理性精神，增强交流能力。

（三）数学建模

通过高中数学课程的学习，学生能有意识地用数学语言表达现实世界，发现和提出问题，感悟数学与现实之间的关联；学会用数学模型解决实际问题，积累数学实践的经验；认识数学模型在科学、社会、工程技术诸多领域的作用，提升实践能力，增强创新意识和科学精神。

（四）直观想象

通过高中数学课程的学习，学生能提升数形结合的能力，发展几何直观和空间想象能力；增强运用几何直观和空间想象思考问题的意识；形成数学直观，在具体的情境中感悟事物的本质。

（五）数学运算

通过高中数学课程的学习，学生能进一步发展数学运算能力；有效借助运算方法解决实际问题；通过运算促进数学思维发展，形成规范化思考问题的品质，养成一丝不苟、严谨求实的科学精神。

（六）数据分析

通过高中数学课程的学习，学生能提升获取有价值信息并进行定量分析的意识和能力；适应数字化学习的需要，增强基于数据表达现实问题的意识，形成通过数据认识事物的思维品质；积累依托数据探索事物本质、关联和规律的活动经验。

核心素养的提出是为了适应当今社会发展对人才的新要求，其一方面是为了落实国家关于立德树人的根本任务，另一方面是为了培养学生具备终身发展和适应社会需要的能力和素养。

数学作为中学学习中重要的基础性学科，以往的教育教学更多地注重以教师大量的讲授和学生大量的习题训练来使学生巩固相关的学科知识，并通过多次考试检验教与学的情况。但从长期来看，这并不符合时代发展的要求，也不利于学生长远的发展，且对于数学学科的发展有很大的制约性影响。只有在数学教学中把培养学生的核心素养作为教学目标，让学生在学与用的过程中感知数学的魅力，学生才能真正地投入数学学习之中，这也有助于学科本身的长期发展。

在教学活动中，教师应准确把握课程目标、课程内容、学业质量的要求，合理设计教学目标，并通过相应的教学实施，在学生掌握知识技能的同时，促进数学学科核心素养的提升及水平的达成。在教学与评价中，要关注学生对具体内容的掌握情况，更要关注学生数学学科核心素养水平的表现；要关注数学学科核心素养各要素的不同特征及要求，更要关注数学学科核心素养的综合性与整体性。

第三节　相关基础理论依据

数学核心素养是指具有较高的数学素养和能力的人所具有的一系列知识、技能、思维方法和品质。数学核心素养的提出有一定的理论基础，主要包括以下几方面：

一、数学发展的历史

数学发展的历史提供了数学核心素养形成的背景和基础。随着数学发展的不断深入，数学核心素养也在不断完善和提高。

二、数学教育的理论

数学教育的理论为数学核心素养的提出提供了理论依据。数学教育的理论包括数学教学的理论、数学学习的理论、数学评价的理论等。

三、社会发展的需要

社会发展的需要是数学核心素养提出的重要理论基础。随着社会的不断发展，人们对数学素养的要求也在不断提高，这就促进了数学核心素养的提出。

四、数学的基本性质

数学的基本性质是数学核心素养的理论基础之一。数学的基本性质包括数学的概念、定义、定理、公理、定律、定义域和值域等。这些基本性质为数学核心素养的提出提供了理论基础。

五、数学的应用领域

数学的应用领域是数学核心素养的理论基础之一。数学的应用领域涉及许多不同的领域，如经济学、工程学、物理学、化学、生物学、地理学、信息学、社会学等。这些应用领域的发展与数学的发展密切相关，也为数学核心素养的提出提供了理论基础。

六、数学的基本概念和方法

数学的基本概念和方法是数学核心素养的理论基础之一。数学的基本概念包括数、集合、函数、空间、概率、统计等，而数学的基本方法包括推导、证明、解决问题、求解方程等。这些基本概念和方法是数学核心素养的基础，也为数学核心素养的提出提供了理论依据。

第二章　基于核心素养的导学案设计

第一节　基于核心素养的导学案设计理论根据

一、问题的提出

《教育部关于全面深化课程改革　落实立德树人根本任务的意见》中提到了核心素养，并且要求修改课程标准，要把学科核心素养贯穿始终。因此，高中数学新课程定义数学核心素养为"学生应具备的、能够适应终身发展和社会需要的、与数学有关的关键能力和思维品质"，由此提出了把抽象思维、逻辑推理、直观想象、数学建模、数学运算、数据分析作为高中数学的六大核心素养。它对数学学科的教学起到指导和引领的作用，彰显学科教学的育人价值。用导学案组织学生自学是当前课堂教学中一种流行的形式。但从当前课堂实际来看，这种导学案的教学效果并不理想，在很多情况下，导学案只成为一种比较具体详细的预习作业，起不到预想的激发兴趣、引导学习、调动学习积极性的作用。为什么会出现这种事与愿违的状况呢？关键在于导学案中提出的学习问题不是"学生的问题"，而是"教师的问题"，也就是说，导学案中提出的问题，常常不是学生感兴趣的问题，也不是学生在学习中产生的疑难问题，而是教师主观设置的问题。

常见的导学案产生方式有以下几种：

一是教师根据自己的研读体会命制。教师在备课时认真研读教材，根据自己的体会确定教学目标、内容和最优的学习步骤、方法，再转化为导学问题。这样的教师态度是认真的，其研读也是深入的，但问题在于教师的认知水平与学生的认知水平不一致，往往教师认为非常简单的问题，学生却总是不能理解（当然也有些比较新潮的问题，教师不会，学生却认为是小菜一碟）；还有时教师认为生动富有韵味的地方，学生却不感兴趣。学习是学生的事，如果教师总是一厢情愿地代替学生"导学"，那么方枘圆凿的现象自然会经常发生。

二是教师根据教学目标或考试要求命制。课程标准对各个学段的学习目标和内容都作了比较明确的规定，这些目标理应分解、落实到各个单元和各个知识点的教学中，因此，根据教学目标或考试要求命制导学案无疑是正确的。这种命制方式的问题在于学生在学习之前多数并不了解这些目标与要求，不了解课程标准和教材，结果造成了强按牛头不喝水的困窘。

三是教师根据往年的学生学习情况命制。不少学校是在假期中组织教师集体预制导学案，由于学生还没来校，教师只能根据学生过去的学习表现来编写，如果是起始年级，则只好根据往届学生的情况来编写。这种编写方法，表面上源于学生实际，而实际上所谓的学生情况却是"一般过去时"，时过境迁，这样的导学案又怎能适应学生的需要？"过去的故事"又怎能引起新学生的兴趣？

当然还有偷懒者从网络上下载练习，然后一字不变地印发给学生，这种情况更可能驴唇不对马嘴。

在这些方式下产生的导学案，当然很难适应学生的需要，很难受到学生的欢迎。而且很多情况下，导学案是预先一次性编写、印制好，待用时发出就可以了，因此连调整的空间都很小。

要使导学案教学走出困境，一定要尊重学生在学习中的主体地位，要让"学生自己预习，自己感受事物，自己观察、分析、思考"，要引导学生自己提出问题、分析问题和解决问题，把导学案中"教师的问题"变为"学生的问题"，这样才能发挥导学案激发兴趣、引导学习的积极作用。

二、导学案的文本内容设计

教师在编写导学案的过程中需要重视学案的引导作用，以"导"为重点设计学案，将学案的作用充分发挥出来。很多数学知识都非常枯燥，并且教师在讲解理论知识时需要给予学生更多的时间让学生进行思考，这种学习方式无论在理解上还是在记忆上对学生来说都有一定的难度。因此教师必须利用导学案中"导"的方式让学生更好地理解知识点并形成有效记忆。使用这种方式进行教学时，学生将在预习阶段通过自主探究对知识点进行有效的了解，在导学案的引导下更好地理解相关知识点的内容，从而在课堂上更好地跟随教师学习，有效地理解并记忆。教师需要在引导学生的过程中对"导"的程度进行一定的把握，要留给学生充足的思考空间，不要将所有的思维方式及思考的过程全部展示给学生，要让学生通过自主探究的方式进行学习，但也不能"导"得过少，使得导学案失去其最好的效果。例如，教师在讲解"求函数 $y=x^2$ 的最值"这样一道题目时，学生对于这道题目会有一定的熟悉感，但在解答过程中整体思路却并不十分清晰，教师需要对学生解题过程中出现的问题进行再次引导。教师应了解题目中最值的求解方法，如怎样求 $y=x^2$ 的最大、最小值，之后便可以利用导数的方法解决问题。教师通过这样的方法能够使学生更好地解答问题，在 $x>0$ 时进行求解。学生在求解过程中将会发现一些自己理解上的问题，从而有针对性地解决。

三、导学案教学的理论依据

"学案导学"是指以学案为载体，以导学为方法，以教师的指导为主导，以学生的自主学习为主体，师生共同合作完成教学任务的一种教学模式。"学案"与"导学"是教学改革中出现的新概念，是一种新的教学手段和方法。导学案教学模式在国内的研究和应用已经有十多年了，这种教学模式顺应了素质教育和教学改革的新形势，符合培养创新型人才的要求。下面从哲学依据、心理学依据等方面论证学案导学教学模式的科学性、合理性及其应用价值，以推动学案导学教学模式的进一步推广和应用。

（一）哲学依据

唯物辩证法告诉我们，任何事物的发展都是内因和外因共同作用的结果，内因是事物发展的根据，外因是事物发展的条件，外因必须通过内因才能起作用。在导学过程中，教师属于外部条件，是外因。学生是学习的内因，教师的"教"必须通过学生的"学"才能发挥作用。如果学生没有学的愿望和动机，没有主动性和积极性，教师的"教"就会由于没有学生的"学"而失去作用。因此，在导学过程中，教师只起引导作用，而学生自我发起的学习是最持久、最深刻的个体行为。学案导学过程重知识探究、重体验，能引发学生的态度、情感和意志，这些源于心理品质的个性特征参与学习活动，能激起学生的求知、创新欲望，挖掘学生的潜能，培养学生的创新能力。

（二）心理学依据

心理学研究表明，高年级学生的观察能力已有了显著的提高，他们一般能根据"学案"的学习目标进行预习，具备初步的预习能力，这就为我们采取"以导为主"实施导学提供了可靠的理论依据。心理学研究还表明，高中生的思维批判性、独立性还很不成熟，容易产生固执、偏激的不良倾向，与成人相比，他们对事物的分析、判断能力也没有达到成熟阶段。因此，这就需要教师在教学中引导学生，帮助学生克服思考中可能产生的缺点和偏差，并给予适时、有力的指导，这为教师的导学提供了理论依据。

（三）学习理论

著名教育心理学家布鲁纳的"发现学习"理论强调：学生的学习应是主动发现的过程，而不是被动地接受知识。创设问题情境，引发学生对知识本身产生兴趣，产生认知需要，产生一种需要学习的心理倾向，激发自主探究的学习动机。在导学过程中，学生是学习的积极探究者，教师的作用是创设适合学生学习探究的情境，而不是提供现成的知识。这就要求我们不仅要让学生"知其然"和"知其所以然"，而且要让学生"知其所用"和"知其谁用"。

（四）教学理论

两千年前孔子倡导的"循循善诱"可以被认为是学案导学教学模式的最早理论根源。诱即引导，循循善诱出自《论语·子罕》，表示善于有步骤地引导、教育。学案导学教学中的"导"即开导、启迪之意，导学不是传统教学意义上的辅导教学，而是以学案为依托，以素质教育为指导，以培养学生的创新能力为目的，对学生进行导思、导读、导练的过程。

尝试教学理论认为，"学生有尝试的愿望，尝试能够成功，成功才能创新"。学生有原有的知识结构，又有对新知识的同化和顺应的思维属性，所以能尝试。同时，学生的尝试是在教师指导下的尝试，尝试的任务又是完成教材中一定的教学目标，而教材又是按照由浅入深、循序渐进的原则和方法编排的，所以学生具备成功的条件。

在尝试成功的条件下，学生能够充分发挥自己的潜能，取得意想不到的成绩。学案导学教学模式设置的自学导航、合作探究、达标检测等环节为学生提供了充分尝试的机会。

（五）教学最优化理论

衡量教学最优化有两条标准：一是教学效果的最优化；二是时间消耗的最优化，即"师生用于课堂教学和课外作业的时间不超过所规定的标准"，用"师生耗费合理的时间去取得这些成效"。学案导学教学法改变了教师垄断课堂的做法，充分体现了学生的主体地位。该法既要提高教学质量，使学生在知识与能力、过程与方法、情感态度与价值观等方面获得和谐发展，又要减轻学生的学习负担，使学生用合理的时间取得较大的成效。

（六）建模理念

建模理念认为，没有主体性就没有创造性。在导学过程中，落实学生的主体地位必须做到：目标让学生去确定，问题让学生去发现，过程让学生去探索，方法让学生去寻找。教学过程是个体通过与环境的相互作用，主动建构意义的过程，"学案导学、互动探究、小组合作、意义建构"是教学过程的最终目标，在导学过程中帮助学生建构意义，就是要帮助学生对当前学习的内容达到较深刻的理解。

（七）建构主义理论

建构主义指出，学习的实质是学习者积极主动地进行意义建构的过程，即学习不是由教师把知识简单地传递给学生，而是由学生自己建构知识的过程。学习不是被动接受信息刺激，而是主动建构意义，即根据自己的经验背景，对外部信息主动地选择、加工和处理，从而获得自己的意义。因此，教师要成为学生建构意义的帮助者，激发学生的学习兴趣，帮助学生形成学习动机，通过创设符合教学内容要求的情境，帮助学生建构当前所学知识的意义。建构主义所倡导的观点适应当代教育改革的要求，这就使建构主义理论逐渐与广大教师的教学实践普遍地结合起来，从而成为教学改革的指导思想。

（八）人本主义理论

人本主义心理学是 20 世纪 60 年代兴起的一个心理学流派，主要代表人物有马斯洛、罗杰斯等。人本主义心理学强调学习过程中人的因素，把学习者视为学习活动的主体，重视学习者的意愿、情感、需要和价值观。学案导学教学模式遵循了"以人为本"的教学原则，迎合了当前新课改的要求，对发挥学生的主体作用、发展学生的自学和探究能力有着积极的作用。

第二节　基于核心素养的导学案设计工作

高中数学课程包含的知识点较难较多，在传统课堂上，教师通常以理论讲解为主，学生长时间处于被动听讲的状态，缺乏主动探究与思考的机会，以至于核心素养得不到有效的发展。导学案的应用，可以促使学生的学习方式由被动转为主动，使学生在主动探索的过程中发现知识，理解知识形成的过程，掌握数学知识的应用方式，构建系统化的数学知识体系。因此，教师要合理地将导学案应用到数学教学中，更好地达成培养学生核心素养的目标。

一、导学案在高中数学教学中应用的必要性

（一）导学案的应用是高中数学高效课堂改革的需求

随着高中课堂教学的改革，教师越来越重视培养学生的自主学习能力。数学学科本身具有较强的逻辑性和抽象性，这给教师的教学带来了很多困难。在传统的课堂教学中，教师只关注学生是否学会了基础知识，但是在新型、高效的课堂教学中，教师不仅要提高课堂教学质量，还要提升学生全面学习数学的能力。导学案的应用可以帮助教师创新教学方法，构建新的课堂教学模式，注重提高学生的综合素质，着重培养学生学习数学的思维能力。

（二）导学案的应用能有效提高学生的课堂学习效率

导学案是指以学案为载体，以导学为方法，以教师为主导，以学生为主体，在教学过程中师生共同合作完成教学任务的教学模式。在应用导学案的过程中，需要教师在课前精心备课，学生在课前充分预习，师生共同交流，最终解决数学问题。这种全新的教学模式不仅发挥了教师在课堂教学中的主导作用，体现了学生的主体地位，让学生成为自主学习的主人，还关注了学生学习的过程，提高了学生的课堂学习效率。

（三）导学案的应用能有效提升学生学习数学的能力

课堂教学改革要求教师不仅要关注学生掌握的基础知识，更要关注学生的学习能力。学习能力既包括合作探究能力，又包括数学思维能力。这种以培养学生数学学科核心素养为目的的课堂教学改革，不仅是适应社会发展的需要，更是学生终身学习的需要。导学案的应用可以让学生成为学习的主人，让学生在师生共同商讨、解决问题的过程中不断实现自我能力的提升。

二、导学案教学的文本内容设计

编制导学案时教师要将"导"看成编制的重点，这样才能将导学案的作用充分发挥出来。因为高中数学知识内容偏抽象，所以教师需要给学生留有思考的时

间，使学生能在思考的过程中对知识有探知，但学生自主探知具有一定的学习难度，因此课堂教学中教师需要合理地使用"导"，让学生更好地思考所学内容，并在遇到问题时能够解决问题。教师在课堂教学中开展导学案教学方式前，需要对"导"有认知，对知识点有了解，这样才能使学生在学习过程中更好地探知知识内容，深化对知识的理解。

学生对此类题目有熟悉感，但在具体解答的时候不知道如何下手，解题整体思路较为模糊，所以教师要进行引导。教师先要引导学生求出最大值，如求 $y=\dfrac{x}{x^2+x+1}$ 的最大值，合理使用导数解答问题。教师使用上述提示，先引导学生解答在 $x>0$ 情况下的答案，这样学生能发现问题，进而能使用不等式解答问题，学生在解答题目的过程中，能更好地了解解题要点，进而在同类试题解答中进行经验总结。

三、导学案教学设计策略

（一）立足课程标准，明确导学案目标

《普通高中数学课程标准（2017年版）》明确提出了核心素养的内涵，这是教学活动开展的基准。在设计导学案的时候，教师首先要明确课程标准中的相关要求，据此来确定导学案的目标，这样才能确保导学案符合总体的教学目标，能够对学生数学核心素养的发展起到积极的促进作用。因为导学案模式是一个学生主动发现与探索的过程，所以教师有必要让学生对数学课程标准有一定的了解。在每个学期开学后，教师可以为学生集中讲解课程标准内容，明确数学核心素养的内容，让他们了解自己在数学抽象、直观想象、数学建模、数学运算、逻辑推理等方面应当达到的要求。在教学某一单元或某一课的时候，教师也要通过导学案简要地讲解相关知识点与核心素养之间的关系。通过这种方式，学生在学习时会有更加清晰的目标，积极性也能够增强。

例如在设计"平面向量的概念"导学案时，教师既要考虑相等向量、平行向

量等基本概念，又要考虑向量的几何表示，一方面要设计理论阅读学习任务，培养学生的逻辑推理能力，使他们感受知识形成的过程；另一方面可设置一些数学实验活动，让学生通过画图、观察、归纳等，了解点、线、面之间的关系，促进其数学抽象、直观想象等素养的发展。

（二）深入调研学情，归纳总结导学问题

在数学教学中，课程改革要求学生带着问题去学，同时，问题也是导学案需要具备的重要元素。导学案中的问题可以为学生指明学习的方向与重点，让他们更加高效地完成自主学习任务，但也在一定程度上束缚了学生的自主性，将探索发现变成了一个完成任务的过程，学生需要按照教师设计的框架进行学习。为了改善这一情况，教师要对导学案的问题设计进行优化，深入了解学生的学习情况，根据他们的疑惑和困难来设计导学案的问题，这种方式尽管比较烦琐，但能够确保导学案符合学生的学习需求，达到提升学生自主学习的效果。

例如在教学"对数"的时候，教师可以对学生的问题进行整理，如：什么叫作对数？我们为什么要学习对数？学习对数能解决哪些问题？虽然学生在表述问题时略显幼稚，但能够表达出他们真实的疑惑与学习需求。同时，这些问题是学生自己提出来的，对他们的吸引力也会更强，教师结合核心素养的内容，将学生的问题稍加整理，就能够编制成受学生欢迎的导学案。

（三）加强师生交流，共同制定导学内容

导学案强调学生的自主学习，但并不意味着否定教师的作用，让学生随心所欲地开展学习活动，而是要遵循基本的教学环节与方法，达到预期的目标和要求。为了确保学生的学习效果达到课程标准的要求，教师要发挥主导作用，通过提问的方式引导学生向预期的目标发展。与传统的提问相比，这种方式的不同点在于问题的确定权，教师在设计导学问题后，要交由学生进行讨论和审核，经大部分学生同意后，才能确定导学案的内容。这种方式可以增进师生之间的交流，将教师的问题转变为学生的问题，激发学生主动探索的动力。

例如在教学"等比数列"的时候，教师可针对数列求和的问题设计导学案：

高斯求和法利用了等差数列的什么性质？你觉得高斯求和法与倒序相加法哪种更好？等比数列求和的原理是什么？怎样利用错位相减法来解决数列求和问题？然后将这些问题展示给学生，经过学生讨论、审核、增删后，将其作为导学的主要内容。师生之间的交流，可以让学生成为导学案制定的参与者，更好地达成教学目标。

总之，导学案是一种符合新课程改革理念的教学方式，有助于落实以学生为主体的教学原则，让学生在主动探索、思考、参与的过程中，实现数学核心素养的发展。高中数学教师，应当从数学核心素养出发，合理编制导学案，对学生的自主学习过程起到有力的引导作用，通过导学案的运用调动学生的学习积极性，为课堂学习做好铺垫，促进学生数学核心素养的有效发展。

第三节　基于核心素养的导学案设计原则、构成要素和模式

一、导学案的设计原则

在编写学案的过程中，我们必须遵循下列原则：

（一）探索性原则

编写学案的主要目的就是培养学生自主探究学习的能力。因此，学案的编写要有利于学生进行探索学习，从而激活学生的思维，让学生在问题的重现和解决过程中体验到成功的喜悦。

（二）启发性原则

学案中设置的问题应富有启发性，能充分调动学生的思维，让学生通过自主学习领悟知识的奥妙，培养思维的敏捷性和顿悟性。

（三）灵活性原则

由于学生的基础不同，在编写时，形式上应丰富多彩、灵活多样，内容上也应尽量调动学生思维的积极性。

（四）梯度化原则

问题的设置尽可能考虑到学生的认知水平和理解能力，由浅入深，小台阶、低梯度，让大多数学生"跳一跳"够得着，体验到成功的喜悦，从而调动学生进一步探索的积极性。

（五）创新性原则

编写学案时，强调内容创新，以培养学生的创新思维能力。

二、导学案设计构成要素

学案导学一般分为学习目标、学习过程、自我检测、学习反思四个部分。学生的学习目标也就是教师在课堂教学中必须完成的教学目标，让学生了解教师的授课意图，有备而来。新课程强调三维教学目标，在教学目标中强调知识与技能、过程与方法、情感态度与价值观三个维度，这三个维度的目标并非简单的并列关系，而是彼此渗透，相互融合，统一于学生的成长和发展之中，因此制定的目标应尽量简洁明了，以便让学生学习时明晰。学习过程是学案导学的核心部分，包括知识结构框架或基本知识点、教师的点拨和设疑、印证的材料等。上述要素的编排要体现教师的授课意图，有的知识点可以以填空的形式呈现，让学生在课前预习时完成，从结构和细节上对所学内容有所了解。对于重点内容要设计思考题，供学生在预习时思考，上课时教师再与学生一起讨论、分析，使学生加深对所学知识的理解和验证。自我检测是为了使学到的知识及时得到巩固、消化和吸收，进而转化为能力，因此应精心选编有阶梯性、层次性的练习题，发展各类学生的潜能，升华学生的理性认识。习题类型有选择题、填空题或实验分析题等，这些练习题有的让学生在课上完成，有的则作为课后作业。学习反思学案导学的设计不仅清楚完整地反映了一节课所要求掌握的知识点以及应培养的能力，同时也给学生留出了记笔记和思考的空间，以便学生在其中书写自己的要点、疑问，有利于学生的自我调节和自我提高。学案导学最后一部分学习反思的设置主要是让学生对整堂课的学习进行简短小结和反思，同时也可以提高学生的归纳、表达能力。

三、学案导学课堂教学的基本模式

实施学案导学模式的策略应主要包含以下几个方面：

（一）教师对学案的设计

学案的设计应具备以下特点：①围绕教学目标，紧扣教材，从整体上体现教材的知识结构和知识间的内在联系，使知识条理化、系统化和整体化，尽量一课时一个学案，以便控制学习总量，使学生明确目标，最大限度地提高课堂教学效率。②有启发性，对于教材中学生难以理解的内容应作适当的提示，引导学生自主学习，在解决问题的过程中培养学生的能力，激发学生的求知欲。③问题设计应有层次性、梯度性，满足不同层次学生的需求，要使优秀生从学案的设计中感到挑战，一般学生受到激励，学习困难的学生也能尝到成功的喜悦，让每个学生都学有所得，最大限度地调动学生学习的积极性，提高学生学习的自信心。

（二）课前的有效学习

学生在学习某特定课题前的准备远比教师的教授重要，因此，教师一般都在上课前一天就将学案发给学生，激发学生课前学习的动机。学生以此为预习依据，了解学习目标，有的放矢地复习、归纳已经学过的知识，完成学案预习新课内容的问题，初步解决个人能解决的问题，找出学习疑难点，自主地进行课前有效学习。学案的使用可以较好地解决学生不愿预习或想预习又无头绪，学习效率低的教学难题。

（三）课堂上的有效导思

课堂上教师要有效导思，在为学生提供的学习材料中创设相关的问题情境，以激发学生的学习兴趣，这是课堂教学的一个重点，也是一个高潮，充分体现以学生为主体，让所有学生都参与教学活动，切身经历探究、发现的学习过程，开拓思路，提升学习能力。通常采用小组合作学习的方式，或讨论，或实验，教师巡回解答疑问，学生探讨知识的发生、发展过程，在轻松、愉快的气氛中完成对问题的研究、讨论，最后准确解答。教师应对学生在讨论问题时出现的新思想、新思维或求异思维给予肯定，鼓励学生大胆质疑。教师要把自己的思维放到学生的思维水平上，力求保证师生双方思维活动能够达到同步协调。

（四）自我检测

在运用学习反馈时，对经验、错误等方面的反馈不仅可以促进学生的有效学习，同时也有利于发展学生的创造性思维，因此，教师除了要特别关注学生知识水平、认知能力的差异，所设计的练习题要有层次、有梯度，在总结达标后的反馈讨论中也要有阶梯性，要适合不同的学生。

（五）学习反思

结合学案引导学生自己进行学习小结，把知识系统化、条理化。小结时，可由学习小组进行简单的交流，回顾学习目标，检查目标是否达到，还存在哪些问题，如何解决，从而进一步完善学习效果。

"学案导学"教学模式注重知识的学习过程，强调从认识问题的背景开始，去理解问题，寻求解决问题的途径，学习过程中为学生营造了浓厚的主动学习的氛围，突出学生的主体地位，让学生动起来，在教师的指导下主动参与、全员参与、全程参与，真正做学习的主人。这种教学模式给学生提供了更多的自主学习的机会和自主探究的主体活动，也给学生提供了充足的思考空间和时间。教师乐教、善教，学生活学、会学。促进全体发展，关注个体提高。同时，通过多种交流渠道，有效地沟通了师生情感，加深了师生情谊，提高了教学质量，较好地落实了素质教育。

第四节　典型数学课型的基于核心素养的导学案设计

一、典型数学课型的基于核心素养的导学案设计——以变式教学为例

在高中数学的课堂教学中，变式教学是非常重要的教学手段，也是学生获取知识的主要途径。通过变式提问，能够让学生在思考问题的时候从不同的方面入手，同时也能够帮助学生全方位地找准问题所在。但是，我国现在的数学教学理论在某些方面还显得比较落后，没有相应的指导性，这就需要高中数学教师在实践教学的过程中多进行一些变式教学的理论实践活动，然后找出比较符合我国实际情况的变式教学方式。下面主要通过对高中数学课堂中变式教学的实际案例进行分析，来指出在实施变式教学的时候需要注意的问题。

（一）对变式教学的理解

在《教育大辞典》中，变式教学的含义是让学生能够比较准确地掌握概念的一种非常重要的教学手段。也就是在实际教学中，教师采用不同形式的事例或直观材料来对变换事物的非本质特征以及事物的本质属性进行说明，从而使事物的本质特征得到突出。变式教学的主要目的是让学生准确地了解哪些才是事物的本质特征，哪些是事物的非本质特征，最终对事物形成一种科学的概念。也就是说，变式教学就是在教师讲解数学问题的过程中，得出了相关结论之后，再对这个结论和命题进行有目的、有计划以及不同层次和不同角度的合理转化，即教师要对这个命题的非本质特征进行不断的转换，可以在原来的基础上对结论或者条件进行变换，但只是在表面上对问题的形式和内容进行变换，然后在各个实际环境中进行应用，但是问题对象的本质因素是一直保留下来的。这样就能够使学生熟练地掌握知识的本质属性。结合上述这些理解，数学变式教学可以理解为在数学的教学过程中，从不同层次、不同角度、不同背景以及不同形式来对数学问题的非本质特征进行有效的变化，而问题的本质特征保持不变的一种教学方式。

（二）对案例"已知解析式求解函数定义域"的分析

在这节课的课堂教学中，教师通过组织学生以小组为单位的形式来进行探讨、交流和研究，然后总结和归纳出求解定义域的方法。在课堂教学中，当学生进行讨论的时候，教师应该积极地参与到学生的讨论小组当中，倾听学生之间的交流，同时指导和帮助学生完成相应的任务。最后，教师在对各个小组讨论的结果进行筛选和总结之后，就能够总结出已知解析式求解函数定义域的相关方法。

关于课例的整理。首先对教学目标进行分析，主要是掌握和理解函数定义域的求解方法及几种比较常见的求解函数定义域的类型，同时要对学生的抽象思维概括能力以及分析问题和解决问题的数学能力进行培养。其次对教学内容进行分析，通过对高考试题进行分析可以发现，每年的高考都会有针对函数定义域的题目，而且隐蔽性比较强，一般都不会直接给出求解定义域的题目，而是考查函数应用以及函数性质，然而函数的应用和性质都是在函数定义域的范围限制下进行的。所以本节课的内容在函数当中非常重要。最后就是对教学难点和教学重点的分析，本节课的难点就是对函数式进行正确的求解，以及解不等式组，而教学的重点就是要让学生掌握几种比较常见的求解函数定义域的方法。

高中数学主要是以函数为主线，在对函数性质进行研究的时候，主要还是在函数定义域的基础上进行解答。在用解析式给出函数对应法则的时候也就相应地给定了函数的定义域，而求函数定义域其实也就是写出那些能够使函数解析式有意义的所有实数的集合。

对课例进行点评。本节课是对上例的一节复习课。我们知道，函数是始终贯穿在数学教学当中的，同时也是数学中比较重要和基本的内容。而函数的主要性质就是函数的定义域，不论是对函数奇偶性或单调性的判断，还是求解函数的值域，都应该先求解函数的定义域。

本节课在复习引入的时候，教师要有意识地引导学生复习函数的相关概念，特别是函数的定义域。同时利用课件对学生以前学习过的几类函数的定义域进行复习，帮助学生对已学的知识结构进行整理和复习。在复习的过程中，学生就能够清楚自己在哪些方面还存在不足，同时在对定义域相关问题进行复习之后能够很好地为后面的学习打下基础，也能够明白函数定义域研究的重要性。

让学生做一些比较简单的求解函数定义域的题目，在解题过程中，教师要及时发现和纠正学生出现的错误。这些简单的题目大部分学生都能够正确解答，而且在完成之后也很有成就感，但教师在选择题目的时候要有一定的针对性，这样可以为后面学生自己总结求解方法做出有效的铺垫。

学生小组成员一般在对刚刚做过的题目进行分析、探讨、研究的时候，就可以开始探究求解函数定义域的方法。大部分的学生都能够比较自主地参与到讨论活动当中，在这个时候教师就可以发挥自己的主导作用，使新课标理念下的学生主体地位能够很好地体现出来。通过小组的分组学习，学生主动探究，敢于表达和发现，也喜欢和其他同学进行交流和合作，能够很好地感受到数学活动的魅力，学习数学的兴趣也能够很好地激发出来，同时全班学生的集体参与意识以及团队之间的相互协作精神也能够进一步加强。而且小组代表在展示小组讨论结果的时候，也在无形中锻炼了语言表达能力和团队协作能力。

例题要采用总结的方法去做，在做题的时候也可以和其他学生进行讨论，这样能够很好地增强全班学生的参与意识。一名学生在讲台上演示自己解题过程的时候要同时说明解题步骤，这样学生的积极性才能够有效地调动起来，不仅能够吸引学生的注意力，而且还能培养学生的数学表达能力。除此之外，这些例题可以使学生求解定义域的方法得到巩固，还能比较及时地了解学生掌握知识的情况。

教师在设计例题的时候，可以综合运用那些总结的方法，让学生做一些比较复杂的题目来对这些方法进行巩固。教师设置例题的时候要有层次，对求解定义域的题型进行整理。为了建立起学生学习数学的兴趣以及培养学生的数学思维，教师可以为学生提供一些比较合理和适当的变式训练，通过变式教学来让学生的解题能力得到锻炼，从而让学生形成一定的解题技巧，帮助学生快速、正确、有效地找到解决数学问题的方法。

总之，在高中数学课堂上，合理、科学地采用变式教学，让学生进行合作交流和自主探索，能够使学生很好地掌握数学问题的本质特征，对于学生数学思维的激发以及课堂教学效率的提高都具有非常重要的作用。

二、导学案教学模式下对学生小组的评价

教师的课堂教学模式可以改变班级的班风和学风，更重要的是能够提高学生的学习积极性、改变学生的性格。我校在新的课堂学案导学教学模式下，探索出新的评价方式：

（一）学生分组

传统的学生观在评价学生的学习时，过分地注重学生的成绩，人为地根据学生成绩把学生分为"三六九等"，有的地方甚至出现了根据学生成绩排座位的情况。这种做法严重挫伤了学习成绩差的学生的学习积极性，最终造成他们丧失自信、自暴自弃。我认为上述情况的出现是因为没有树立正确的学生观，不了解"学生多样性"。

我校在看待学生时，注意到学生的多样性。我们不能以简单的"好"和"坏"来分组，特别是不能仅以分数来分组，而要注意学生学习能力的高低搭配、性格的搭配及性别的搭配。

（二）评价制度

1. 学校评价

学校评价包括学校对班级评价和对学生个人评价。

（1）学校对班级评价

学校对各个班级进行及时全面的检查考核，发现问题及时指出，并对评价结果好的班级提出表扬，对较差的班级提出批评，每周对本周各个班级的检查情况进行量化打分，排出名次，在下一周进行公布。

（2）做好总结

班主任对本班小组进行每周一总结。

2.学校对学生个人评价

学校每周每班选出一名"本周之星"和一名"进步之星"并进行公布。期中、期末考试结束后对成绩优秀、进步较快的班级和学生个人进行表彰奖励。

3.授课教师评价

授课教师对小组进行每天一评价。

4.班主任评价

班主任应对班级前一天的各项工作进行点评。表扬、批评都应具体到人。

班主任对本周各授课教师对小组及个人的评价进行汇总，在下周对优秀小组、个人进行表扬，并选出"本周之星"，报送学校进行公布。

（三）评价要尊重和体现个体差异

在课堂教学中，对学习优等生要鼓励，对学习中等生要帮助，对学困生更要关怀和善待。学困生或学习兴趣不高、自信心不强，或学习习惯不良、学习方法不科学，或学习欠账太多、难以跟上班级学习的步伐，等等。正因为如此，他们才更应该受到特别关注，要对他们进行及时的扶助和有效的长期激励。

要尊重和体现个体差异，关注学困生：在整体安排学生评价工作时，要贯彻分层要求、区别对待的评价思想，对学困生的要求应低起点、缓坡度、小步幅，循序渐进，相对延时达标；在安排过程性考试时，要努力做到考试形式的多样性和考试评价标准的层次性，既要考虑学困生的基础和接受能力，又要结合学困生的知识水平、能力的"最近发展区"给学困生以热情的召唤；在对学生的课堂学习进行评价的过程中，应多给学困生思考的时间和表达观点的机会，让学困生多一些动手的机会和直接体验，并及时了解他们感性认识的丰富程度和亲身感受的深切程度；在日常的情意和行为观察评价中，对学困生的观察要全面、细致，要认真记录他们在情感、态度、行为方面的变化，做好心理分析，并采用适当的方式适时反馈给受评对象。总之，在对学生进行评价时，要贯彻教育平等思想，树立"只要教育工作做到了家，相信每个学生都能成功"的理念。把学困生转化成优等生，这是教师真实能力的体现，优等生都能教好，关键要看能否把学困生教好，所以在教学中要明确评价的目的是使每一个学生都得到适当的教育，要把激励、帮助学困生不断进步作为学生评价的重点内容，要把激发学困生的学习兴趣、树立学困生的自信心、使学困生养成良好的学习习惯、培养学困生良好的思维品质和意志品质、改善和增进学困生的学习能力作为学生评价的重要任务之一。

学生评价向学困生倾斜，才能促进全体教育对象相对均衡地发展，才能使课程标准在设计思路中提出的"面向全体学生，使所有学生都能达到课程标准所规定的目标"成为现实。

（四）评价要过程化

评价要过程化就是将评价放在学生的学习过程中，它不仅包括对学生学习效果的评价，即考试成绩，而且包括学生的平时成绩及课堂表现。从课前准备、课堂参与度、合作交流、提出问题、知识掌握、思维拓展等方面对学生的课堂表现情况进行评价。这里不仅有教师的评价，还要引入学生自评、互评。把这些综合起来，就是学生的课堂评价。

（五）评价要个性化

在评价时，我们不应该仅仅有一把尺子，还应该考虑学生的独特性和差异性。例如，同样是一次测验成绩 80 分，对于 A、B 两名学生来说意义可能完全不同；同样是在课堂上提出了两个问题，对于一名学生来说是一个巨大的进步，但对于另一名学生来说可能都没有认真思考。

我们应当引导学生多做纵向的比较，也就是自己与自己比较，今天的自己与昨天的自己相比，有没有进步？课堂效果有没有提高？不能一味地、简单地与他人相比，那样比来比去，最终会造成自信心的严重缺失。教师作为评价者，必须注意到学生的特异性，对不同的学生采取个性化的评价，以促进学生的发展。

（六）评价要发展化

学生是一个动态发展的个体，每个学生不同方面的智能表现的时间会有差异。这一点非常类似于细胞分化。在细胞分化过程中，由于基因的选择性表达，细胞会在形态、结构和生理功能方面产生稳定性的差异。学生的发展也是如此。这就要求我们在对学生进行评价时，要着眼于未来，着眼于学生的发展。总之，不管采取哪种评价方式，都要考虑学生的过去，重视学生的现在，着眼于学生的未来，要更多地体现对学生的关注与关怀，通过评价达到基础教育培养目标的要求。

三、典型数学课型导学案设计困惑与对策

（一）典型数学课型导学案设计困惑

探究性学习是发挥学生主体作用的重要教学模式，尽管这种教学模式在高中数学中的应用比较广泛，但有许多教师在具体应用过程中还是出现了困惑，突出表现在两个方面。一是探究性学习运用难度较大。一些高中数学教师反映，自己在运用探究性学习模式的过程中，尽管做出了十分具体和科学的安排，但在具体应用过程中无法更有效地实施，虽然很多学生参与到探究式学习当中，但效果并不显著，不少学生在探究的过程中只是走走形式，甚至有些学生等着别人的"探究成果"，因而运用并不理想。二是探究性学习缺乏有效互动。对于探究性学习来说，互动是十分重要的内容，但一些高中数学教师在具体运用过程中，对如何引导学生互动没有太好的办法，尽管也进行了引导，甚至一些教师还进行监督，但学生与学生之间的互动不到位，学习好的学生乐于提出自己的观点，学习不太好的学生很难提出观点，而一些学困生根本提不出自己的观点，这就制约了探究性学习的深入开展。

（二）典型数学课型导学案设计对策

深入分析高中数学课堂中探究性学习的困惑，最根本的就是在课堂教学方法以及氛围营造等方面缺乏有效性，学生的积极性没有得到充分调动，特别是在具体运用过程中，教师还没有进行深入的研究。经过多年的实践，我们总结出要想使探究性学习更好地应用于高中数学课堂教学当中，必须在以下几个方面进行深入研究。

1. 要在引导学生参与方面下功夫

学生参与意识不强，是制约探究性学习在高中数学课堂中应用的重要因素，也是教师的困惑之一，对此要在引导学生参与方面取得突破。这就需要教师着眼于激发学生参与探究式学习的兴趣，积极探索有效的探究性学习应用模式。比如：在具体的教学过程中，将"好带弱"作为重要的应用方法，在分析探究的过程中，科学安排组内成员，并且做出明确分工，让学生有的进行组织，有的进行发言，有的进行整理，有的进行报告，在这种方式下，所有的学生都得到了锻炼，而且在下次进行分组探究时，对学生的职责重新划分，学生的兴趣十分浓厚，探究性学习得到了有效开展。

2. 要在强化教师主导方面下功夫

要想使探究性学习更好地应用于高中数学课堂，教师如何发挥作用至关重要。在具体应用过程中，重点在"主导"方面下功夫，这里所说的"主导"不是主导探究性学习过程，而是对流程进行主导，发挥自身的作用，在具体的探究过程中，对每个组都进行观察，同时还将问题式、引导式、提问式、自主式四个模式灵活应用于探究性学习当中。而且教师在具体的课堂教学过程中，应更好地充当"服务员"的角色，比如学生出现问题的时候，可以请求教师的帮助，教师会给予一些提示，从而使探究性学习继续下去。再比如，学生在探究过程中极易发生争执，此时教师要进行调解，但不批评任何一个学生，而是鼓励学生在民主的氛围中探究。

3. 要在推动师生互动方面下功夫

一些教师之所以在开展探究性学习的过程中有困惑，最主要的就是教师自身缺乏与学生的互动。这就需要发挥教师的作用，加强教师与学生之间的有效互动，特别是加强"情感互动"，更多地将情感教育与探究性学习结合起来，加强教师与学生的联系，使"亲其师、信其道"得到更加充分的体现。学生喜欢数学教师之后，会更加主动地开展探究活动。

综上所述，探究性学习在高中数学的应用中具有十分重要的价值，对于培养学生分析问题、解决问题的能力，促进学生全面发展都具有重要意义。但在具体的应用过程中，一些高中数学教师由于缺乏深入的研究，出现了很多困惑。基于此，在深入研究与分析的基础上，要想使探究性学习得到更好应用，必须在引导学生参与、强化教师主导、推动师生互动三个方面下功夫，只有这样才能更好地发挥探究性学习的重要作用。

第三章　高中生数学学科核心素养的培养

第一节　培养高中生数学抽象素养的教学策略

一、数学抽象的特征

从数学抽象的结果来看，数学抽象具有量化、形式化、模式化、理想化的特征；从数学抽象的方法来看，数学抽象具有逻辑建构的特征；从数学抽象的过程来看，数学抽象具有高级分析的特征。（1）量化。徐利治指出"客观事物都具有质和量两个方面。质是指事物本身的内部属性；量则是指事物数量的多少和存在的空间形式。数学抽象完全舍弃了事物质的内容，而仅保留了事物的量的属性"。（2）形式化。数学抽象舍弃了事物质的内容只保留量的属性，使得数学内容是形式化的。客观世界中没有数学研究中的方程、函数，只有由其形式抽象出的其现实原型。例如，函数 $s=vt$ 可以看成是由路程、速度、时间这三者之间的关系抽象出来的，"1"可以看成是由一根香蕉、一个人等抽象出来的，"1"是人为创造的用于表示所抽象出来的东西，在现实生活中并不存在。（3）模式化。通过数学抽象得到的数学概念、命题、方法等，所涉及的范围不是个别具体事物，而是适用于具有相同本质的一类事物，是一种量化模式。以瞬时速度、切线斜率为原型，我们可通过抽象出二者在量的方面所具有的共同特征，得到导数的概念。它不仅适用于求瞬时速度，还适用于求切线斜率、电流、加速度等这类具有相同特征的问题。相对于瞬时速度、切线斜率而言，导数更具有一般性。（4）理想化。通过数学抽象形成的概念、原理都是理想化的。例如，几何里的圆、直线等都是理想化的，实际生活中根本找不到没有宽度的直线。在理想化过程中，对现实事物进行必要的简化、纯化，可以突出某一方面的特征，舍弃其他方面的一些特征，从而深入到基本中去。在数学研究中，舍去物体的分子构造、颜色和厚度特性等，才得到线的基本性质。（5）逻辑建构。徐利治认为，"数学的抽象思维是一种构造性活动，是借助定义和推理进行的逻辑建构。数学抽象除了基本概念是从现实原型抽象而来，大部分是在原有的概念基础上再次抽象来建立新的数学对象"。逻辑建构方法一方面使得人们可以在原有对象基础上构造数学，另一方面也说明数学具有高度抽象性。徐利治通过剖析大量例子，总结出了关于数学抽象的9条方法论原则，强调各个方法论原则之间存在着对立统一的辩证关系，应当培养综合应用的能力。徐利治对数学抽象的深入刻画使得数学教学者可以站在更高的理论层面来理解数学体系，掌握数学概念、原理的来龙去脉并洞察过程的全貌，有助于人们更好地进行教学设计，进而更好地传授知识。就高中数学内容而言，涉及的方法论原则有模式建构形式化原则、特性分离一般化原则、类比联想拓广性原则、关系定性特征化原则、逆向分析精确化原则、新元素添加完备化原则。例如，类比联想拓广性原则。当学生学习完某个概念之后，教师经常会让学生通过类比联想研究性质、命题等。类比实数的运算法则研究复数的运算法则和集合的运算，类比椭圆的性质研究双曲线和抛物线的性质等。（6）高级分析。在抽象出一类事物的本质属性之前，人们通常对数学对象特征有一定的感知。依据事物的相同点和不同点进行分类，进而概括出共同本质这一特征，是一个高级分析的过程。概括是数学抽象的前提，只有当人们从具体事物中抽象出本质属性，通过概括推广到一类事物的全体对象上，才使得抽象出的属性具有一般性。

综上所述，按抽象对象，数学抽象可以分为两种：

一是现实原型的抽象，即把实际生活中的事物通过舍去其物理属性得到数学的对象。现实原型抽象是从具体事物到思维产物，需要舍去原型的物质内容，析取其数量关系或空间形式上的特征，对结果给以无歧义的准确而简洁的语言或形式表达。

二是数学内部的抽象，即在原有的概念基础上通过增加或减少条件或组合概念逻辑定义而成。数学内部的抽象是从此思维产物到彼思维产物，通过类比联想、强抽象、弱抽象等方法进行逻辑建构，对结果给以无歧义的准确而简洁的语言或形式表达。

二、数学抽象核心素养的课堂落实策略

（一）凸显数学抽象思维

数学的研究对象是对事物数量关系与空间形式方面的抽象而得到的。赫斯考维兹等人认为"数学抽象一种是在原有数学对象基础上构造新对象的活动，其目的是出于新结构的需要、构造新的抽象集合、重构已知的抽象集合"。数学抽象素养的培养需聚焦于两点，即如何想到研究问题和怎样抽象出研究对象。在课堂教学中，教师要关注学生知识与技能的掌握，注重数学抽象基本思想的渗透，才能提升学生数学核心素养。数学研究对象的获得过程就是人们用数学表达去研究事物的过程。在教学中，教师应使学生了解知识的背景和形成过程，了解为什么要引入这个知识，这个知识是怎样抽象出来的。学生经历数学知识产生和发展的过程，掌握数学研究方法，可以培养学生发现问题、解决问题的能力，真正体现数学的教育价值，提升数学抽象素养。

数学学科核心素养的发展具有连续性和阶段性，教师应结合具体教学内容，分解抽象思维活动，创设合适问题情境，设计好相关数学活动，分层次地引领学生展开抽象思维运作。由浅入深不断带领学生沿着如下路径行走：经历抽象过程—掌握抽象方法—尝试应用抽象—获得抽象感悟—积淀抽象观念—形成抽象思想。

通过对高中一线数学教师进行问卷调查和课堂观察，总结出高中数学抽象素养的教学现状是注重数学知识的教学，忽视知识产生的背景；注重数学技能的培

养，忽视对思想方法感悟的引领。数学抽象素养培养的教学必须以合理的问题情境为驱动和合理的数学活动为载体，引领学生获得知识，形成技能，体会思想和积累活动经验。

1. 创设合理的问题情境，指导学生思考研究对象

创设合理的问题情境需要基于数学知识产生背景、发展规律以及学生认知学习规律。创设合理的问题情境能够使学生真实地体验和感悟数学的产生和发展，从中学习如何提出研究问题以及想出研究方法。合理的问题情境：第一，与学生经验相关的情境，也就是学生熟悉的情境，能引发学生的学习和探究欲望；第二，要能在这种情境中产生真正的问题，让学生体会研究的必要性，以引起学生的思考。在当前的数学教学中，会出现直接呈现研究问题和构造远离生活经验的虚假问题，二者都不利于启发学生思考研究对象。例如，在教授函数单调性一课时，对于图象在某个区间从左往右呈上升趋势，教师在给出自然语言描述函数图象这一特征后，通常会直接出示：用数学语言描述 y 随着 x 的增大而增大。在这之前缺乏对学生进行引入单调性符号定义的必要性的说明，导致学生对于数学形式化的意义没有真正的认识。数学抽象素养培养的教学情境必须具有自然性，让学生了解数学产生的背景和发展的方式。如果情境不自然，就会造成学生学习过程中数学化的困难，因为缺乏适当情境的刺激，他们无法形成数学抽象思维。每个知识的产生都有丰富的背景，结合课堂实际和学生认知规律，尽可能合理地向学生展示问题产生过程。

合理的问题情境具有本源的特征，具备生成数学抽象素养的条件。教师在设计问题情境时，必须明确知识的产生背景和所研究问题是如何被提出的，使得所设置的问题情境能够有效指导学生明确研究内容。爱因斯坦曾说"提出一个问题往往比解决一个问题更重要，因为解决一个问题也许仅仅是一个数学上或者实验上的技能而已。而提出新的问题，新的可能性，从新的角度去看旧的问题，却需要有创造性的想象力，而且标志着科学的真正进步"。数学的产生及发展都是为了满足回答人们提出问题的需要，因此，是数学问题推动着数学的发展。在教学

中，教师需要用适当的问题情境引出重要的数学概念，引发学生进行思考，问题选得恰当，才有利于启发学生思考研究对象。

创设问题情境的教学策略有以下几种：

（1）提供内容背景

教师可以结合数学史，了解教学内容的背景，进行适当取舍整理后将其合理地呈现在教学中。引用数学史设置问题情境，可以让学生更好地感受到问题是如何被提出的，究竟是什么问题推动人们探索新知识，这样符合学生认识事物的一般规律，从而让学生更好地理解数学的意义。例如，①导数的概念。从数学史的角度来看，瞬时速度和切线斜率的问题促进人们发现导数。因此，在教授导数概念时，教师就可以以瞬时速度和切线斜率为问题情境，这样不仅能够让学生从数和形的角度抽象出二者的共同特征进而得出导数的概念，而且能够让学生意识到导数是通过舍弃瞬时速度和切线斜率的物理背景抽象出其共同本质特征得到的，相对原型更具一般的模式，可以用来求加速度、切线斜率等这样具有同样特征的问题。②椭圆的定义。从数学史的角度来看，椭圆的产生始于圆锥的一个切面图形。在后来的发展中有学者发现椭圆是到定点的距离与到定直线的距离比值是一个定值的点的集合，随后又有学者发现椭圆是到两个焦点的距离和等于定长的点的轨迹。因此，教师可以以圆锥切面形状设置问题情境，引导学生对椭圆下定义。教材上的问题情境是将绳子的两端分别固定在两个定点，然后套上铅笔，以笔尖的轨迹来引出椭圆。前者的问题情境相对于后者来说，问题的提出更自然，也更符合人们的生活经验，更容易启发学生如何提出问题。教材上的引入方式掩盖了椭圆是如何提出的，其原型是怎么被发现的，造成学生被动地接受知识。③复数的概念。从数学史的角度来看，虚数 d 的引进在最初主要是由于方程研究的需要，数学家卡当在求解方程 $x(10-x)=40$ 时，就曾指出该方程的两根是 $x=5 \pm \sqrt{-15}$（即 $x=5 \pm \sqrt{15}\,i$）。卡当指出，如果把 $5+\sqrt{-15}$ 与 $5-\sqrt{-15}$ 相乘就会得出 40，把它们相加则会得出 10，因此，$x=5 \pm \sqrt{-15}$（即 $x=5 \pm \sqrt{15}\,i$）的确可以被看成是上述方程的根。教授复数这一课，教师就可以创设解方程 $x(10-x)=40$

的问题情境，展示数学家卡当的解法，与学生已有认知产生冲突，促进学生理解引入新数的必要性，意识到要研究如何定义负数开方。

（2）提出启发性问题

教师可以根据教学内容，向学生提出有助于启发学生思考的问题，起到抛砖引玉的作用，而不是直接进入问题探究阶段，例如，①三角函数诱导公式。在教授三角函数诱导公式时，教师可以向学生提出这样一个问题：我们知道求任意一个角的三角函数值都可以转化为求 0°~360° 角的三角函数值，那 0°~360° 角的三角函数值能不能进一步转化呢？以此引发学生思考。学生通过三角函数单位圆的定义，知道角的三角函数值只和终边与单位圆交点的坐标有关，再结合圆的对称性，进而想到可以把第二、第三、第四象限角的终边分别关于 y 轴对称、原点对称、x 轴对称落在第一象限，接着学生就自然想到研究终边关于 y 轴对称、原点对称、x 轴对称的角的三角函数值之间的关系，进而推导出三角函数的诱导公式。这样的引入方式比直接让学生研究终边关于坐标轴和原点对称的角的三角函数值之间的关系更合理，原因在于它更能启发学生应该研究什么。②点到直线的距离公式。在教授点到直线的距离公式时，教师在上课伊始，向学生们提出如下问题：求点 A（-2，3）到直线 l：$3x+4y+3=0$ 的距离，学生们的自然思路为：过点 A 作直线 l 的垂线，垂足为 Q，根据 $AQ \perp l$ 求出垂线 AQ 的斜率，进而求出垂线 AQ 的方程和垂足点 Q 的坐标，最后求 $|AQ|$ 即点 A 到直线 l 的距离。上述方法虽然思路十分自然，但具体运算较烦琐，由此启发学生思考是否可以寻找到更加简便的算法。

（3）以旧引新

数学中同一知识在不同阶段表征形式不同，其抽象程度由低到高发展。教师应正确地认识学生现有认知结构，知道学生的认知中具备哪些与新知识相关的经验，使教学建立在由低层次抽象向高层次抽象转化的基础上，从而发展学生的思维能力。有时数学中不同的内容也具有相似性，教师在教学中如果能引导学生回忆之前学过的与新知识探究具有相似研究思路的内容，就能够通过类比，启发学生想到对于新知识的学习接下来应该研究什么，进而培养学生的更高层次的抽象思维。例如，①函数。学生在初中学习过函数，高中函数的学习是从"变量说"到"对应说"的飞跃。高中函数建立在集合论基础上，其概念更具一般性，其抽象程度也较高，学生也比较难理解。教师在教学时必须处理好这二者之间的联系，让学生体验到数学抽象发展的层次性与其应用的广泛性。②直线与平面垂直的判定。在这之前学生已经学习了直线与平面平行及平面与平面平行的定义，在教授直线与平面垂直的判定时，教师通过引导学生回忆所学内容并提问学生接下来应该研究什么，学生自然就想到接下来应该研究直线与平面垂直，平面与平面垂直的判定。这使得学生不仅通过类比得到研究对象，而且形成知识结构。

2. 设计合理的数学活动，引导学生懂得如何研究

从数学抽象素养的内涵来看，数学概念、命题、模型以及方法是通过数学抽象得到的。培养学生数学抽象素养，需要设计合理的数学活动引导学生体验如何用数学的眼光看问题和抽象出数学对象，并感悟其中的研究方法。从教学现状调查的结果可知，教师对于知识是怎么抽象出来的讲得不够，也就是对如何研究一个问题引导不够。学生缺乏对数学思想方法的感悟，没有形成数学抽象思维习惯，由此导致学生知道是什么但不知道怎么想。日本著名数学家米三国藏认为"将思维方法的训练和培养渗透于日常的数学教学活动之中，以思想方法的分析去带动、促进具体数学内容的教学，教给学生发现问题知识的方法，让他们学会用数学的眼光看世界"。数学抽象素养培养的教学要求教师在关注学生数学知识掌握的同时，也应关注学生数学思维的形成。

合理的数学活动设计需要思考：一个问题的研究按照怎样的路径展开呢？可以采取哪些研究方法？这是培养学生学会用数学方式思考、分析和解决问题能力的核心问题，也是落实数学抽象素养的关键。基于学生现有的认知水平，对于学生抽象能力范围内的问题，应让学生独自完成探究，对于超出学生抽象能力范围的问题，教师需逐步引导学生，通过提供"脚手架"，让学生尝试完成抽象。在当前的数学教学中，对于较难的教学任务，教师通常会直接向学生呈现结果，缺

乏展示如何想到这样做的过程，造成学生听懂了但遇到类似的问题依然不懂得如何去思考，不利于提升学生的数学抽象素养。例如，在教授点到直线的距离公式时，对于公式的推导，教师直接告诉学生用面积法，然后按顺序向学生讲解。对于如何想到用面积法，教师没有给出有效的引导，以致学生在离开教师指导后就不知道如何想问题。因此，在课堂中呈现如何抽象就显得非常重要。在数学活动之后教师还应引导学生感悟抽象过程中的思想方法，从而内化研究方法，促进数学抽象思维的形成。

设计合理数学活动的教学策略有以下几种：

（1）搭建"脚手架"

对于需要在别人的帮助下才能完成的教学内容，教师应为学生搭建"脚手架"，充分发挥学生原有认知结构，引导学生往更高水平发展。搭建"脚手架"应着眼于学生的最近发展区，识别出哪些是学生目前尚未拥有的或哪些是学生尚未做好准备的，才能有针对性地指导学生，使其得到真正发展。对于超越学生理解范围的内容，学生在教师的帮助下进行学习。当学生在学习过程中获得相应的认知水平，教师要撤去"脚手架"，让其尝试解决，内化认知过程。例如，①函数的单调性。函数单调性的符号化定义是教学重点也是难点，对于培养学生数学抽象素养起着重要作用。学生在初中接触过单调性的自然语言描述，对于高中的符号化定义会感到比较抽象，教师可从学生现有认知水平出发，搭建的"脚手架"便可以以一些具体熟悉的初等函数图象为起点，在自然语言描述的基础上进行符号化，由于抽象水平的限制学生无法一下子给出精确的符号化定义，教师可以针对其不严谨的地方，通过举出反例一步步地引导学生给出正确的定义，学生从中学会如何抽象出单调性的符号化定义，掌握数学形式化。②直线与平面平行的判定。以学生的现有水平让其自主探究给出直线与平面平行的判定具有一定的难度，教师可以从学生生活出发为其提供"脚手架"。通过转动教室门，引导学生观察门的外边缘与门框所在平面的位置关系，学生不难得出门的外边缘在转动过程中始终与门框所在平面平行，原因在于门的外边缘平行于门的旋转轴；通过翻书的封面，引导学生观察封面外边缘与书内文所在平面的位置关系，学生也不难得出在翻动过程中封面外边缘始终与书内文所在平面平行，原因在于书封面的两条对边平行。然后引导学生从这两个例子中抽象出直线平行于平面的条件，进而得到猜想。③点到直线的距离。对于点到直线的距离公式的推导，学生不易想到运用面积法。为了使学生获得解决方法，了解数学命题的形成过程，教师搭建如下"脚手架"。提出问题一：求原点 O（0，0）到直线 l：$3x+4y+3=0$ 的距离，通过解决问题一，学生掌握了面积法求点到直线的距离。将点变得更一般，提出问题二：求点 A（−2，3）到直线 l：$3x+4y+3=0$ 的距离，学生尝试用面积法求解，通过构造直角三角形，过点 A 分别作 x 轴和 y 轴的平行线，交直线 l 于点 R 和点 S，然后求出点 R 和点 S 的坐标，最后用面积法求出距离。在解决问题二的基础上，学生有了求点到直线的距离的程序图式，将点和直线推广到一般情况，进一步提出问题三：如何求点 P（x_0，y_0）到直线 l：$Ax+By+C=0$ 的距离？这样就使得学生把刚刚求解问题二的方法迁移到此问题中，同样是构造直角三角形，利用等面积法进行推导。问题一、问题二、问题三的本质是一样的，用等面积法求距离。问题一、问题二是问题三简单的形式，设计问题一、问题二为解决问题三做铺垫，这样的教学设计有助于学生真正掌握点到直线的距离公式的推导方法，同时也教会学生化繁为简，从特殊到一般的推理方法，提升学生数学抽象素养。

（2）帮助学生整合新知识

在奥苏伯尔看来，只有把获得的新知识与已有知识联系起来，才能使知识产生意义。学生通过整合新知识，对新旧知识进行同化，深化对相关知识的理解，从而在形成良好的知识结构的同时完善图式，提升数学抽象素养。例如，通过初中的学习，学生们知道在正比例函数 $y=kx$（$k \neq 0$）中当 k 取不同值时，函数图象也不相同，k 的符号和 k 的大小影响着函数图象的位置。当 $k>0$ 时，图象经过第一、三象限；当 $k<0$ 时，图象经过第二、四象限。k 的大小决定着直线向上方向与 y 轴正向夹角的大小。对于二次函数 $y=ax^2$（$a \neq 0$）中的常数 a，同样会影响函数图象的开口方向及大小。分析这两个函数图象可以启发学生思考：函数

解析式中的常数是否都是以某种分类方式来影响着函数图象的某种特征？进入高中，学习指数函数 $y=a^x$（$a>0$ 且 $a \neq 1$），不难发现仍是常数 a 决定着图象。这种规律对于指数函数、幂函数以及三角函数同样是相通的。这样的整合使得学生从抽象中找出共性，函数解析式中的常数会影响函数的图象，把数学中许多分散的知识统一在一个认识之下，加深理解，简化记忆，也为今后函数图象的研究提供了思路。

教师在选择教学策略时，要依据学生的现有认知水平和学习需求。对于每一种教学策略的选用应是经过仔细筛选和充分考虑的。教师通过选择恰当的教学策略，可以达到非常理想的教学效果，进而使学生获得良好教育。

（二）宏观把握抽象内容的整体性

数学内容体系具有较强的系统性、严谨性、联系性。因此，数学教学必须把握好数学内容的整体性。只有从整体上把握高中数学的内容，才能对教学内容的地位和作用有深入的分析，更好地引导学生进行整合新知，构建知识网络。整体性应包括内容的整体结构以及内容发展所基于的数学思想方法。不仅要熟悉知识的结构，而且要明确内容之间具体存在怎样的联系。教学中强调把握内容的整体性不但有助于学生抓住知识间的实质性联系，而且能够促进学生认知的发展。高中数学教材是基于数学知识的逻辑规律和高中生学习心理、认知规律，根据一定培养目标编写而成的，是学生学习数学的主要资源。因此，教师需要对教材呈现的知识进行纵向和横向联系，把握教学内容的整体性，由浅入深地引导学生学习。奥苏伯尔认为发现教学法不一定可使学生有意义学习，直接教学法也能够使学生进行有意义的学习，关键在于学生是否能激活旧知和同化新知。学生通过用旧知同化新知，使获得的新知识产生意义和进一步巩固旧知，深化对知识的理解，进而内化知识促进认知结构形成。建立新旧知识是把握内容整体性的基础，一旦学生对数学内容有了系统性的了解，就可以站在更高的角度认识知识，明晰数学的发展脉络，抓住内容本质，有助于提升他们的数学抽象素养。强调把握内容的整体性也是新课程模块和专题结构的需要。《普通高中数学课程标准（2017

年版）》明确了"高中数学课程内容突出函数、几何与代数、概率与统计、数学建模活动与数学探究活动四条主线，它们贯穿必修、选择性必修、选修课程"。强调教师教学要以数学学科核心素养为核心，抓住教学内容主线，引导学生从整体上把握课程，实现学生数学学科核心素养的形成和发展。

数学学科核心素养的发展具有连续性和阶段性。数学抽象贯穿在数学的产生、发展和应用中，更需要以整体的视角处理教学内容。教师对学生数学抽象素养的培养应抓住教学内容的主线，厘清数学的内在逻辑和提炼其蕴藏的思想方法。整体把握教学内容是教师进行教学设计的基本要求，是以数学核心素养为导向的教学前提。数学抽象素养教学是基于学生原有知识、技能、能力的建构活动，迁移到学生自主构建的活动中。要实现数学抽象素养的培养，就要梳理知识体系，引导学生在最近发展区内进行数学抽象。高中数学的内容基本上属于数学内部的抽象，是在原有数学对象的基础上进一步抽象获得的。因此，数学中形成了众多递进式、有着内在逻辑联系的知识链，导致数学抽象具有层次性，进一步地建构比前期更抽象的知识结构。教师在进行教学设计前应当把握好同一模块以及不同模块的知识点间的联系，了解知识发展的路径和抽象方法，以便实现有层次地教学来提升数学抽象能力。通过把握抽象内容的整体性，在教学中教师就可以把抽象过程更合理地体现在课堂之中，促进学生对知识的理解和结构化，并通过对所学知识进行提炼不断锻炼其抽象概括能力。同一类型的数学内容在不同时期具有不同的内涵，随着对数学对象的不断扩充和发展，抽象程度也在加大。对于同一学习内容，高年级学生要求掌握的知识形态比低年级更加抽象。学生的学习是循序渐进、逐步深入的。在抽象教学中，教师要纵向研究教学内容，对同一类型内容的编排体系一清二楚，引导学生掌握知识发展的规律。教师对抽象内容的整体把握，除了横向联系和纵向联系，还要进行纵横交叉联系。在教学过程中，教师要不断引导学生将新的知识纳入认知结构，让学生在学习过程中梳理、构建知识体系。

（三）微观厘清数学抽象的层次性

数学概念、命题、模型形成的过程中，处处可见数学抽象的痕迹。数学学习不仅要学习知识，还要学习形成这些知识的抽象方法。数学知识不是一开始就是精确的，是逐次抽象的结果。因此，在数学教学中，教师要把握学生认知与思维特点，厘清数学抽象的层次性，注意去分析、研究、弄清这些内容是如何被抽象出来的，使得学生在课堂中经历概念、命题、模型如何摆脱具体内容，丢弃那些非本质属性，然后抽象出其本质特征的过程。学生通过不断地感悟，便可在学习中逐步提高抽象能力，形成数学抽象素养。

1. 获得数学概念

数学概念是数学体系建构的基础，是学生学好数学的前提。学生只有掌握数学概念，才能进行其他数学知识的学习。数学概念是抽象思维的表征，不是具体存在于现实世界中的，因此，大多数人会感到概念的抽象性。由于在不同角度不同时期对事物的认识有差异，多种事物表征呈多样性。在日常概念教学中，教师一般采用概念形成和概念同化两种方式。概念形成方式是基于学生学习经验和学习心理，通过呈现具体实例等手段使学生获得感性经验，然后从直观事物中抽象出共同本质特征，最后用数学语言表达和数学符号表示进而获得数学对象的方式。概念同化方式则是基于学生原有的认知结构，直接呈现概念，通过引导学生与相关旧知识建立联系把握知识本质，从而使学生理解并掌握新知识的方式。在概念教学中，对于学生难以抓住本质以及学生现有认知水平无法理解的概念，一般是培养学生数学抽象素养的良好载体，教师应当采取概念形成方式进行教学。由于概念抽象的程度较高，如果直接呈现概念，学生只能基于表述层面的理解，而不能深刻理解和感悟进一步抽象的意义。

杜宾斯基 APOS 理论源于对数学抽象水平的分析，依据对过程—对象两重性的反思水平。其中的四个阶段指明了学生获得数学概念的学习层次，同时也揭示了抽象出数学概念具有层次性。

第一层次：操作具体对象。学生对直观事例进行操作，通过活动获得感性经验。这一层次学生进行活动的数学对象具有具体直观性，使他们能够建立起抽象概念和感性经验之间的联系。

第二层次：压缩形成映像。学生通过实例操作活动，在脑海里形成映像，抽象出共同本质属性。比如，学生在经过多次重复确定单个函数值，再比较函数值的大小后，慢慢就内化为一种心理结构，即进入程序阶段，这时候的学生可以同时考虑多个函数值的大小关系及变化趋势，对函数在整个区间上其函数值随自变量变化的趋势有了整体的认识。

第三层次：赋予形式化定义。通过前面的抽象认识到了本质，用自然语言概括并尝试用数学语言表述，形成对象。通过让学生经历如何运用数学符号语言表达规律的过程，促进学生数学化学习，加深形式化内容理解的同时提升数学抽象素养。学生多次运用程序，通过对不同具体函数的变化趋势的整体认识，把程序压缩为对象，此时学生抽象出函数的变化趋势这一性质，然后对其进行符号化定义。

第四层次：完善图式。通过掌握概念特例、理解概念、回顾概念抽象出的过程、建立与旧知识间的联系等，在头脑中形成综合的知识结构。学生学习了函数单调性的定义后，掌握了一次函数、二次函数等特殊函数的单调性；了解了函数单调性概念的抽象过程，经历由具体到抽象、由图形语言和自然语言到符号语言表达的过程，发展数学抽象素养，实现能够在熟悉的情境中直接抽象出数学概念和能够用恰当的例子解释抽象的数学概念；理解了函数单调性的形式化定义，实现能够用恰当的例子解释抽象的数学概念和能够理解用数学语言表达的概念。函数单调性是函数的一个基本性质，用于研究函数的变化趋势，对于掌握事物变化规律具有重要的作用，能够帮助理解和构建相关数学知识之间的联系。

2. 提出数学命题

数学命题反映了概念之间的内在联系，是压缩了的知识链。命题的提出过程包含了发现问题、提出猜想、证明猜想等数学活动过程，是学生数学抽象素养养成的必经过程。数学命题的发现、推证过程就是人们认识和解决问题的过程。在命题教学中，问题引入之后就要转向如何抽象出命题，应根据学生的认知规律和学情，将命题的抽象过程进行层次分析，有助于学生建立认知结构。设置探究活动，引导学生经历命题的探索和发现过程，经历命题的抽象概括过程，领悟命题提出过程所包含的数学思想方法，学会数学抽象。

过程性变式从学生易于理解和解决的问题出发，在获得简单问题完整解决的基础上，通过运用变式，不断丰富问题内容使学生抓住问题本质进而得到更清晰的认识。过程性变式帮助学生积累思维经验，是提高数学抽象素养的一条有效途径。通过呈现不同层次的问题，引导学生由易到难，由特殊到一般，揭示了命题抽象的层次性。

第一层次：能够在特例的基础上归纳并形成简单的数学命题。数学中的发现往往是在特例的基础上，通过提炼其中蕴含的规律，得到初步的结论。同样，对于问题的解决，也可以从已知的问题入手得到同类问题的解决方法。教师通过过程性变式教学，呈现问题的不同形态，为学生化归问题提供方向。变式所提供的特例具有典型性，简单又不失完整性，从中能够提炼方法和结论并适用于一般的情形。通过探索简单情形，教师让学生独立思考并解决问题，在特例的基础上得到结论，并进行猜想。例如，为了引出正弦定理，由于通过一般的三角形，学生不易发现三角形边角之间的具体关系。通过呈现特例一：探讨直角三角形的边角关系，学生在探讨过程中，结合已有边角关系式及正弦函数，能够得出直角三角形中三条边长与对应角的正弦之间的关系式。

第二层次：能够将已知数学命题推广到更一般的情形。特例问题是一类问题的简单版本，设计特例是为解决一类问题做铺垫，这样的教学设计有助于学生真正掌握命题的推导方法，同时也教会学生化繁为简，学会从特殊到一般的的方法，提升数学抽象素养。教师通过设计特例，促进学生将蕴含过程压缩，抽象概括命题的核心思想和形式步骤，掌握形成命题和提出命题的方法，进而概括出更一般的结构。在学生给出直角三角形的三条边长与对应角的正弦之间的关系式后，教师应进一步追问：这一结论对任意三角形都成立吗？促进学生探讨锐角三角形和钝角三角形的情形，把结论推广到一般的三角形。在锐角三角形中，引导学生回顾直角三角形边角关系的获得方法，启发学生构造直角三角形——作高，这时候问题就转化为在两个直角三角形中寻找锐角三角形的边与角之间的关系，得出两边与其对应角的关系式，要得出三角形三条边与对应角的正弦之间的关系式，还需要再构造直角三角形，即作另外一条高，得出另外两边与其对应角的关系式，进而得到锐角三角形的三条边与对应角的正弦之间的关系式。引导学生从中提炼方法——构造直角三角形，寻找三角形的边与角之间的关系。在探讨钝角三角形时，由于问题的本质和锐角三角形是一样的，所以构造直角三角形的方法是通用的。作钝角三角形的两条高，然后在四个直角三角形中寻找钝角三角形的边角关系，发现钝角三角形与直角三角形、锐角三角形具有同样的边角关系，进而提出正弦定理。

第三层次：能够将提出命题的图式进行完善。通过掌握命题特例，把握命题本质，促进知识增值。通过回顾命题的形成过程及思考方法，体会数学语言表达的方式和作用，发展抽象思维。通过寻找其他知识的联系，学生从更多的角度认识数学命题以及巩固旧知，从而促进认知结构发展，完善图式。通过正弦定理的学习，学生掌握了直角三角形的边角关系；了解了正弦定理的抽象过程，经历了由特殊到一般、由简单到复杂的问题解决过程，发展数学抽象思维，总结出一类问题的解决方法；理解了正弦定理的表达式，实现了理解数学命题的条件与结论。教师引导学生联系大边对大角，小边对小角的关系，实现能够理解和构建相关数学知识之间的联系。

3. 建立数学模型

数学是人们对事物数量关系和空间形式的表达，数学理论研究的根本目的在于应用。数学抽象揭示的是一类事物在量的方面的共同属性，因此，数学内容具有普适性，从而使数学应用于各个领域。数学具有高度抽象性，较低层次的抽象可以看成是较高层次抽象的原型，源于现实生活，通过数学内部发展又作用于现实世界。数学模型是数学抽象的产物，是对现实事物量性特征进行数学语言表述得到的。建立数学模型，必须舍弃客观现实事物的物理属性，仅仅从数量和空间形式上进行刻画。

在日常的学习中，学生对于数学知识的应用主要通过解数学应用题来实现。应用题是人们依据学生某个阶段所学习的知识以及作用编制出来的，所以所呈现的问题是理想化的，条件完整且明确，学生只需要掌握相应的知识便可以正确作答。数学建模相对于解数学应用题来说则要复杂得多。首先数学建模的问题来源于实际生活，需要学生运用数学抽象发现其中所蕴含的数学问题。其次，学生要查阅相关资料，收集数据来确定已知条件以及构造什么样的数学模型。在数学建模中，通常需要做一些假设，辨别问题中因素的主次，抓住主要因素，考虑的因素太多会导致模型过于复杂而难以求解，考虑的因素太少则会导致模型过于简单而无效。求解模型后还要进一步检验模型的拟合度，将模型返回运用到实际中，运用实际数据来判断模型是否合理与适用。对于同一问题，抽象方法不同，也会导致所建立的模型不相同，还要进行分析比较选择合适的模型。因此，数学建模需要学生具备更高的数学抽象素养，更能体现学生数学应用能力。

建立模型第一次抽象就是现实原型的抽象，通过建立模型，把实际问题转化为数学问题；第二次抽象就是数学内部的抽象，对于复杂的问题，学生缺乏建模思路，通过抽象出简单的问题情形，进行化归，从而建立数学模型。抽象出简单问题情形的方法，同样适用于数学解题，为同类型题目的解答提供通用模型。这要求学生能够抓住问题的本质，从而简化问题条件，识别复杂问题的简单版本。

第二节　培养高中生数学直观想象素养的教学策略

一、直观与想象的概念分析

对直观想象，可从分解与整合的角度探讨。首先，直观、想象是不同的思维方法或思维形式，需对它们的性质、功能、特点进行分开探讨；其次，考虑两者间的关系，想象也可以建立在直观的基础之上，视为直观的延伸，二者结合为一个连续性的整体。《普通高中数学课程标准（实验）》将"直观感知"和"空间想象"作为学习数学和运用数学解决问题需要经历的思维过程，具体体现：其中6条具体课程目标中的第2条，将"空间想象"作为五大基本能力之一。从这一点看出，人们也可将"直观想象"这一数学核心素养视为"几何直观""空间想象"观念的发展和融合。

（一）直观

直观，是指通过对客观事物的直接接触而获得的感性认识。希尔伯特在他的《几何基础》第一版的扉页引用了康德的一段话：人类的一切知识都是从直观开始，从那里进到概念，而以理念结束。对"直观"可以做通俗解读，也可做哲学思辨，本文不从直观的各种定义抽象分析，仅选取一些教育家、数学家对"直观"的看法，从教育，特别是数学教育的角度来介绍，也许对"直观"在认识上能获得更适宜的感受、启发和把握。

学者张楚廷先生在自己的文章中对直观进行了阐述：直观的东西必定具体，具体的东西不一定能直观，对于教学效果来说，具体的东西（而难以直观者）就够了，如 2，3，4，…这些东西很具体了，但并不直观。直观的方法虽然十分重要，但有时候并不有效，而且到了一定时候也并不必要了。直观的认识只是认识的一个片段，教学的目的要求人们不能让学生的认识停留在这一片段……但它有利于学生认识的入门，利于学生接受新概念和原理，也利于记忆。

数学家徐利治在《谈谈我的一些数学治学经验》中提到"重视直观"：学习一条数学定理及其证明，只有当我能把定理的直观含义和证法的直观思路弄明白了，我才认为真正懂了；在科学研究中，我也常常借助于由经验获得的直观能力，以猜测的方式去探索某些可能取得的成果；一般英文辞典中，常把 intuition 译作直觉、直观，足见直观与直觉两词的含义会有不少相通或相同之处，但在数学中，我宁愿把"直观"一词解释为借助于经验、观察、测试或类比联想，所产生的对事物关系直接的感知与认识，例如，借助于见到的或想到的几何图形的形象关系产生对数量关系的直接感知，即可称之为"几何直观"。苏霍姆林斯基在文章《谈谈直观性问题》中对直观（性）有些重要阐述：直观性是年龄较小学生的脑力劳动的一条普遍规则；直观手段只有在促进思维积极化的一定阶段上才是需要的；应当逐步地由实物的直观手段向绘画的直观手段过渡，然后再向提供事物和现象的符号描述的直观手段过渡；要引导学生由绘画的直观性过渡到词的形象的直观性；直观手段应当使学生把注意力放在最主要、最本质的东西上去。

（二）想象

也有学者指出：在研究图形的性质（即图形的形状、大小和位置关系）时，除直接给出一些基本图形的性质外，总要根据所给具体图形的特点和解决它的需要，把它分解和重新组合，即在头脑中进行操作，出现一些异于当前所给图形的一些新的图形，这就是"想象"。例如，在解决几何问题时，常常要从眼前的图形，通过"想象"，构造出新的图形（如添加辅助线），找出新的关系。这种想象几何图形的能力，就是空间想象能力。

还有学者认为，数学想象是对数学形象的特征推理，它是数学表象与数学直感在主体头脑中的有机联结和组合；数学想象是似真推理（或合情推理）的基本成分。数学想象有着各种不同的表现形式，按照想象的特点来分，可以分成图形想象和图式想象两类；按照想象的深度来分，则可以分成联想（包括回忆、追想等）和猜想两类，联想是一种再造性想象，而猜想是属于创造性想象，在联想和猜想之间还有一些近义的中间层次，按照逐渐加深的顺序是：联想→推想→设想→构想→猜想。图形想象是以空间形象直感为基础的对数学图形表象的加工与改造，是对几何图形的形象建构；图式想象是以数学直感为基础的对数学图式（数量关系的解析表现）表象的加工与改造。它们包括图形（图式）构想、图形（图式）表达、图形（图式）识别和图形（图式）推理四个层次。图式是数量关系的引申，而又是对图形的抽象和概括；图形是数量关系的形象表现，而又是图式的直观显示。

二、直观想象核心素养的内涵与表现

（一）直观想象核心素养的内涵

直观想象是指借助几何直观和空间想象感知事物的形态与变化，利用空间形式特别是图形，理解和解决数学问题的素养。主要包括：借助空间形式认识事物的位置关系、形态变化与运动规律；利用图形描述、分析数学问题；建立形与数的联系，构建数学问题的直观模型，探索解决问题的思路。

对于直观想象，不能单纯地认为就是几何直观与空间想象的结合。几何直观是借助图形将数学符号表达出来；空间想象则是结合生活情景，对几何图形的运动、变换以及位置关系进行加工、改造，甚至创造新的空间形象。教师应该更多地关注两者交融之后价值取向的拓展，比如，在寻找问题的解决方式时，就可以借助图形的直观去拓展思维的空间。在解决问题的过程中，要掌握好直观与想象的关系，直观是具体的，想象是抽象的，不能片面地去思考解决问题的思路，结合两者才能更加具体地分析问题，进而解决问题。同时对于直观想象核心素养的要求，应该抓住"空间认识""图形描述""构建直观模型"这几个关键点，这些对于教师在高中数学课堂教学中培养学生直观想象核心素养有着非常重要的启示作用。

（二）直观想象核心素养的表现

在《普通高中数学课程标准（2017年版）》中直观想象主要表现为：建立形与数的联系、利用几何图形描述问题，借助几何直观理解问题，运用空间想象认识事物。

从上述直观想象的表现来看，人们可以从下面几个方面来具体阐述。

首先，是数形结合。数学是一门研究数量关系和空间形式的科学，通过图形解决问题或者通过数字符号画出图形，通过数形结合的思想方法建立形与数的联系，这是学习数学必须具备的素养。华罗庚先生曾说："数缺形时少直观，形少数时难入微。数形结合百般好，隔离分家万事休"。

其次，是图形描述。图形描述是直观想象素养中体现的很直观的概念，就是借助几何图形的形象关系去描述一个相对复杂、抽象的问题，也就是将研究问题图形化。

再次，是几何直观理解。要对空间形式以及数量关系进行直接感知、整体把握，从而将复杂的数学问题变得简明、形象，促进数学的思考和想象。

最后，是运用空间想象认识事物。要根据物体特征抽象出几何图形，根据几何图形想象出所描述的物体，想象物体的方位和相互之间的位置关系，描述图形的运动和变化。

三、数学解题教学中直观想象素养的落实策略

（一）将数学问题"图形化"

在数学解题教学中，教师应该倡导借助图形理解题目的解题方法，图形很多时候比数学符号更容易让学生接受。一旦学生养成利用图形求解问题的习惯，那么在以后的学习过程中就可以逐步地提高他们的直观想象素养。在解决数学问题之前要对数学问题有一定的理解，也就是将数学问题进行表征，但表征的方式并不是唯一的，每一种表征会产生不同的解题方法，所以经常会出现一题多解的情况。笔者在教学过程中对普通高中数学课程中几何直观的解题表征形式进行了总结，大概可以分为以下三种：直观示意图、几何图形、函数图象。

1. 解题教学中的直观示意图表征

直观示意图，是为了将复杂的文字表述转化为形象简明的图形，在解题的过程中，直观的图形表述会对人们理解题意有很大的帮助。直观示意图也有很多的表征形式，在高中数学中常用的有线段示意图、树状图、图表等表征形式。

2. 解题教学中的几何图形表征

在解决数学问题的过程中很多时候需要利用图形辅助，图形辅助的方式也多种多样，有的需要画出平面图形，有的需要画出立体图形，最终的目的都是可以更好地解决问题。当遇到这一类问题时，学生本身可以意识到需要图形辅助来解

决问题，但并不能很好地把握借助哪一种图形辅助，教师应该在恰当的时机进行引导。在这样的解题过程中，教师应培养学生构建与数学符号相对应的图形的思维，提高学生的直观想象素养。

3. 解题教学中的函数图象表征

函数是伴随学生整个高中数学课程的知识点，函数在整个高中数学中无处不在，函数是高中数学学习的重点和难点。如果教师将函数作为一般的概念课对学生进行讲授，那么学生必然无法理解。函数的教学是需要图象去辅助的。只有通过函数图象直观地演示函数的性质以及变化，才可以让学生从本质上理解函数。教师应该注重函数的作图，让学生在解决函数问题的过程中更好地运用图象。

（二）将直观图形"最佳化"

在数学学习中，图形表达远比数字符号更受欢迎。在解决数学问题的时候，人们更愿意将抽象的数字符号变成更容易理解的图形，这样可以更加直观方便地得到解决问题的思路。但要画出恰当的可以解决问题的图形也并非易事，差之毫厘，谬以千里。学生在题目的解决过程中需要理解题意，依据题意画出与之对应的图形，只有画出合适的图形才可以更好地解决问题。因此，依据题意画出合适的图形是解决问题的重点，构造这样的图形要从以下几个方面考虑。

1. 选择恰当的图形视角

在解决几何问题的过程中，构造图形可以从不同角度进行，但是不同角度的图形会形成不同的直观分析，如果我们根据题意画出的图形不能很好地反映所要解决的问题，那可能还会影响解题效率。例如，学生在解关于立体几何的相关试题时，有的题目是没有图形的，需要学生自己构造，比如某题目中要求绘制三棱柱，那么学生可能绘制图 3-1 中的两种形式。

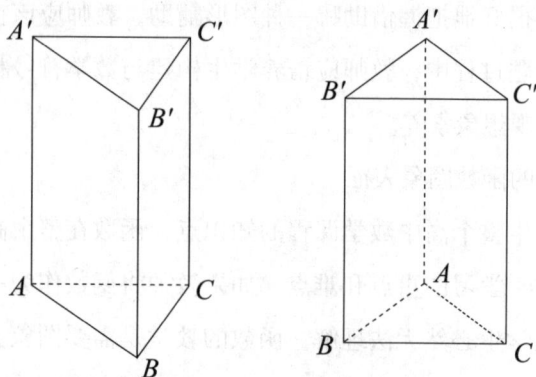

图 3-1　三棱柱的两种画法

以上两种形式都是正确的，但是在实际运用中哪一种更加方便有效呢？不同的角度所观察到的信息是不同的，教师可以要求学生讲述自己为什么要从这个角度去画图，然后教师讲述其他角度的画图思维，彼此对照得到最适合题目的图形。在探究的过程中，学生可以更快地掌握画图的诀窍。

2. 构造正确的图形

每个题目都有各自对图形的要求，有的题目需要人们根据题意画出比较精确的图形，比如在题目中给出圆的半径，线段的长度、两条直线平行或者直角三角形等条件，在这样的题目中就需要学生构造比较精确的图形。而有的题目就可以根据题意画出大概的图形，比如在判断直线与圆的位置关系时，重点展示的是直线与圆的位置关系，而与它们的大小无关，这个时候就只需要画出大概的示意图。

对于此类数学问题，教师应该留给学生一定的时间进行分组讨论交流，让学生自我分析所作图形的可行性，经过反思，最终画出适合题目的准确图形。教师可通过这样的过程培养学生直观分析的能力，提升学生的直观想象素养。

（三）将识图能力"全面化"

利用直观想象素养解决数学问题，不仅需要通过图形得到题目中的有用信息，同时也需要学生提高识别图形的能力，对整体的图形有一个全面的认识，从图形中的已知信息向着结论进行直观的推理，探索出解决问题的思路。

第三节　培养高中生数学逻辑推理素养的教学策略

马克思主义原理告诉人们：一切科学的理论认识，如果离开了为实践服务这个根本的目的，都将失去其存在的意义；而且人类认识世界的根本任务不仅是要正确地说明世界，更重要的是有效地改造世界。逻辑推理素养的内涵与构成要素都为逻辑推理素养生成的教学策略构建奠定了坚实的基础。因此，可以从教学策略实施的基本理念、教学过程、教学内容、师生关系设计以及评价方式等方面构建逻辑推理素养生成的教学策略。

一、以具有真实情境的问题为驱动，指向素养的各个层面

逻辑推理素养从内容构成来看，包括逻辑推理知识素养、逻辑推理应用素养、逻辑推理思想方法素养、逻辑推理思维素养、逻辑推理精神素养。对学生逻辑推理素养的教学现状研究表明：中国学生的逻辑推理素养的教学现状是注重数学知识的教学，忽视逻辑推理素养整体的生成；注重数学知识与技能的常规应用，忽视在具有真实的、多样化的、开放性的问题情境中的应用；注重数学问题的解决，忽视学生对问题解决以及对数学的体验、感悟、反思和表现能力的引领；注重课堂教学，忽视社会生活中应用数学的引领。所以，逻辑推理素养生成的教学必须以具有真实情境中的问题为驱动，在具有真实情境的问题解决中以数学应用为核心，在数学应用的过程中引领数学精神素养、数学思维素养、数学思想方法素养和数学知识素养的生成。

具有真实情境的问题是指将数学真实地与现实世界结合起来，凸显数学在现实世界中的作用，使学生建立数学特别是逻辑推理与现实生活相联系的问题。荷兰著名数学教育家弗赖登塔尔指出："讲到充满着联系的数学，我强调的是联系亲身经历的现实，而不是生造的虚假的现实，那是作为应用的例子人为地制造出来的，在算术教育中经常会出现这种情况。"在逻辑推理素养生成的教学中，应该

以具有真实情境的问题为驱动。

具有真实情境的问题能够使学生真实地体验、感悟和反思数学在现实生活中的作用，并且在处理问题的过程中，表现自身的逻辑推理知识素养、逻辑推理应用素养、逻辑推理思想方法素养、逻辑推理思维素养、逻辑推理精神素养。如果情境不真实，就会造成学生对数学与现实生活是否紧密联系产生怀疑。

逻辑推理素养生成的实践指向性表明，逻辑推理素养是在认识真实世界、解决现实问题、完成真实世界中任务的过程中生成的。因而，逻辑推理素养的生成是在数学与真实世界的联系中实现的。正如著名数学家柯朗所指出的："当然，数学思维是通过抽象概念来运作的，数学思想需要抽象概念的逐步精炼，明确和公理化。在结构洞察力达到一个新高度时，重要的简化工作也变得可能了，然而，科学赖以生存的血液与其根基又与所谓的现实有着千丝万缕的联系，只有这些力量之间相互作用以及它们的综合才能保证数学的活力"。也就是说，"归根结底，数学的生命力的源泉在于它的概念和结论尽管极为抽象，但却如人们坚信的那样，它们从现实中来，并且在其他科学中，在技术中，在全部生活实践中都有广泛的应用，这一点对于理解数学是最重要的"。所以，无论是数学知识的获取，还是理解数学，无论是数学思想方法的掌握，还是数学思维活力的获得，都来自学生对真实情境问题的处理。

二、以多样化数学活动为载体，引领学生的体验与感悟

逻辑推理素养的生成需要引导学生体验数学发现、质疑、数学问题解决、数学审美以及数学精神的熏陶，体验、感悟和反思结果，并在各种活动中表现出来。也就是说："课堂教学应该关注再生长、成长中的人的整个生命。对智慧没有挑战性的课堂教学不具有生成性；没有生命气息的课堂教学也不具有生成性。从生命的高度来看，每一节课都是不可重复的激情与智慧综合生成的过程"。所以，逻辑推理素养生成的教学过程需要通过设计多样化的数学活动，引领和激发学生

体验、感悟逻辑推理素养。

所以，教师需要在数学教学中设计与逻辑推理素养各层面对应的综合性的数学学习过程，在这个过程中，学生要有与之对应的数学活动经验，教师也要引领和激发学生体验、感悟逻辑推理素养。

三、开发从教材走向社会生活的教学资源，引导学生体验逻辑推理在现实生活中的应用

课程资源是课程建设和教学的重要方面，逻辑推理素养的开放性表明逻辑推理素养的生成不能仅仅靠教科书和一些辅助性的练习册，还需要教师在教学中不断地建设，而逻辑推理素养生成的课程资源来源于真实的社会生活。杜威认为，教学不是学院式的，而必须与校外和日常生活中的情境联系起来，创设能够使儿童的经验不断生长的生活情境——"经验的情境"。

此外，逻辑推理素养的课程资源需要数学教师和学生共同建设，从开发的社会资源中挖掘指向逻辑推理素养展示的开放性的真实问题。

逻辑推理素养生成的课程资源分为几个方面：逻辑推理应用、逻辑推理思想方法、逻辑推理思维以及逻辑推理精神。

具有真实情境的问题需要从教材走向社会，从社会不同的环境中寻找来自生活中的逻辑推理、作为人类文化遗产的数学、工作场合的数学、科技领域的数学等。所以，逻辑推理素养生成的课程资源需要走向社会，挖掘社会生活中不同层面存在的和应用的逻辑推理，激发和引领学生体验、感悟、反思逻辑推理在现实生活中的应用，并在真实的情境中表现学生自身的逻辑推理素养。

四、以开放性的情境问题为工具，激发和引导学生养成逻辑推理素养

逻辑推理素养的境域性表明逻辑推理素养评价需要与之对应的真实情境。逻辑推理素养综合性特点表明逻辑推理素养需要其评价方式多元化，而逻辑推理素

养的外显性特征需要学生能够把逻辑推理素养表现出来。所以，创建适于学生表现逻辑推理素养的情境极为重要。为此，逻辑推理素养评价策略关注表现性评价和真实性评价策略。隆贝尔格指出："人们面临的挑战是怎样创造课程体系，充满着来自社会和政治、经济方面的成果，从而帮助学生理解问题的复杂性，在解题的过程中帮助学生懂得并且发展逻辑推理在解决问题中的作用，相应地让他们发展数学威力"。

真实情境是指学生所面临的一种情境。在这里强调真实情境，因为有些情境是不真实的，通常是为数学知识的应用而有意编写的情境。逻辑推理素养教学现状调查结果表明，中国学生解答开放性问题的平均正确率落后于国际平均水平，甚至在解答一些开放性问题上接近平均正确率最低的国家。而这一点与中国长期的数学问题答案的唯一性有关，学生形成只有唯一正确答案的习惯。由于对一种"正确答案"的文化适应，学生常常对批判性思考或应用材料的尝试畏缩不前。所以，基于逻辑推理素养的特征，构建真实的、开放性的问题情境是逻辑推理素养生成在评价过程中的核心。

总而言之，通过进一步的研究可以明确，逻辑推理素养的生成教学策略可以从中推动素养的整体生成，对于数学的教育教学发挥出了巨大的价值作用。逻辑推理素养的生成只有进行全面的拓展，才能处理好不同情境的不同问题，才能对数学的体验、感悟有较为深刻的影响。通过进一步的概括分析，了解到对素养生成的策略影响具体包括以下两个方面：第一，逻辑推理素养生成策略主要针对当前高中生的学习情况进行掌控，保持一定的优势所在，并给予相应的弥补；第二，逻辑推理素养生成策略，对学生的学习情况具有较强的影响，同时在素养生成教育教学中也发挥了巨大的贡献。

第四节　培养高中生数学运算素养的教学策略

一、高中生在数学运算素养发展中存在的主要问题

数学运算素养主要表现为：理解运算对象，掌握运算法则，探究运算思路，求得运算结果。这里主要反映高中生在数学运算素养表现上存在的主要问题。

（一）在关联或综合情境中无法确定运算对象

数学运算素养的主要表现之一是理解运算对象。对学生测试卷典型错误归类整理发现，大多数学生在熟悉的数学情境中能够了解运算对象，但在关联或综合情境中，学生的回答不够理想。当所给题目不是熟悉的运算求解题时，一部分学生难以发现题中隐含的有效信息，不能准确地确定运算对象并转化为运算问题。测试结束后通过与部分学生交谈发现，日常学习中学生遇到的多是没有现实情境的数学运算题，而更多的是直接运用所学知识点进行常规的数学求解运算。因此，当面对具有现实生活背景的问题时，学生容易产生不适情绪。一方面，学生对带有情境的数学运算题相对陌生，不能很好地确定运算对象；另一方面，当面对文字较多的数学运算题时，部分学生存在畏惧心理，不够自信，主观上认为难度较大便轻易放弃。若学生在遇到关联或综合情境问题时，不能正确理解运算对象，盲目地去做题，那么结果一定是事倍功半，出现更多的运算错误。因此，要培养学生在关联或综合情境中明晰运算对象的能力。

（二）对运算法则及其适用范围掌握不准确

数学运算素养要求学生能够准确掌握运算法则及其适用范围，从而正确进行运算。通过对学生测试卷典型错误归类整理发现，很多学生对基本的数学概念、公式和运算法则掌握不牢固。还存在一部分学生熟悉运算法则，但忽略了运算法则的适用范围，做题过程中不知如何运用或运用错误。通过与学生交谈发现，对于新学的数学概念、公式和运算法则，学生能较好地掌握。但对于之前学过的知

识点，学生记忆模糊甚至完全遗忘。更深入地询问原因，发现主要存在以下两点：其一，部分教师在进行概念等教学时，没有引导学生经历知识产生的过程，更多地强调概念法则的运用。由此导致学生对概念法则等机械记忆，通过重复训练加以巩固，当一段时间不用时就有所遗忘。其二，部分学生忽略了概念法则的适用范围，看到相似的问题，拿起就做，没有思考运算法则是否符合题目条件，导致在做题过程中运用错误而失分。知识的习得是一个循序渐进的过程，日常学习中学生要经常对学过的知识进行回顾，温故知新。同时，教师在讲解公式法则时，要让学生经历知识产生的过程，加深学生对运算法则及其适用范围的理解。

（三）无法根据问题特征形成合适的运算思路

数学运算素养要求学生能够根据问题特征形成合适的运算思路，从而解决问题。运算思路是解决数学运算问题的关键。通过与学生交谈发现，当面对简单的数学运算时，大多数学生能够再现学过的常规方法解决问题；但对于涉及知识点多的综合型问题，部分学生往往思考不够全面，思维模式混乱，无法形成合适的运算思路。这些学生缺乏基本的数学思想和解题方法，导致运算复杂化或无法全面解题。在相关调查中，发现接受调查的学生中，只有 16% 的学生会思考不同的解答方法，61% 的学生表示不会思考，这一结果不是很理想。学生思考不同的解题方法有助于开拓思维，在运算过程中更快速地形成简洁合理的解题思路。日常教学中，教师要关注学生对基础知识的掌握和灵活运用；遇到问题时，多留时间让学生自主寻找解题思路，培养他们独立思考、独立解题的习惯。

（四）对数学缺乏兴趣，信心不足，缺乏坚持运算的意志

兴趣是坚持做一件事情的助推力，学生只有对数学感兴趣，才会积极探索并全身心投入，高效率地进行数学学习。通过调查问卷中 1 道题的统计结果显示，只有 32% 的学生对数学学习感兴趣，这一比率相对较低。学生对数学缺乏兴趣，心里会越来越抵触和排斥数学，导致学习效果大打折扣。当面对思路复杂的问题时，有许多学生选择放弃。笔者在教学过程中与学生交谈发现，部分学生具备求解运算的能力，但遇到较复杂运算时意志力不足，没有耐心，主观认为自己没能

力求解，对高中数学的运算存在畏惧心理，害怕复杂的运算。运算贵在坚持，学生要坚定信心，一步一步分析题目信息，求取运算结果。

在中国基础教育的整个阶段，学生一直在进行一定量的数学运算，但接受调查的学生中只有 24% 的学生认为自己的数学运算能力好。一方面从自我评价中反映出学生自身数学运算能力薄弱，另一方面也反映出学生可能存在不自信的现象。在接受调查的学生中，只有 40% 的学生认为数学运算能力很重要。说明在整个数学学习过程中，学生没有很好地意识到数学运算在数学解题过程中的关键作用。同时，相关调查结果显示，有 47% 的学生认为没有必要进行专门的运算能力训练。通过与学生交谈发现，中学生普遍认为运算是一种简单机械的重复工作，不需要专门进行培养，只要记住运算法则、掌握数学思想方法即能成功解题。这种思想是不全面的，需要学生在本质上改变这种看法。简单的运算综合成复杂的运算，对数学运算培养的过程就是自我提升运算能力的过程。熟能生巧，学生只有在数学运算素养上达到一定水准后才能快速准确地解决运算问题。

整体来讲，学生对数学的学习缺乏兴趣，对数学运算的重视不够。当面对较复杂问题时多数学生不自信，意志不坚定，没办法做到坚持求解。

二、高中数学运算素养教学的落实策略

多数情况下，数学运算好的学生数学成绩不会太差，这就要求教师在平时的教育教学中重视培养学生的数学运算素养。通过分析各类调查研究报告可知，高中生在数学运算素养上总体表现一般，并仍然存在一些问题。对高中生数学运算素养的培养不是一蹴而就的，需要时间和精力上的投入。

高中数学运算素养教学的落实策略主要体现在以下方面：

（一）教学中要注重情境创设和问题设计

研究发现部分学生在关联或综合情境中无法确定运算对象。究其原因主要是学生在日常学习中遇到的多是没有现实情境的数学运算题，一般是直接运用所学知识点进行常规的数学求解运算。当面对有现实生活背景的问题时，学生容易产

生不适情绪，无从下手。学生不习惯做有情境的数学运算题，因此，不能很好地确定运算对象。新的高中数学课程标准的焦点在于考查学生在不同情境中解决数学问题的能力。因此，要求教师在教学中创设合理的教学情境、设计合理的数学问题。教学情境包括数学情境、现实情境和科学情境。数学问题是指在情境中提出的问题，分为简单的问题、较复杂的问题和复杂的问题。日常教学中，教师要根据内容精心设计情境和问题，体现数学本质，避免形式化的问题情境创设。

创设问题情境时，要注意以下几个方面。首先，情境的创设要从生活实际入手，让学生明白数学来源于生活，又用于解决生活问题。例如，在学习函数单调性时，可以引入气温变化图、商品价格波动图等，通过提问学生不同时段气温变化规律或商品价格变化规律，引导学生积极主动地总结函数单调性特点，归纳出函数单调性概念，让学生直观感受数学学习的现实意义。其次，数学问题情境的创设应具有互动性。课堂的主体是学生，教师在教学过程中应以学生为中心，通过层层设问的互动式教学，调动学生积极参与，培养学生发现问题、提出问题的能力。例如，在"等差数列前 n 项和"新授课时，课堂上教师可以以数学家高斯求解 $1+2+3+4+5+6+\cdots+97+98+99+100=（1+100）\times 50=（1+100）\div 2 \times 100$ 的故事为引例，积极引导学生经历整个推导过程，主动探索归纳等差数列前 n 项和公式，进一步引导学生将等差数列通项公式代入，整理获得等差数列前 n 项和的另一个表达公式。同时，引导学生对两个公式进行讨论，加深学生对公式的理解和掌握。教师作为引导者，可以在过程中对学生的回答或提出的问题加以点评，引导学生独立思考，形成合理的解决问题的思路。再次，可以创设生动有趣的问题情境。课堂上营造活跃的教学气氛，能够吸引学生的注意力，从而使学生主动参与学习，让学生产生探求新知的内在动力。最后，可以适当引入数学文化。日常教学中，教师可以适时恰当地介绍一些数学发展史或数学方面的研究成果，引导学生了解数学的发展历程，开阔学生的视野。

想要创设合适的教学情境并提出合适的数学问题，需要一线数学教师不断学习探索，积极了解数学学科之间、数学与生活、数学与其他学科的联系；提升自身数学素养；引导学生用数学的眼光观察世界，发现问题；在问题解决过程中，引发学生思考与交流；促进学生数学运算素养的生成。

（二）加深学生对数学概念和公式法则的理解，明晰运算对象

高中数学一大特征是更加抽象化，学生对数学知识抽象性和形式化的不理解导致其在学习中手足无措，困难重重。因此，在日常教学中，教师应当重视对数学概念和公式法则的教学，加强学生对基础知识的理解和掌握。

首先，教师要重视概念法则的形成过程，在讲授概念法则等基础知识时，不能一味地让学生死记硬背，生搬硬套，更不能让学生机械地做题，日复一日地进行无意义的训练。例如，学生在运用三角函数诱导公式化简运算中，容易出现符号正负性的错误。尽管教师在教学中归纳了"奇变偶不变，符号看象限"原则，但是只停留在文字讲解上。学生对此原则理解不透彻，做题时依旧错误不断。因此，需要引导学生经历三角函数诱导公式的生成过程。教学中，教师可借助正、余弦函数和正切函数图象的变化特点，通过PPT展示函数图象平移变化规律，让学生直观地感知三角函数诱导公式的本质，帮助学生理解记忆。总之，教师要引导学生经历公式法则的推导过程，明白条件、结论及其适用范围。只有在充分理解的基础上，学生才能记忆牢固，并能灵活运用。

其次，教师要注意讲解概念间的联系和区别。在学习新知识时，对类似或相近的概念，可以适当通过举例、列表等方式，横向对比指出区别所在，帮助学生准确掌握各概念特征，避免混淆。之后再进一步了解它们的特例、变式及应用，帮助学生发现概念的本质。

再次，通过习题的层层递进，例如，加深学生对"一正二定三相等"原则的理解。变式教学的优点在于适于不同层次的学生，不同的变式可以使学生在运算上得到不同程度的训练。教师在实施过程中要把握好度，所选变式题目应具有典型性，避免简单的重复。

总言之，万变不离其宗，只有从最基础层面夯实，加深学生对数学概念和公式法则的理解，了解运算法则适用范围，才能提高数学运算的准确性。

（三）进一步加强对学生数学思维的训练

部分学生在求解知识点多的综合型问题时，思考不全面，思维模式混乱，不能根据问题特征形成合适的运算思路，缺乏基本的数学思想和方法。因此，教师要进一步加强对学生思维品质的培养。

首先，数学运算不只局限于对基础知识的记忆和机械模仿，还应包含数学思想方法的灵活运用。抽象的数学运算问题有时让学生无从下手，这就需要运用有关的数学思想方法类比联想。高中数学最常用的思想有转化与化归思想、方程与函数思想、分类讨论思想和数形结合思想等。

其次，一题多解有助于开拓学生思维，在运算过程中帮助学生更快速地形成简洁合理的解题思路。在日常教学中，教师要注重对一题多解的训练，选好题目，引导学生运用所学知识进行多种探索，对同一运算问题寻求不同的解决方法，并从中归纳出最简洁合理的方法。一题多解不是单纯地追求解题，更重要的是解题过程中学生的思维得到了训练。教师可以通过创设开放型问题，采用满意加分原则，关注学生思维的过程，对学生别出心裁的解题方法要多加鼓励和表扬。这样可以培养学生良好的观察力和思维的敏捷性，使学生逐渐摆脱对习惯算法的依赖，灵活自如地重建思维模式和运算系统。

最后，思维的训练对数学运算至关重要。遇到问题时，积极引导学生自主思考、归纳总结，这是学生思维训练的过程，不仅有助于学生对旧知识的巩固，也有助于新知识的生成。学生思维模式清晰，遇到运算问题才能快速准确地形成简洁合理的运算思路，设计运算程序，求取运算结果。

（四）锻炼意志品质，激发学生对数学学习的兴趣

学生要想获得数学知识和基本技能，首先要对数学学习充满兴趣，拥有坚持运算的品质，由此才能主动高效地进行数学学习，发现数学本质。几乎没有学生天生对某个学科抱有极大的学习兴趣，并且能够坚持不懈地进行学习，关键在于教师如何正确引导，调动学生学习的积极性，培养学生坚持运算的品质。

首先，在平时的教学中教师可以收集一些生活实例，让学生感受数学思想方

法来源于生活又用于解决生活问题。例如，在学习直线与圆的位置关系时可以通过 PPT 展示太阳从海平面升起的全过程，直观地展示直线与圆的几种位置关系，引起学生的学习兴趣。将看似枯燥乏味的运算融入生活，营造和谐融洽的氛围，使学生感受到数学运算的现实意义。

其次，数学不仅仅是简单的加减乘除运算，还蕴含了很多美好的事物。数学教育界经常提到的数学美，例如，黄金分割比、向日葵种子排列规律的和谐美，行星运动轨迹、雪花形状的简洁美，飞机造型、剪纸的对称美，昼夜交替、四季分明的周期美等。数学美作为数学文化的一部分，其中蕴含的形式之美、方法之妙，能大大激发学生的学习热情。新课标中提到的 D 类选修课程主要介绍日常生活中数学美的体现，教师可以适当地将这些内容融入日常教学，让学生真切地体会到数学之美，引导学生学会鉴赏数学美、创造数学美。

最后，教师要培养学生坚持运算的意志品质，培养学生面对综合型数学运算问题时能够坚持不懈、百折不挠地完成既定目标的意志品质。波利亚曾指出："教学生解题也是一种意志的教育"。部分学生面对运算问题，尤其是文字多、看起来相对复杂的问题时信心不足，主观认定题太难，轻易放弃。知识有深浅之分，运算也有难易之分，坚持运算是成功解题的前提。在教学过程中，教师要把握学生的"最近发展区"，从学生能够解决的问题入手，让学生获得解题成功的体验，建立自信心。在此基础上逐步加深问题难度，多给学生时间思考，鼓励学生耐心坚持，求解运算。对于很难的问题，即使学生没有算对，也要肯定其运算过程，让学生明白解题过程中的收获同样重要。与此同时，还可以介绍一些数学家坚持求解、攻克数学难题的故事，培养学生的学习意志，教育学生学习他们的可贵品质，勤奋学习。

第四章　高中数学教师数据素养的提升

第一节　研究背景及国内外现状

一、研究背景

（一）数据素养是大数据时代的必然要求

当今社会已大规模进入"大数据"时代，互联网、微信等逐渐成为我们生活的必需品，极大地影响着我们的生活。与此同时，数据资料呈现出指数型增长的态势，数据在各个行业中的应用日渐增多，人们工作、学习和生活都在一定程度上受大数据环境的影响，正如顾君忠教授所讲："看似垃圾的数据，能创造超乎想象的巨大价值"。数据素养作为信息素养的延伸和拓展，正慢慢成为当今时代学生解决问题必不可少的一项技能，是适应人工智能和大数据技术飞速发展的重要能力。

当今时代，大数据技术发展迅速，在这个时代，为了获得数据所包含的深层信息，人们必须采用合适的方法对数据进行一系列的整理与加工，这就要求人们具备处理数据的基础知识、基本技能和实践经验，这无疑是一项前所未有的挑战，因此，研究者、教师、学生乃至每一位公民都必须有一定的数据处理能力，而高中生作为未来社会建设的后备军，其数据素养水平更值得我们关注。

（二）数据素养是我国数学课程改革的需求

为紧跟时代步伐，提升全民素养，学校课程内容不断更新，而数学课程是培养学生数据素养的一个重要媒介，其改革是必然的。2001 年制定的《全日制义务教育数学课程标准（实验稿）》指出，学生基于统计部分的知识看待数据信息的相关问题，要求能够对数据进行适当加工与处理，进而做出合理决策，能够用审慎的态度看待数据的来源、处理方法和结果。2003 年制定的《普通高中数学课程标准（实验）》把数据处理能力列为五种基本能力之一，要求高中数学教师在备课过程中要注重基于数据展开活动的设计，这表明中学数学课程越来越注重对学生数据素养的培养。之后的数学课程改革中，统计部分越来越被重视，数学教育研究者希望学生通过这部分知识的学习，提升数据意识，养成运用数据分析问题的习惯，这代表统计教育中数据素养的核心价值得到了体现。2017 年制定的《普通高中数学课程标准（2017 年版）》，要求教师应在学生的学习过程中主动提供相配套的数据资料，结合信息技术开展教学活动，以提升学生全方位素养，这表明我国正在逐步探索数据素养教育。

经过这几次的数学课程改革，统计作为一大模块在数学学科中的重要程度大幅提升，而统计离不开数据，这恰好说明了数据素养在数学课程中的重要地位，也说明了数据素养是我国数学课程改革的需求。

（三）数据素养是国际数学教育研究的热点

2012 年，美国制定了《大数据研究和发展计划》等文件，以提升国民数据素养，同时，通过互联网、智能手机的应用等开发基本的数据素养，以培养学生的创新能力，这体现了美国对数据素养教育的高度重视。在第十二届国际数学教育大会上，研究者们就"如何借助'数学教育的帮助'来形成一个具有数据素养的社会"展开深刻讨论，其中，统计教学成为这个"帮助"的落脚点，这说明在信息时代中，数据素养的作用不容小觑，统计教学在学校教育中发挥着不可替代的作用，因此，基于统计教学培养学生的数据素养成了国际数学教育的研究热点之一。会议之后，欧盟、澳大利亚等组织和国家也将开展数据素养教育提上日程。

目前，许多研究者致力于这一新兴领域，丰富数据素养的内涵、构建数据素养评价体系、探索数据素养的提升方式成为人们关注的热点。《义务教育数学课程标准（2011 年版）》提出了"数据分析观念"的概念，这说明数据素养正式登上了数学教育研究的舞台。

二、国内外关于数学核心素养及教师数据素养研究现状

（一）国内外数学核心素养研究现状

1. 国外关于数学素养的研究

1982 年，英国学校数学调查委员会对数学素养的内涵做出了如下的解释："一是指个人在日常生活中能够运用数学技能、满足个人每天生活中的实际数学需求，二是指能正确理解含有数学术语的信息"。

美国于 1989 年提出中小学数学课程与评估标准，对数学素养的内涵进行了界定：懂得数学的价值，对自己的数学能力有信心，有解决数学问题的能力，学会数学交流，掌握数学的思想方法。澳大利亚相关部门指出：数学素养是人们用来处理生活与工作过程中出现的数量问题所需要的技能、知识、信念、气质、思维习惯、交流能力、问题解决能力的聚合。南非教育部对其的定义为：数学素养为学习者提供了数学在现代世界中扮演角色的认识和理解，让学习者充分发展数字和空间思考能力，学会解释及以批判的观点和眼光去分析日常生活中的点点滴滴，提高解决问题的能力和自信心。国际学生评估项目（PISA）将数学素养定义为"个体在各种背景下进行数学表述、数学运用和数学阐释的能力"。针对数学教师对数学核心素养认识的调查研究，以美国为例，美国于 2010 年颁布的《州共同核心课程标准》强调对学生高阶思维的关注，在呼应美国"21 世纪技能"的同时，将 21 世纪技能主题整合到具体的学科课程标准中，进而培养和发展学生的核心素养。从当前的情况来看，美国已经有 40 多个州一同使用这一共同标准，几乎算得上是涵盖了美国的大部分基础教育地区。虽然美国依据教育规律以及本国的发展现状制定、完成并公布了这一共同标准，但要确保本国学生核心素养的

发展能达到共同标准的要求，先决条件之一就是处于教学一线的教师必须充分了解共同标准的相关内容。因此，美国的各类教育服务与管理部门，包括各州及各地区，都急需了解一线教师们实施共同标准的相关信息，知晓他们落实共同标准的程度，知道他们在落实过程中所遇到的亟须解决的问题及建议。为了考查教师们对于共同标准的认知、实施及重视程度，美国兰德教育组织展开了对教师实施共同标准情况的调查研究，编制相应的调查问卷，对教师实施共同标准的情况进行了深入的探讨。

美国兰德教育组织针对以上问题进行了多方面、多学科的调查研究，基于本书的探究方向，这里只挑选出兰德教育组织对数学学科教师落实共同标准的调查，即关注课程标准的内容、重视不同年级数学主题的连贯性以及平衡数学严谨性和趣味性的三大方面，通过教学帮助学生参与数学实践。

2. 国内关于数学素养的研究

关于数学核心素养，史宁中教授将其描述为：会用数学的眼光观察现实世界（数学抽象、直观想象），会用数学的思维思考现实世界（数学运算、逻辑思维），会用数学的语言表达现实世界（数据分析、数学建模）。

高启文认为：一是应当以教材为起点，推进学生数学技能的全面发展；二是以模块化教学，提升学生数学思维的连贯性；三是开展情境教学，培养学生发现意识与创新性思维。

马云鹏教授认为，数学素养是指人们通过数学的学习建立起来的认识、理解和处理周围事物时所具备的品质，通常是在人们与周围环境产生相互作用时所表现出来的思考方式和解决问题的策略。

朱立明指出，数学素养是以教育各阶段相应的数学核心知识为载体，引导学生形成数学思维与数学态度并为后续的数学学习提供持续性支持的阶段性动态发展系统。

孔凡哲教授认为数学核心素养包含三种成分：一是学生经历数学化活动而习得的数学思维方式，二是学生数学发展所必需的关键能力，三是学生经历数学化活动而习得的数学品格及健全人格养成。

宁锐等人将数学核心素养分为数学思维素养（直观想象和数学抽象）、数学方法素养（数学运算和逻辑推理）和数学工具素养（数据分析和数学建模）。

国内针对高中数学教师对数学核心素养认识的调查研究较少，比较具有代表性的是刘广军教授所做的一份调查研究：高中数学教师对数学核心素养培养的认知度调查。该研究调查了高中数学教师对数学核心素养培养的认知度情况，发现了高中数学教师对数学核心素养的认识主要存在着以下四方面的问题：一是教师对数学核心素养的认知度较低，二是教师对六个数学关键能力的培养重视不够，三是教师对课堂教学中渗透数学核心素养认识不足，四是教师对数学核心素养的教育价值认识模糊。

此类研究中，罗云针对高中数学教师对数学核心素养及其教学的认识方面进行了调查，结果表明：数学核心素养是日常教学中的重要组成部分，应该密切渗透到实际教学中，数学知识的积累不一定会导致数学核心素养的发展，在教学目标制定上需要突出数学核心素养，情境的创设和问题的设计要有利于发展学生的数学核心素养。

（二）国内教师数据素养发展的整体现状

当前，我们身处信息化时代，具有数据信息的处理能力尤为重要。教师行业更是如此，因为教师承担着教书育人、培养祖国下一代优秀人才的伟大责任，因此更应该关注数据的价值，以及具有获取数据、分析数据的能力。在当前，大数据技术已与我们的生活有着非常紧密的联系，作为教书育人的教师群体，也要顺应时代的发展潮流，充分利用大数据来解决教育教学实践中的诸多问题。通过大数据技术的应用，还可在潜移默化的教育实践中提升教师群体的数据素养。在新的教育改革形势下，数据素养也是属于教师的个人职业素养的重要组成部分。然而目前，在教学中使用数据处理问题仍然存在问题。所以，探索教师数据素养的本质与内涵，以及如何提升教师数据素养成了关键性问题。当前，中国对于教师的数据素养的相关研究还处于探索研究的初始阶段，许多研究还依赖于国内的一些文献资料。

1. 教师数据使用能力、数据态度、数据使用信念之间存在较强相关性

研究发现，教师数据使用能力、数据态度、数据使用信念之间存在较强相关性。这里构建的教师数据素养模型以 Dunn 等人针对教师数据驱动决策知识、关注度和效能感维度所构建的数据驱动教师决策的三元变化模型为核心参照，通过逻辑推演可知，教师数据素养中的三个能力要素之间亦应当具有相互影响、相互作用的关系。相关学者对教育数据进行研究分析发现，中国国内教师的数据素养能力结构中，在数据使用能力、数据态度、数据使用信念之间的相关系数均达到显著性水平，三者之间存在较强的相关性，也由此验证了这一关系构想。由此可见，教师数据素养的发展是教师数据使用能力、数据态度、数据使用信念三种能力要素综合发展的结果，在培育教师数据素养的过程中，需要对教师的数据使用能力、数据态度、数据使用信念均予以重视，不仅应避免三种数据素养能力要素发展不平衡的情况，也要注重通过某一种能力要素的有效发展，带动其他能力要素的协同发展。

2. 不同年龄、地区、学历的教师数据素养的发展存在较大差异

首先，不同年龄教师数据素养的发展存在显著差异。具体而言，41～50 周岁的教师在数据素养发展方面优于其他年龄段的教师群体，且其数据素养三种能力要素的发展水平也显著优于大部分其他年龄阶段的教师，但是，41～50 周岁的教师的数据使用能力未显著高于 31～40 周岁的教师，41～50 周岁的教师的数据态度未显著高于 51～60 周岁的教师。据此可表明，年龄差异性对于中国教师群体的数据素养发展有着重要影响。对此，教育行政部门、学校应当针对不同年龄段的教师群体的数据素养发展特征与实际需求，有针对性地设计各大中小学教师数据素养培训方案，缩小不同年龄段的大中小学教师的数据素养水平。

其次，城乡地区教师的数据使用能力的发展存在显著差异。相关调查研究表明，城区的教师群体在数据使用能力方面，要显著高于乡村教师群体。此外，县区教师群体的数据素养的整体水平、数据使用信念明显优于乡村教师群体。由此

可见，乡村教师群体在数据使用能力、数据使用信念的发展上均存在一定程度的落后情况，因此，应重点关注乡村地区中小学教师数据素养的培育，政府、教育行政部门应加大农村地区的教师教育资源投入。

3. 教师接受的技术培训情况尚可，但培训实效性存疑

调查研究显示，大约90%的中小学教师具有参加地区、学校组织的数据使用培训或信息技术培训的经历，从中小学教师接受技术培训及数据素养教育的情况数据来看，中小学教师对于数据利用的能力提升也是亟须解决的重点问题之一。相关调查表明，中小学教师群体的数据研究均值较高，为3.6374，相比较来说，中小学教师群体的数据应用能力应属中上水平，不过，这个数据应用能力水平均值离想要达到的高标准水平还有一定的差距。所以，中小学教师群体的数据应用能力还有很大的提升空间。

根据相关研究记录分析，以及对许多中小学教师的数据分析结果进行深入调查研究，例如，分析他们撰写的教学研究报告，利用大数据与其他教师进行教学经验的分享，用大数据与家长分享学生的成绩数据，借助大数据对教学效果进行测评，或者对未来的教学研究方向和发展趋势进行预测等，发现依然还有少部分教师不具备这些数据应用能力，不能对新旧数据进行灵活性运用，对数据的教育教学新价值的应用还不达标。因此，在未来的数据应用发展过程中，教师群体还要增强数据知识、数据分析、数据灵活运用等方面的能力，要充分利用大数据技术来进行教学素材的积累、教学经验的分享与交流、教研能力的提升等，这些方面皆需要长期的研究、学习与提升，以期能充分利用数据技术来提升教师群体的教学及教研能力。

（三）国内教师对于数据的应用情况

当前，根据相关的调查研究及文献查找结果，中国的教师群体在数据素养及应用能力方面的均值显示为3.7831，该数值要比数据意识及伦理能力低，证明中国的教师群体的数据实践应用能力、数据素养等方面还需进一步提升与发展。根据相关专题研究的综合性剖析，发现中国的教师群体利用大数据技术来解决实际

教学问题、利用数据来促进教育教学分享与交流的能力方面较好，但是在利用数据及时调整教学规划及教学方案等方面的数据应用能力则有所欠缺。对于不同类型的数据，有部分教师能依照自己的教学经验来进行综合性分析与灵活运用，但还有些教师则不能达到这种运用能力。有部分教师已注意到数据中所隐藏的丰富的教学应用价值，想将这些隐藏的数据价值应用在教育教学中，但是却不具备这方面的数据应用能力，同时由于学校方面、社会方面及个人方面的影响因素，这部分教师没有进行相应的数据知识的专业化学习与培训，这种现实状况则导致了教学活动中数据创新应用受到严重影响，这种状况也是当前迫切需要解决的现实问题。教师群体在这一方面的数据应用能力亟须得到提升，以促进中国现代化教育事业的向前发展与推进。

综上所述，在当前的信息化时代，各种现代化信息技术层出不穷，而大数据则成为其中的佼佼者，在各行业皆逐渐得到了应用，正为中国的社会经济发展做出新的贡献。在中国的教育行业，大数据及智能化技术也正在逐步得到应用，作为一种教学辅助工具，正在为中国的教育事业发挥重要的教学价值。但目前的现实状况是，中国的教师群体对于大数据的应用状况却不是很理想，其数据应用能力尚不是很强，其数据素养也尚处于初级探索阶段。数据素养在国内提出至今已有十来个年头，而中国教师数据素养的相关研究仍处于起步阶段，相关研究还停留在对内涵、构成及培养模式的探索阶段。所以，在未来的教育发展新时期，可针对不同地区、不同年龄段、不同学历段、不同学科段等教师群体的具体情况做进一步的数据研究，得出更适合中国国情的教师数据素养评价标准，让数据素养更好地为教育教学服务。

三、高中数学核心素养教育的含义及价值

（一）高中数学教学中核心素养的含义

数学核心素养是指学生在数学学习过程中形成的对数学在实际生活中认知的能力，使学生能够在实际生活中做出有理有据的数学判断素养。高中数学新课标

中提出了六大核心素养即数学抽象、逻辑推理、数学建模、直观想象、数学运算和数据分析，要求学生有独立思考的能力和运用数学的意识，通过对数学知识的学习，能够在现实生活中从数学角度去分析问题、解决问题，从而锻炼学生良好的数学能力和数学思维品质。因此，数学概念教学需要在数学核心素养的指导下结合数学练习、数学应用、数学实践等进行，以达到让学生掌握数学概念并由此培养他们的数学核心素养的目的。

（二）高中数学核心素养教育的价值

1.数学核心素养是学生全面发展的重要内容

数学来源于生活，但更重要的是数学知识也应用于现实生活，因此，数学知识的学习路径可以简单地描述为从生活中来到生活中去。在课堂教学中，如何创造生活化的教学情境、运用生活中的案例增强学生对数学的学习兴趣，实现生活化教学是高中数学教育的重要内容。数学核心素养突出计算、测量、推理等数学基本知识的理解和运用，并在此基础上培养学生的数学思维，引导学生从数学的角度理解、分析和解决问题，充分体现数学的现实价值，有利于学生的全面发展。

2.数学核心素养有利于学生建立正确的数学观

所谓数学观，是指人们对数学这一学科有无价值及价值大小的判断。在数学核心素养教学中，数学抽象通过学生对数学表征的理解帮助学生更好地理解数学概念、命题，帮助学生建立完整的数学体系；逻辑推理则主要通过对事物的归纳、推理，帮助学生理解数学知识间的联系，培养学生形成系统的思维方法、科学的思维能力。如此种种，都是对数学价值的解释，都为学生形成正确的数学观提供了重要支撑，并能更好地激发和提升学生对数学的学习兴趣，实现高中数学教育的高效性。

3.数学核心素养能更好地推进数学教学的深度改革

核心素养概念是为适应新的时代社会对人才的具体需求而提出的。在新的时代，培养什么样的人，怎样培养人成为教育亟须解决的重要课题。它不仅仅是知识的传授，更是对育人的深入理解和实践。这就要求进一步深化课堂教学改革，在教学中要真正坚持和贯彻以学为主、以生为本的教育教学理念，精心设计教案，关注学生的思维活动，注重学生数学思维能力的训练，提升学生的数学思维水平；注重实践性，引导学生运用数学知识分析和解决问题。

（三）高中数学概念教学中核心素养的培养

高中数学核心素养包括数学抽象、逻辑推理、数学建模、直观想象、数学运算和数据分析。在以往的高中数学概念教学中，教师忽视学生的自主体验与探究，从而影响学生理解与接受能力的培养。尤其是在高考重压下教学极具功利性，这与新课改背道而驰。高中数学教师需及时转变教学理念，借助概念教学培养学生的核心素养，同步增长学生的知识、提高学生能力与增进学生情感。

1.注重概念形成过程，培养数学抽象素养

在高中数学课程教学中，大部分概念是经过数学抽象而来的，都较为抽象，不仅教师难教，学生也难学，是令师生双方都头疼不已的一项重要教学内容，但也是培养学生数学抽象素养的优质素材。对此，高中数学教师在概念教学中需注重概念的形成过程教学，一方面要讲解具体的概念内容，设计好教学活动，使学生能牢固记忆，历经概念形成的思维过程；另一方面可以结合数学概念搭配相应的例题，组织学生通过练习深化理解与掌握概念。例如，在进行"集合"概念教学时，师生一起进行一个"听口令做动作"的游戏。先要求全体同学起立，然后让女生坐下，男生仍然站立。同时讲解，在班级中每名同学都是一个对象，让"全体同学起立"的对象是"全班每名同学"，让"女生坐下"中的对象是"班中每个女生"。在不同的场合有不同的对象，我们也可以把感觉到的客观存在，以及思想中的事物或抽象符号看作对象。每种对象的全部都可看作一个集体。数学概念是高度抽象的概念，它对"集体"赋予一个概念叫"集合"。集合则是将一些能够确定的不同对象看成一个整体，也就是说，这个整体是由这些对象全体构成的一个集合，构成集合中的每个对象是这个集合的元素。也可以说，集合是一个集体。比如，男生的集合就是不包括女生的一个集体。这也说明了组成集合的元素有某些特点，引导学生了解元素的确定性和互异性。假如把一个男生的座位进行调整，那么他还是不是男生？不管位置调到哪，他还是男生，这样可以引导学生理解集合中的元素是无序的。经过这样的讲解，能让学生基本了解集合这个概念的形成过程，从而认识集合及集合中元素的特征。利用小游戏引出集合的概念，引导学生以自己为研究对象了解集合元素的三个基本特征，培养学生的数学抽象素养，使其掌握集合与元素的内在联系。

2.精心设置课堂提问，提升逻辑推理素养

逻辑推理能力属于学生学习数学知识的一项重要能力，学生的逻辑推理能力不仅关系到对概念的理解和掌握，而且直接影响整体学习效果与数学成绩。有效的高中数学概念教学并非让学生纯粹地死记硬背和模仿使用，而是要围绕概念精心设置一系列课堂提问，使其积极动脑思考、动口交流和动手操作。在分析、解决问题的过程中猜想、归纳、研究和发现新问题，让学生通过反思与概括不断修正与完善答案，慢慢向真理靠近，提升逻辑推理素养。

以"直线的方程"教学为例，教师先在课件中出示一个平面直角坐标系，标出点 $P(-2,3)$，过点 P 画一条倾斜角是 $45°$ 的直线 l，设置以下问题：点 $A(-1,4)$，$B(0,5)$，$C(1,7)$ 是否在直线 l 上？直线 l 上任意一点的坐标 (x,y) 满足什么样的条件？坐标满足上述条件的任意一点，都在直线 l 上吗？为什么？第一个问题可使学生体验验证"点是否在直线上"的过程，为后续验证"满足方程的点是否都在直线上"做准备；第二个问题引领学生发现直线 l 上任意一点的坐标满足的规律，即满足同一关系式，使其认识到运用方程来表示直线的必要性；最后一个问题引导学生分析直线和方程之间的关系，让学生通过反向验证总结直线方程的概念。

教师精心设置问题展开概念教学，促使学生在问题驱动下认真思考与交流，提高学习行为的针对性与目的性，让学生在问题引领下总结出直线方程这一概念，增强记忆。

3.有机融合生活实例，增强数学建模素养

高中数学概念抽象难懂，学生理解起来难度较大，对学生的学习能力和认知能力要求更高。实际上，很多数学概念与实际生活有关联，教师可有机融合生活实例，以此增强学生的数学建模素养，并结合生活现象理解数学概念。因此，高中数学教师在具体的概念教学中，应当认真探寻概念与生活之间的联系，有针对性地引入生活实例，带领学生结合生活现象提取、归纳、感知和理解数学概念，帮助学生掌握建立数学模型的技巧，改善概念记忆效果。

例如，在开展"函数的概念及其表示"教学时，教师先带领学生回顾初中所学的函数概念，然后阅读教材中的引例，提炼以下问题：炮弹离地面的高度与时间的变化关系；南极臭氧空洞面积与时间的变化关系；近年来我国城镇居民恩格尔系数与时间的变化关系。让学生分析、归纳这三个实例的共同点，引导学生采用集合概念描述实例中两个变量之间的依赖关系，判断是否是函数关系，体会函数是描述客观事物变化规律的数学模型思想。接着，教师运用集合语言给出函数和区间的概念，告知学生构成函数的三要素：定义域、对应关系与值域，以及区间的分类。随后讨论一次函数、二次函数与反比例函数的定义域、值域、对应法则，促使学生通过比较进一步了解函数及其相关概念。在上述案例中，教师有机融合课本与生活中的实例，带领学生分析函数关系，使学生理解函数的模型化思想，会用集合与对应的数学语言来描述函数，由此强化学生的数学建模意识与能力。

4.巧妙引出恰当算式，锻炼数学运算素养

从本质上来看，概念是以学生固有的知识系统为基础，构建新的知识系统。因此教师需引领学生由简入繁、由浅及深、由特殊至一般地展开探究，让概念自然生成，帮助学生更好地吸收与内化概念。在高中数学教学过程中，不少概念是伴随着算式抽象得出的，教师应该根据具体概念设计一些题目，指引学生根据题目罗列出相应的算式，计算结果或分析算式形式、内涵，让学生归纳、发现和概括算式中的规律，引导学生总结概念，并锻炼数学运算素养。

例如，在"等差数列"教学实践中，学生已经知道按一定次序排列的一列数叫作数列，每一个数叫作这个数列的项。教师可以让本班学生按 1,2,3，…编号，然后从小到大排成一列，最后归纳出通项公式 $a_n = n$（$1 \leq n \leq$ 实际人数，$n \in N_+$）。接着，教师提示学生把这一数列中各项依次记作 a_1，a_2，a_3，…，并通过计算发现 $a_2 = a_1 + 1$，$a_3 = a_2 + 1$，…，追问，这一数列各项间有什么特点？引导学生运用数学语言或符号描述，得出 $a_n = a_{n-1} + 1$ 或 $a_n - a_{n-1} = 1$（$n \geq 2$）。之后，教师引导学生用普通语言概括规律，这个数列中后一项等于前一项加 1，并接着出示几组数据：2，4，6，8；20，17.5，15，12.5；让学生计算相邻两项之间的差，发现其规律，得出等差数列的概念。教师利用实际问题引出新课，引导学生通过计算、分析和对比几组数据构建等差数列模型，使学生发现等差数列中前后项之间的关系，锻炼学生的数学运算与建模素养。

5.借助直观教学手段，培养直观想象素养

高中数学包含了代数和几何两大部分，代数知识以数量关系为主，几何知识以图形为主。几何知识对学生的直观想象能力要求较高，尤其是高中数学中的立体几何，是学生学习中的一大难点，概念的理解难度也颇大。为此，高中数学教师在概念教学中，可以借助直观化教学手段讲述概念，像利用模型、实物和多媒体技术，把复杂、抽象的数学概念变得简单和具体，明确数学概念所表示的含义，让学生正确理解数学概念，培养学生的直观想象素养。

例如，在"空间几何体的三视图"教学中，教师将一个圆柱模型投影到平面上，学生能够看到一个平面图形。启发学生分析和比较模型与投影，学生发现只有一个平面图形很难把握几何体的全貌。因此要从多个角度进行投影，才能更好地把握几何体的大小与形状。通常选择正面、侧面和上面三种正投影。然后在课件中出示一幢大楼的图片，并提问，要想描绘这幢大楼应从哪些方向观察？建造楼房需要为施工员提供哪几种外观图纸？让学生结合图片观察、思考并交流。之后，教师给出三视图的定义，并再一次提出正视图、侧视图、俯视图是分别从几何体的哪三个方向观察得到的正投影。将长方体、圆柱、圆锥和圆台模型摆在讲台上，要求学生观察并分组讨论和回答问题，让学生结合实际掌握三视图的概念。

教师借助模型与多媒体技术的优势进行直观教学，让学生在观察中思考和验证结论，使其真正理解三视图的含义，培养学生的空间想象能力、几何直观能力。

6. 善于收集统计数据，发展数据分析素养

数学教学离不开数据的研究、分析和讨论，在高中数学教学中，随着知识难度的提升，有关数据收集与统计内容的难度同样在增加。在高中数学概念教学中，教师应组织学生围绕研究对象进行研究以获得相关数据。这些数据教师可以直接提供，也可以由学生收集和整理获得，然后让学生运用统计方法从中提取有效信息进行推断和分析，最终获得结论，经历概念形成的过程。通过这一过程，能培养学生的数据分析素养，提升学生处理数据的能力，强化学生依据数据解决现实问题的意识，使其养成通过数据思考问题的习惯。

例如，在实施"随机事件与概率"的教学时，教师先组织学生进行抛掷硬币的试验。探究随机事件"抛掷一枚硬币正面朝上"发生的可能性大小。要求从距离桌面大约30 cm的高度抛掷硬币，使其自由下落至桌面上。两人一组合作进行试验，一人抛掷硬币，另一人记录数据。每人抛掷40次，共80次，并认真记录正面朝上出现的次数。让学生亲身体验随机事件发生的随机性，初步理解频率的稳定性。接着，组长先汇总本组数据，教师再指导学生汇总各个小组的数据。观察频率的特征，讨论频率呈现的特征。学生发现基本上在常数0.5附近摆动，个别偏离常数较大。然后分析原因，尝试增加试验次数，继续观察频率的变化。教师再借助计算机模拟试验，使学生意识到概率概念的雏形。教师带领学生在试验中收集、获取和研究数据，使学生亲身经历随机试验的过程，认识大量重复试验中的规律，加深对概率概念稳定性的理解，发展学生的数据分析素养。

在高中数学概念教学中，教师需把握好数学核心素养的几个方面，有的放矢地制订教学策略。将核心素养的培养巧妙地渗透在概念教学中，帮助学生牢固掌握和透彻理解数学概念。提升学生的核心素养，使其更好地适应社会发展与终身

发展的需要。

四、高中数学教师在核心素养培养中的作用

（一）高中数学教师在培养学生核心素养过程中发挥的作用

在核心素养背景下进行数学教学，除了要贯彻原有的优秀教学传统之外，还应探索新的教学方法，做到传统、新式两手抓。因此，在整个高中阶段的数学教学中，数学教师所发挥的作用是不可忽视的。

1. 扮演教学过程的设计者

核心素养背景下的数学教学，意味着数学教学需要以培养数学核心素养为主线，并且要对数学教学进行重新规划。数学教师讲授新的知识点时要立足定义，引导学生掌握知识性目标，充分贯彻实施数学学科核心素养的六大要素，培养学生形成数学核心素养。教师可以让学生观看与所学知识点相关的视频，让学生直观地对知识点进行理解，也可以采用让学生亲自动手实践的方法，在实践过程中学生对知识点进行真切的感受。学生在这个过程中能够明白数学的学习不是抽象的，只要与生活联系起来，数学学习也可以是很具体的。教师只有充当好教学过程的设计者，让学生亲自参与、亲身感受、亲自走近数学，才能让学生充分感受到学习数学的乐趣，才能使培养学生的数学核心素养落在实处。

2. 充当学习过程的引导者

教师在教学过程中扮演的角色很多，但是在学生学习过程中，教师只需要充当好学生学习的引导者。首先，学习的主动权掌握在学生手中，教师只要充当"旁观者"，在学生遇到困难时适当引导，避免学生走弯路。只有这样，数学学科的核心素养才能落在实处，而不是时刻"悬在空中"。其次，教师需要在实际的教学过程中，时常给学生渗透核心素养的六要素，让学生在学习中能够随时了解自己的数学核心素养，了解自己在哪些方面还需要完善。最后，教师在讲解那些本来就抽象的知识点时，应该以引导为主，引导学生逐步理解教师在课堂上讲授的内容。这种抽象的逻辑思维能力单靠学生自学是无法完成的，还是要依靠教师

的引导。

（二）高中数学教师在培养学生核心素养过程中发挥作用的途径

1. 改进教学方法

由于升学压力，教师不得不选择"灌输式"的教学方法，这种教学方法具有立竿见影的效果，但却忽视了因材施教的教育理念，只是一味强调学生成绩的提高。面对当前这种教育困境，我国教育部门不断研究相关对策，越来越重视素质教育，这就要求教师在新的教育背景下，针对不同的学生做到因材施教。每个学生都是独立的个体，教师应该深入研究每个不同的学习主体，了解学生的内心活动，并针对不同学生的不同情况进行具体教学，逐步建立适合全体学生学习的教学模式，构建核心素养的教学评价体系，实现学习内容和质量的双提高。

就教学方式来说，高中阶段的数学教学万万不可采取"填鸭式"的教学方法，而应该以引导为主，发挥学生的主观能动性。数学核心素养本身就是要求学生既能提升自身的数学学习能力，又能在学习过程中收获成长，获得学习的快乐。如果只是一味地刷题，学生则会变得不知变通、脑筋死板，当题型改变时，就会不知所措，而这种现象正是数学核心素养教学中最不愿看到的。

2. 重视观念，重视学生的价值观

教育的目的不仅是学知识，更是育人。学生在学校里学习知识，更要学会做人，做一个对社会和国家有用的人。数学教师在教学过程中，应该学会尊重学生，尊重学生的理想，不能因为学生的数学学习效果不理想，就对其讽刺、挖苦。学生终有一天会走出学校，走进社会。到了社会之后，能用的知识不仅是学校里教师教的理论知识，更是为人处世的方式。

在学校学习的过程中，学生会形成自己对世界的看法和见解，拥有自己对人、对事的独特感悟和理解。新时代发展背景下的高中生，更是处在一个信息过载的时代，每天都会接触到大量的社会信息，这些信息会一直冲击学生的认知。而高中阶段的学习压力又是巨大的，如果教师再对学生进行刺激，难以保证学生不会做出过激的事情。因此，高中数学教师更应该重视学生核心素养的培养，重视学生的价值观念，帮助学生形成正确的价值观。

3.顺应时代，推陈出新

培养学生的核心素养不仅是新时代的要求，也是与时俱进的表现。因此，高中阶段的数学教学方式应该注意多样性和多元化，授课内容要与时代接轨，教师应教育学生学会承担责任，肩负社会责任感。随着信息化的不断发展，当前的教学也在向数字化发展，教师的教学方法在不断地推陈出新，学生可以享受更多元化的学习方法。高中教学不应只是一味地强调学习，而应与培养学生的核心素养相结合，改进教学方式，教育学生用多元化、多维度的视角思考问题，在保证学习质量的基础上减轻学生的学习负担。

所以在这个过程中，学生应该将重心转移到自身学习能力的提升上来，注意数学思维的形成，养成用数学思维看问题的良好习惯，提高学习数学的效率，培养数学核心素养。

4.教师在培养学生核心素养过程中发挥作用的注意事项

教师在培养学生核心素养的过程中扮演着引导者和设计者的角色，而教师发挥作用的主要途径在于教学评价，教学评价设计得好，教师就能更好地发挥自身作用。但是教师在这个过程中要注意把握尺度，避免"好心办坏事"。

教师作用的发挥要以认识学生为基础。这里的"认识"代表"了解"，除了知道学生的名字，教师还应对学生进行深入研究，不仅要掌握学生的基本信息，还要充分掌握学生的实际情况、对知识点的掌握情况、对任课教师的态度和评价等。研究表明，通过教师的设计开展的核心素养培养教学，能够更加让学生意识到核心素养的重要性，这恰恰印证了教师在培养学生数学核心素养过程中发挥的作用。要想实现学生数学核心素养六个要素的全面发展，离不开教师的引导，因此高中数学教师应该注重培养学生核心素养的时效性，高度重视数学的学科特点，注意与学生的身心发展特点相结合，设计出适合高中生学习的教学方法。

高中数学教师要根据学生的身心发展规律进行数学教学研究，帮助其在不知不觉中形成核心素养。教师要在日常教学中将核心素养无意识地渗透给学生，让学生在潜移默化中将核心素养内化于心。需要强调的一点是，教师作用的发挥建立在对学生的认识基础上，必须保证对学生有充分的了解，不仅要了解学生在某一阶段的数学学习之后对知识点的掌握情况，还要了解学生在每一学习环节的心态，及经历这一阶段时有怎样的思考。

数学核心素养要素的落地，是在建构学生对数学的认知过程中体现的。因此，教师在了解学生的过程中，要根据学生的心理状态调整教学节奏，这需要高超的教学技能，需要教师具备丰富的教学经验并能做到经常性的教学反思和总结。落实数学核心素养尚且处在起步阶段，但是相信随着经验的不断积累、教育改革的不断推进、教师和学生的不断努力，数学核心素养培育一定会向着良好方向发展。数学教师在这个过程中一定要发挥好自身的作用，承担起教书育人的责任，不断改进教学方法，增强对学生的研究和了解，帮助学生建立良好的学习习惯、形成正确的价值观念，让学生在日常学习中掌握数学核心素养的六要素。

第二节 高中数学教师数据素养的理论概述

一、数学核心素养的理论基础

要了解高中数学教师对数学核心素养的认识现状，首先应当了解相关学者对数学核心素养的理论基础进行的广泛研究。探讨高中数学核心素养的理论基础，不仅能够深入理解高中数学核心素养的内在意蕴，也能为后续研究打下基础。

（一）人本主义学习理论

人本主义思潮在20世纪五六十年代的美国兴起，代表人物是马斯洛和罗杰斯，其学习理论主要分为三点："情知合一"的教学目标观、有意义的自由学习观以及学生中心的教学观。人本主义的学习理论力求培养情知合一的人，培养能适应时代变化和会学习的人，与教学的结果以及教学的内容相比，人本主义的学习理论更加注重教学的过程和教学的方法。人本主义的学习理论倡导有意义的自由学习观，这里所说的有意义学习与认知主义流派的奥苏贝尔所提倡的有意义学习存在本质上的不同，人本主义学习理论中提到的有意义学习指的是"能使个体的行为、态度、个性以及在未来选择行动方针时发生重大变化的学习，是一种能使学习者全身心投入其中的学习"。人本主义的学习理论强调以学生为中心的教学观，强调以学生为本，让学生自发地学习，而教师的任务则是排除对学习者自身的威胁，给学生以安全感。人本主义的学习理论与我国倡导的核心素养教学具有内在的联系，双方都是以学生为中心，倡导学生自主、主动地学习，重视学生的身心发展。要研究高中数学教师对数学核心素养的认识情况，必须要以人本主义的学习理论为基础，研究者要具备人本主义的学习理论基础，在实际调查教师对数学核心素养的认识情况时应该贯彻落实人本主义的学习理论。

（二）建构主义学习理论

建构主义学习理论主要有五方面内容，分别是知识观、学习观、教学观、学生观、教师观。

建构主义的知识观强调知识的动态性，这是极为先进的观点，认为现有的知识并不能绝对准确地概括世界的法则，只是对各种问题的假设，对于学生而言则是需要针对具体情境进行知识的再创造；建构主义的学习观倡导学习的主动建构性、社会互动性和情境性三个方面；建构主义的教学观主张教师在教学中应该坚持"少而精"的原则，强调核心概念的掌握；建构主义的学生观非常注重学习者本身已有的经验结构，把学习者已有的经验结构作为新知识的生长点；建构主义的教师观则更愿意把教师看成是学生学习的帮助者与合作者，起到引导的作用。

建构主义的知识观与马克思主义关于真理的讨论有异曲同工之妙，其教学观、学生观以及教师观也与新课改的理念不谋而合；而且，从数学核心素养最终需要落实到学生身上的角度来看，在实际落实的过程中，学生的主动性和师生之间、生生之间的交往互动以及情境化的教学也是必不可少的。建构主义学习理论对这里的研究可以起到重要的理论支撑作用，通过对建构主义学习理论的探讨，可以深入地理解数学核心素养所蕴含的内在意义，为后续研究做好铺垫。

（三）多元智能理论

美国发展心理学家加德纳于1983年提出多元智能理论，具体包括言语—语言智力、音乐—节奏智力、逻辑—数学智力、视觉—空间智力、身体—动觉智力、自我反省智力、人际—交往智力以及自然智力。

多元智能理论给予我们的启示在于：应当树立积极的学生观，培养学生的创造能力，促进学生的全面发展，展示学生的特殊才能以及帮助学生将优势智能领域的特点迁移到弱势智能领域。

新课改最为核心的特征是全体性，即让全体学生都能获得发展，在传统的教学中，教师们往往只关注学优生，而对于所谓的"差生"置之不理，而多元智能理论启发我们，每一个学生都有其优势的智能领域，教师们应当平等地对待不同的学生，促进其得到应有的发展。数学核心素养扎根于新课改的沃土，多元智能理论同样也为其提供了强有力的理论支撑。

二、数据分析素养发展的历史脉络

数据分析是概率与统计教学的核心，概率与统计是学生数据分析素养发展的知识载体。由于课程标准具有继承性和延续性，通过对新中国成立以来颁布的中学数学课程标准（教学大纲）中与概率统计相关的规定进行梳理，我们将数据分析素养的发展脉络划分为知识与技能、观念与能力、数据分析素养三个阶段。

（一）1949—2000年：注重培养学生数据分析的知识与技能

从大纲的发展来看，这一阶段我国的数学教学在统计知识上开始有所侧重，教学要求逐步明确，从了解统计知识到掌握数据分析的基础知识并形成基本技能。从大纲的发展来看，概率初步知识与统计初步知识由分离走向综合，从零散走向系统化，从附属于代数领域逐步发展成为单独的教学单元。总体而言，这一发展阶段中数据分析的教学多侧重于知识与技能。

新中国成立初期，统计知识的学习主要集中在小学阶段。自1958年对中学数学教学内容进行重新修订开始，部分地区将大学阶段学习的数理统计学、参数估计与假设检验等内容纳入中学数学课程，由于难度过大，超出了学生的认知水平，教学效果不尽如人意。直到1978年2月，教育部在颁布的《全日制十年制学校中学数学教学大纲（试行草案）》中提出增加概率统计的初步知识，开始在中学数学中提倡统计初步知识的学习。1991年，《全日制中学数学教学大纲（修订本）》在教学内容的确定部分明确提出：基于教学目的，在初中阶段增加统计的初步知识，在高中阶段增加概率的初步知识作为选学内容，两部分知识的学习分布于两个阶段。随着大纲的不断修订和完善，1996年，国家教委颁布了《全日制普通高级中学数学教学大纲（供试验用）》，在教学内容的确定和安排上提出将概率统计的初步知识综合编排，分为必修和选修两部分。自此，两部分知识由分离走向综合。

在教学要求方面，新中国成立初期颁布的几部中学数学教学大纲未作过多阐述，直到1991年《全日制中学数学教学大纲（修订本）》在教学要求上明确提出：初中阶段了解常用的数据处理方法，初步了解用样本估计总体的思想方法；高中阶段初步了解随机思想即可。《全日制普通高级中学数学教学大纲（供试验用）》在教学目的中正式提出使学生学好概率统计的初步知识，并形成基本技能。"基本技能是指能够按照一定的程序与步骤进行运算、处理数据（包括使用计算器）、简单的推理、画图以及绘制图表等技能。"由此可以看出，大纲对概率统计内容的教学要求逐步明确。此外，从"初步了解"到"形成基本技能"，体现出大纲对该部分知识的教学要求有所提高。

而在限定选修课中，概率与统计属于理科生的学习范畴，文科生只需要学习统计即可。差别在于理科生在文科生学习抽样方法、用样本估计总体、频率分布等的基础上，还需学习随机变量及其分布列。

考虑到学生的发展水平和统计初步等知识对学生继续学习或步入社会有重要作用，数学课程对概率统计知识的重视度有所提高。但是在实际教学中，一方面，最初增加统计初步知识的初衷在于为生产劳作做准备，虽然统计初步知识在教学中得到进一步重视，但教学仍侧重统计图表的认识和制作。另一方面，部分教师仍旧将概率统计看作代数知识，教学上延续代数的教学方式，更重视学生计算能力的提升，不利于学生统计思维的发展，还有的教师考虑到初三学生学习时间紧迫而忽略掉该部分知识的教学。由此可以看出，在这一时期人们对概率统计知识和教学的认知都不到位。

（二）2001—2017 年：注重培养学生数据分析的观念与能力

《普通高中数学课程标准（实验）》（以下简称《课标（实验）》）的颁布将提高数据处理能力作为高中数学课程的教学目标，从而把数据处理能力提到五大基本能力之一的高度。基于这一教学目标，课程标准对概率统计知识重新进行了编排，首次明确将"统计与概率"作为高中数学课程的重要领域写进《课标（实验）》，并强调概率是统计发展的理论基础，两者是有联系的整体而非孤立的个体。除了重视学生能力的发展之外，《全日制义务教育数学课程标准（实验稿）》提出将"统计观念"作为义务教育阶段统计与概率的教学目标，随后在 2012 年颁布的《义务教育数学课程标准（2011 年版）》中提出，将统计观念改为数据分析观念。这一阶段除了重视学生对数据分析基础知识的掌握之外，更强调能力的发展和观念的培养，是数据分析素养的"雏形"。由统计到数据分析，是统计与概率教育教学研究中跨越性的进步。

由于课程理念的不同，《课标（实验）》中的统计与概率模块在知识的选择和编排上与以往有很大差别：一是课程结构更合理科学；二是在知识的深度和广度上都有所扩充。在结构方面，《课标（实验）》对统计与概率设置了必修和选修两类课程。必修课程通过解决实际问题，让学生较为系统地经历数据收集与处理的全过程，更强调知识的掌握与能力的获得；选修课程要求学生进一步体会概率统计模型的作用及用概率统计思考问题的方式，更强调用随机观念观察、分析问题的意识。

在此阶段，概率与统计在数学课程中作为单独领域进行教学，实际教学中存在教师不适应新教材、教学课时的安排与《课标（实验）》的要求不匹配、对统计教学的认知不到位等问题。例如，许多教师对"统计"的教学关注的是"狭隘数据"、收集数据和绘制统计图表，没有认识到信息化时代所说的"数据"更多是指提供"信息"的载体，可以是数、文字、图像等能够承载事物信息的东西。现在信息技术发达，数据的整理以及统计图的绘制都可以通过信息技术来实现，教师在此阶段更要重视学生统计观念的培养。

在此阶段，专家学者在内涵、培养策略以及评价等方面对数据处理能力、统计观念和数据分析观念等进行了深入研究。例如，张定强等人在研究高中生数据处理能力的现状时对其进行了界定，并且参考任子朝编制的关于数据处理能力的评价方法，利用自编的"数据处理能力"测试卷对高中生进行测试。但是我国与数据处理能力相关的关于发展水平和测评框架构建的研究很少，已有的研究也多集中在硕士学位论文中。

但是，Reading 建立的和 Mooney、Jone 建立的两个统计思维框架对我国专家学者产生了很大的启发，例如，童莉等人通过对两个框架的分析研究，同时，在参照国内已有研究的基础上，初步构建了一个义务教育阶段学生数据分析观念的评价框架。虽然这一阶段对学生测评和发展现状的研究热度不高，但仍对教师教学和中学阶段统计与概率领域的教育教学改革起到了一定的促进作用。

（三）2018 年至今：注重培养学生数据分析素养

数据分析在现实生活中的应用越来越广泛，《普通高中数学课程标准（2017年版）》（以下简称《课标《2017 年版》》）对学生数据处理能力的要求也有所提高。在强调数据处理能力这一培养目标的基础上，《课标（2017 年版）》将传统的数据处理能力归入六大数学学科核心素养的范畴，明确提出"数据分析素养"。在学生知识学习和能力发展的基础上，统计与概率的教学更重视数据分析素养。在此阶段，数据分析素养在课标、教材、教学、评价方面逐步形成一体化。

《课标（2017 年版）》对"统计与概率"这一主线的教学内容进行了进一步修订，其中，必修课程包括概率和统计两部分，选择性必修课程是必修课程内容的延续，将学习计数原理、概率和统计三部分知识。在此基础上，考虑到高中生的接受能力和个性化发展，在选修课程中设置了概率与统计和应用统计的相关课程，作为部分学生想要进一步发展和深入学习的课程。

　　通过将《课标（实验）》和《课标（2017年版）》中必修部分统计概率的内容进行对比可以发现，虽然知识的整体结构变化不大，但在具体内容和要求上有所不同。《课标（2017年版）》将统计和概率两部分知识进行了合理分配，内容分布比较均匀。同时基于《课标（2017年版）》，人教版高中数学新教材也进行了重新编写。针对不同的学习内容设计恰当的教材案例，以帮助学生顺利理解和学习该部分内容。新教材的编写更加突出数据分析的基本过程，更加重视统计与概率的联系，更加重视信息技术与统计内容的融合。

　　与《课标（实验）》相比，《课标（2017年版）》提出的教学目标更关注"三会"目标的实现以及核心素养的达成。因此，教师在教学上要注意结合典型案例或具体情境，引领学生系统地经历数据处理的全过程。数据处理过程是学生数据分析素养发展的必经之路，通过问题和情境的设置，学生不仅能够把握相关概念和方法的本质，也能在经历数据分析的过程中，掌握利用数据分析解决问题的思路和方法。

　　《课标（2017年版）》将数据分析的主要表现概括为能够收集和整理数据、理解和处理数据、获得解释和结论、概括形成知识，并分别从问题与情境、知识与技能、思维与表达、交流与反思四个方面对其主要表现进行水平划分，进一步明确了学生数据分析素养的培养方向。在此期间，数据分析素养的研究得到众多数学教育研究者的关注。吴立宝从数学特征视角下将数据分析素养划分为数学学科核心素养的第三个层次，并对其含义和重要性进行了阐述。陈晓和周仕荣从全国卷中"概率与统计"的考点出发分析了高考如何实现对数据分析素养的测评。易文辉以一节"古典概型"教学课为例阐述了如何在实际教学中落实数学学科核心素养的发展。以上学者从不同的角度对数据分析素养进行了研究，为数据分析素养在教学中的落实提供了理论和实践层面的举措。在这一阶段，对学生数据分析素养测评和发展现状的相关研究引起了专家学者的重视。例如，喻平基于数学知识学习表现的三种形态构建了一个数学学科核心素养测评框架，为今后调查学生数据分析素养的发展现状提供了理论基础。

三、高中数学教师数据素养概述

（一）教师数据素养的含义

孙经伟教授认为，所谓的数据素养是由信息素养与统计素养发展来的。在当前的大数据与云计算技术逐渐得到广泛应用的形势下，中国庞大的教师群体也要具备信息素养，这一教育主体要在切合社会伦理与道德伦理的基础上，利用数据平台去深入挖掘与教育教学有关的数据，并具备数据灵敏度，能有效运用现代化的信息技术对收集到的相关数据进行管理、综合性分析，并将其科学应用于教育教学中，最大程度实现数据的教育教学应用价值。

（二）教师数据素养的构成

王萍教授认为，教师数据素养主要包括数据意识、数据能力和数据伦理三大要素，其中教师的数据意识最主要是要对数据极其敏感，能在教育教学实践中及时发现对教育教学有用的相关数据，并收集这些数据，教师要对教学过程和教学结果中的现象基于数据的视角来进行阐述与评价。同时，教师的数据能力则包括教师对相关数据可进行定位采集、剖析解读及反思决策等几方面的综合能力。数据伦理主要是指教师在收集、使用、分享与教育教学有关的数据时，应注重数据的保密性及安全性，不能采取不合法的手段去收集与个人隐私相关的数据，总之，所采收的与教育教学相关的数据要合法、合理、安全。

李新教授则将教师数据素养分为意识与态度、基础知识、核心技能与思维方法四个方面，其中数据意识与态度是提升教师数据素养的前提条件，是指客观存在的教育数据在教师头脑中的主动映象，在教学实践中则表现为对教育教学数据的深入认知与感知力、对数据的洞察力及对教育数据价值的认同感，这些基础性的数据知识则构成了教师数据素养的理论知识部分，包含大数据相关知识、数据理论知识及数据应用工具知识。其核心技能则可凸显教师的数据素养能力，也是对教师的数据素养进行考查与评价的重要依据。

（三）高中数学教师数据素养发展的意义

1. 数据素养是教学的基本

身处数据化时代，数据化驱动着教学不断发展，信息技术教学的应用越来越多，教师的数据素养成为教学所必备的，也是重要的评价标准之一。数据素养包括数据思维方面的认知转变，数据技术方面的熟练掌握，数据知识层面的融会贯通。推动中学教师数据素养发展的意义重大，可以说它是教学的根本。中学教师数据素养的发展，对于教学来说，能够让信息技术教学更加先进，能够让教学更加出色；而对于学生来说，则有助于培养出更加优秀的学生。

2. 促进信息化教学事业发展

在信息化、数据化时代，信息化教育事业在不断发展和创新，教师作为我国教育事业中不可或缺的一部分，加强中学教师数据素养的发展，也是在促进我国教学事业的发展。中学教师要提升数据素养，不断研习新教法，发展新思维，创造出更加先进的教学环境，让教育从封闭走向开放，人人出力，人人创新，持续促进信息化教育事业发展。

3. 提升教师教育能力，突破个人价值

随着信息化、数据化教育的不断发展，中学教师的数据素养成了教学能力的重要评价指标之一，现代教育不仅需要教师具备基本教育技能，也要求教师掌握信息化教学技能，具备数据素养，可以说落后就要被淘汰。教师岗位的竞争也非常激烈，如果教师不具备数据素养，可能会被社会所淘汰，相应的，教师如果提高自己的数据素养，也能脱颖而出。另外，对于教师来说，数据素养既然是教学必备技能之一，其发展必然有利于教师突破个人价值，提升教学激情，增强教学自信心，减少职业倦怠所产生的影响。

第三节　高中数学教师数据素养存在的问题及原因

一、培养学生数据素养存在的问题

高中数学教师培养学生的数据能力，有利于学生通过数据提取信息，获取知识。数据包括提取数据、整理数据、分析数据等，教师培养学生的数据素养存在较多的阻碍因素，以下为具体问题：

（一）受传统教学方法的限制

有些教师受传统教育理念的影响，在数据教学中采用传统的教学方法，导致教学内容枯燥、教学氛围沉闷，教师的教学方式主要以灌输性的教学和习题讲练为主，缺乏灵活多样的教学环节，导致学生的学习兴趣不高。面对这一现状，教师要认识到培养学生数据素养的重要性，并且采取科学的教学方法开展教学。

（二）不重视数据问题的训练

高中数学教学中，教师不够重视数据问题的训练，少量的训练也只是走形式，缺乏高质量的题目，在训练过程中教师给学生传授的数据技巧比较少，无法锻炼学生的数据思维，无法提升学生的数据能力，学生缺乏数据方面的技巧和经验，因此面对考试中的数据试题，学生缺乏应对方法。

（三）数据训练中缺乏总结

高中数学数据题属于图形和数据相结合的题目，其中隐含的条件和涉及的知识点比较多，同时，无用的干扰条件也比较多，因此这一类题目比较复杂，需要学生具备一定的数据能力和解题技巧。然而，教师对于数据题目的训练是零散的，缺乏对解题思路和解题方法的总结，因此数据训练效果不佳，对培养学生的数据素养会产生影响。

二、高中数学教师数据素养存在问题的原因

（一）数据素养培养处于初级阶段

教师的专业发展培养是我国教育事业中非常重要的部分，"国培计划"的实施，实现了以高校教师专业发展学院为主要结构的系统框架，但是对教师的专业发展中数据素养的培训却处于初级阶段，培训力度不足，教学实践的经验也不足以支撑教师数据素养培训，因此对整体教师数据素养的培养产生了严重影响。究其原因，主要在于我国数据化教育还并不完善，大多只处于初级的信息技术教育，而数据素养包含众多，包括数据意识、数据操控能力等方面，教学还处于初级阶段，这方面的培训自然还不完善，有关数据素养的解释、应用都比较欠缺，相关专业知识不扎实。

（二）教师缺乏数据素养发展动力

虽然在提倡先进教学，在推动先进教学方法和教学理念的应用，但我们发现，现有的教学方式以及学生工作管理制度仍然适用，只是教学管理的质量和效率不高，但也绝不能算是粗放式管理，与传统应试教育更是有天壤之别。同时，创新应用数据化教学，比如说，挖掘学生成绩大数据，深度发掘学生在某一个知识点的掌握程度，这样的教学势必是对现有教学的一种颠覆，教师与学生都可能存在不适应的问题，可能需要投入大量的精力和时间来探索数据素养的提升，这就导致教师缺乏数据素养的发展动力，有得过且过的想法。

第四节　高中数学教师数据素养的培养路径

一、针对高中数学教师对数学核心素养认识现状的建议

（一）师范类高校的相关专业应重视开设数学核心素养课程

实现教育现代化是当前我国教育改革的主要目标，实现这一目标的核心应当是教师素质的现代化，而要实现教师素质现代化的前提之一是教师教育理念的现代化。师范类高校中的学生是高中数学教师的后备军，在大学期间如果他们能够建立起现代化的教育理念，那么未来当他们站上讲台的时候自然而然就会将现代化的教育理念运用于数学教学实践之中。

对于数学核心素养，师范类高校的相关专业应当开设数学核心素养课程，例如，"普通高中数学课程标准解读""新课程背景下数学课堂教学论"等课程，在大学期间向相关专业大学生系统传授数学核心素养的相关知识，诸如其内含、外延、水平划分等，之后可以引导他们从数学核心素养的角度探讨高中的数学教学，就如何能更好地培养高中生的数学核心素养展开讨论，最后可以鼓励他们开展与数学核心素养相关的实证研究，切实提高其对数学核心素养的关注度及研究兴趣。

（二）加强培训与交流，更新高中数学教师的教育理念

高中数学教师了解数学核心素养的渠道主要是课程标准以及教师教学用书，但不容忽视的是有相当比重的教师是通过学校组织的培训以及与教师同行之间的交流获得关于数学核心素养的概念的。因此，要想切实提高高中数学教师对数学核心素养的认识现状，通过在职培训以及鼓励教师同行之间的交流是非常有必要的。

具体培训的方式可以依据实际情况进行选择，例如，可以邀请对数学核心素养有所研究的专家教授为数学教师们进行专题讲座，对数学课程标准进行深入讲

解。在这个过程中数学教师可以结合自己的教学实践同专家们进行交流，向专家请教在数学教学中落实数学核心素养的方法，也可以将自己在落实过程中出现的问题与经验同专家们分享，相互切磋，相互学习、交流，相互提高。数学教师内部之间也应当进行有关数学核心素养的讨论与交流，在整个学校数学教师之间要形成良好的学术风气；教师之间的交流应围绕自己在数学核心素养领域的心得体会，主要反馈自己在实际应用数学核心素养过程中的一些问题和经验，其他教师针对反馈信息提出各自的观点与建议，这对于更新高中数学教师的教育理念有无可替代的作用。

高级中学应当关注年长教师，使其跟上教育改革进程。在之前问卷调查中可以发现，教龄超过15年的高中数学教师对数学核心素养的认识程度要显著低于教龄少于15年的数学教师；在访谈调查中也可以看到部分教龄偏大的高中数学教师对数学核心素养价值的认识不足。毋庸置疑，每一所高中都非常关注这些年长的教师，但关注的往往是他们的教学经验以及教学成绩，对于他们现有教育理念的关注度偏低。因此，学校应加大对这些年长教师教育理念的关注度，适时地向其传递教育改革的最新成果，使其跟上教育改革的进程，及时更新自己的教育理念。丰富的教学经验、与时俱进的教育思想再加上相应的教学研究，可以真正实现由"教书匠"式的教师向专家型、学者型教师的转变。

高中数学教师自身也应当积极关注课程改革的新动向、新成果，仔细研读数学课程标准，认真研究数学核心素养，阅读与其相关的研究文献，了解研究的前沿成果，及时更新自己的教育理念，并在实际的数学教学中贯彻这些教育理念。

（三）适当缩小班级规模，实施更有质量的小班化教学

教授学生人数的不同能够显著影响高中数学教师对数学核心素养的认识程度，从整体上来看，教授班级的数量少、班额小的高中数学教师对数学核心素养的平均认识程度要显著高于那些教授班级数量多、班额大的教师。然而，就当前大部分的高中学校而言，数学教师通常是负责两个班级的教学，每个班级学生数在五六十人左右，甚至在某些教育资源紧缺的地区一个班级学生的人数可以达到

七八十人，要想让全体学生在数学上都得到发展，数学教师就需要付出更多的时间和精力，那么这样对数学核心素养的认识度低也就不足为奇了。

适当缩小班级规模，进行小班化教学是提高数学教师对数学核心素养认识的必要条件。不仅如此，研究显示：一名教师在课堂上能够关注到的学生一般不超过25人，学生的人数越多，教师关注不到的学生也就越多。素质教育最核心的特征是全体性，促进全体学生的发展，大班额的教学使得教师顾此失彼，根本无法做到面向全体学生。因此，实施小班化教学对于贯彻素质教育理念、提高教学质量也具有显著的作用。

（四）为高中数学教师减负，使其专心于本职工作

缺少研究时间是高中数学教师对数学核心素养认识不足的主要原因，缺少研究时间的原因之一是上文中所谈到的教学任务重，原因之二则是外部工作的干扰，例如，一些统计信息的填写、检查评比以及其他与教育教学关系不大的社会性工作。高中数学教师原本的教学任务相较于其他学科就会重一些，再加上这些外部的工作，想要再抽出时间和精力去了解或是研究数学核心素养对于他们来说就显得有些不切实际了。因此，不论是为了改善高中数学教师对数学核心素养的认识现状，抑或是为了提高数学教育的质量，为教师减负都是刻不容缓的工作。要切实为教师减负，一方面，教育部门应出台具体的教师工作标准，在其中应当明确给出教师需要完成的工作，使教师们有标准可循，在面对一些其他外部工作时可以依据标准表示拒绝，让减负不再成为一句空话，而是落到实处。另一方面，学校也应当正确认识教师工作的性质，教师的工作重点不是处理学校的杂事，而是教书育人；这也就意味着不该由教师完成的工作，学校应该派遣专门人员去完成，而不是全都让教师来处理。只有当教师能够专心于教育教学以及教研工作时，高中数学教师对数学核心素养的认识现状才会真正得以改善。

（五）改进评价方法，建立促进师生发展的评价体系

高中数学教师是否会积极了解数学课程改革的新动向、研究数学核心素养，改变传统的教师评价方法也是不可缺少的。在新课改背景下，对高中数学教师的

评价不应只局限于所教学生的数学成绩，数学教师的教育理念是否先进、教育研究能力是否突出等都应成为评价数学教师的标准，这样才能真正建立起促进高中数学教师发展的评价体系。相关部门应尽快制定数学核心素养的评价标准，以强化教师自身研究数学核心素养的意识，主动地对数学核心素养进行探索。

而且，跳过高考这一环节来谈任何的高中教育改革都是不现实的，高中数学教师对数学核心素养的认识也是一样，从访谈调查中可以清楚地看到当前高中数学教师对于高考的重视程度，他们在实际教学过程中也以高考为风向标来培养学生的数学核心素养。高考偏向于考查学生的数学运算以及逻辑推理素养，高中数学教师们自然也就对这两个素养格外关注。因此，要使高中数学教师更为均衡地关注六大数学核心素养就必须结合数学核心素养的理念对高考进行改革，使高考的题目能够更加综合地考查学生的各项数学核心素养，而不是着重考查某几项。不过应当看到，随着教育改革的进行，近几年来高考数学对学生的考查越来越全面，数学抽象、数学建模以及数据分析等素养在高考中的地位也越来越高，毋庸置疑，在今后的教学过程中数学教师对于六个数学核心素养的关注度也会越来越趋向于均衡。

（六）对数学核心素养的相关研究应突出可操作性

数学核心素养的可操作性太低，这是访谈调查过程中高中数学教师普遍指出的问题，也是在实际的数学教学过程中难以落实数学核心素养的主要原因。高中新课程标准给出了数学核心素养的内涵、包含内容、主要表现以及水平划分，高中数学教师通过课程标准完全可以对数学核心素养有非常清晰的认识，之后的关键问题是如何在实际的数学教学中落实对学生数学核心素养的培养。

因此，在今后对数学核心素养的研究中应当突出可操作性，举例来讲：数学核心素养是学生经过高中阶段的数学学习后所应具备的数学方面的素养，最终需要在学生身上体现，那么对于不同阶段的学生应当如何评价其数学核心素养水平就显得尤为重要。学生目前的数学核心素养发展程度不能仅仅依靠数学教师的主观评价，更应该进行定量分析，也就是通过学生完成相应的题目来考查。不同阶段的学生应该通过不同的题目考查，如何根据目前阶段学生应当具备的数学核心素养来设置题目？在该阶段不同数学核心素养各自所占的比重、分值分别是多少？如何根据所得分数分析学生目前数学核心素养的发展程度？等等。诸如此类问题应该受到该领域内研究者的重点关注。

二、高中生数据分析能力的培养策略

学科核心素养是每一位学生必备的提升自我并适应社会发展需要的品格和关键能力。在新高考背景下，培养学生的核心素养是必然趋势，也是对教师创新教学方式方法的新要求。尤其是数学学科核心素养中的数据分析，指的是高中生收集、整理并分析数据从而获取知识信息的能力。高中数学教师只有积极主动地在课堂教学各环节中充分渗透核心素养的培养，才能不断推动高中生提升综合素质。

（一）培养高中生核心素养的重要意义

新课程标准不仅对课程结构做出了新的调整，还更加重视学业质量和教学评价，除此之外，对核心素养的内涵也做出了科学的解释。同时，新课程标准也对课程理念提出了新的要求，即以学生发展为主，在课堂中不仅要把数学基本知识、技能、思想和活动经验作为教学目标，还应当尽可能站在高中生的角度来促进他们进一步形成提出问题、分析问题和解决问题的能力。在高中数学学科的教学过程中，培养学生的核心素养具有十分重要的现实意义。

1.让课堂充分发挥最大效能

在应试教育错误理念的影响下，大多数教师仍然通过题海战术的方式来提高班级学生的数学成绩，从而忽视了对学生学习兴趣的培养和个体差异的重点关注。而基于新课程标准的高考改革有利于帮助教师转变传统的教学模式与方法，在树立新的教育观的同时更加重视学生综合素质的培养与提升。这样一来，学生学习兴趣与热情将不断高涨，进而调动主观能动性参与课堂学习。

2. 满足高中生学习需要并促进其健康成长

随着时代的发展进步，繁重的学业在一定程度上增加了高中生的学习负担。如果教师能够在课堂教学中强化培养高中生的核心素养，这样既可以有效解决并弥补学生在数学课程中的问题与不足，又能够尽可能帮助学生减轻学习压力，提升他们的心理健康水平，让其在理解并掌握知识技能的基础上健康成长，这也是一种人性化、个性化的教育教学体现。

（二）高中数学课堂教学中学生数据分析能力的现状

为充分了解当前高中数学课堂中学生数据分析能力的情况，这里将数据分析细分为数据整理、描述、运算、解释与推理这五个重要组成部分。通过大量的调查与观察可以得知，高中生数学学科数据分析能力的总体水平不高，虽然他们的数据运算能力较为理想，但是其他四个基本能力比较薄弱，特别是数据解释和数据推理能力。具体来说，学生在利用频率分布直方图整理数据时对该方法的掌握还不够熟练；在数据描述中，没有正确理解茎叶图的特征与适用范围，使得他们在一些开放性问题中难以取得较好的成绩；虽然他们在数据解释中能够将样本选取的局限性考虑在内，但是缺乏对问题实际背景的深入分析；他们在数据推理时既不重视样本数据的来源，也无法对这些问题的现实意义进行思考；等等。

（三）高中生数据分析能力的培养策略

1. 转变理念，重视能力培养

在新高考背景下，高中数学教师必须做到与时俱进，不仅要仔细研读新课程标准、教材内容和考纲要求，还要通过这些新的变化来优化调整自己的教学思路与方法，这样才能将概率与统计等有关课程教学内容的有效规划真正落到实处。在设计教学方案时，教师只要能够明确这个教学目标，就会充分意识到培养学生数据分析能力的重要性与紧迫性，然后将这一教学目标融入课堂教学的各环节中去。例如，在开展"用样本估计总体"教学之前，教师需要明确以下几点教学目标：第一，在理解总体的集中程度参数和离散程度参数的基础上，结合实例用样本估计总体的平均数、中位数、众数、标准差、方差与极差等参数；第二，在处理样本数据过程中培养学生整理数据的能力，掌握频率分布图和直方图的概念、特点与绘制方法，并估计总体的取值；第三，学习有关基础知识后，在生活实例中加以探索与分析，强化高中生"数形结合"的解题思想；第四，在分析样本数据并估计总体分布的同时进一步明确统计结果的随机性与规律性特点，清楚认识到数学知识与现实世界之间的密切关系。

2. 创设情境，激发学习兴趣

情境之于学习，犹如盐之于汤。高中数学知识比较抽象，教师如果能够将生活中的实际数学案例充分融入知识点的讲解过程中，那么这些生活化的教学情境可以发挥极其关键的作用。不仅能够增强课堂教学的趣味性，使学生化被动为主动参与数学课堂活动，还可以启发他们思考，利用所学知识来解决实际问题，从而将数学基本技能运用到日常生活中。在这种情况下，高中数学教师有必要整合学生学习情况与课本教学内容，以营造有关数据分析的问题情境，通过一些带有指导性、启发性的问题来激发学生的学习兴趣。此时，教师需格外注意循序渐进、由易到难、由浅入深地引导学生分析并思考问题。以"随机抽样"一课为例，为了吸引学生的注意力，可首先通过"我国土地沙漠化""人均淡水占有量""某一热门电视剧的收视率"等话题导入新课，让学生在脑海中构建数字化时代的知识体系，认识到我们时时刻刻都在与数据打交道。再通过"这些数据是怎么来的"这样的问题，让学生分析并思考数据的来源背景。最后在系统讲解概念知识后，通过"我们班上有 57 名同学，需要选出 6 名同学参加学校组织的学生座谈会，为了让每名同学参加的机会均等，你们有什么方法吗？准备怎么做呢？"等问题，鼓励学生在小组内交流讨论，从而形成一个较完整的答案。这样一来，教师可以顺利导入"抽签法"的概念与意义。

3. 注重实践，提升学习能力

古语有云："天下之事，闻者不如见者知之为详，见者不如居者知之为尽。"在高中数学教学中，提升学生的数据分析能力，加强课内外练习至关重要。尤其是概率与统计相关知识，实践性较强，只有给高中生提供一个良好的学习实践平台，才能让他们在有序参加统计活动的整个过程中，养成以统计为切入点去思考问题的学习习惯，进而提升数据整理、描述、运算、解释与推理等能力。而且，统计问题在高中生的实际生活中处处可见，通过独立探索、小组合作等方式实践调查，有利于培养学生观察生活现象、发现数学问题、分析解决问题及反思总结等能力。由此可知，注重实践不失为一个培养学生统计思想、提升数据分析能力的有效策略。例如，以班级每位同学家里一周的用水量来估计整个地区的用水量情况，大多数学生会通过问卷调查的方式来统计数据，然后在收集、整理、分析的过程中明确知道统计图或者表格更加能够表示这些数据，根据所学知识做出一个较为合理的推断，这样可以进一步提升他们的数据分析素养。

4.树立统计意识，培养学生数据分析观念

在高中数学知识架构中，需要统计和研究数据对象，数据分析占据着极为重要的位置。所以，教师必须给予高中生引导，让其树立统计意识，培养学生数据分析观念。例如，教师在教授"概率"相关知识的时候，可以把生活中和概率知识相关的应用案例当作教学重点，给予学生引导，让其置身于现实生活情境之中，立足于实践的角度看待概率问题，有效培养概率统计意识，帮助学生形成数据分析观念。比如，教师可以为学生举商家开展抽奖活动的事例，商家以抽奖为手段吸引消费者，如此便可能将更多的利润带给商家。教师可以要求学生立足于统计概率的角度加深对抽奖概率问题的理解，分析各种抽奖活动的获奖概率，由此理性认知生活中常见的问题。商家可以用自己的方式介绍相应的抽奖规则，而对高中生来说，可以运用概率知识加深对抽奖规则的理解。实践证实，在教学中融入数学知识生活化的应用案例，可以给予学生帮助，使其形成正确的概率统计意识，在遇到各种优惠活动时，会自然而然地运用数学统计理论展开分析，同时根据自己得到的结果进行消费，即更加理性地消费，也有利于全面培养学生的核心素养。

5.及时检测学习效果，建立科学评价方法

教师布置课后作业的目的主要是巩固课上所学的知识，借助批改作业加深对学生所学知识掌握程度的了解，这就需要教师认真批改学生的作业，严格要求学习效果。在学习统计部分的时候，教师检查学生学习情况所采用的方式十分单一，对此，教师可以适当丰富检查方式，如借助和学生之间的沟通交流，充分了解各层次学生的学习情况。教师可以在课堂小结的过程中借助计时检测了解学生的学习效果，如此，不仅可以使学生的解题速度得到训练，同时还能培养学生的专注力。教师在布置课后作业的过程中，既要注重学习和检测知识点，同时还应重视学生应用知识的能力，因此教师应适当选择一些较为开放的思考题，题目应和生活实际相贴近。教师通常是以学生的学习成绩为基础来考核学生，而实际应用是统计部分极为重要的内容，因此教师在此部分的考核中可以要求学生完成一些统计调查作业，进行数据推理、数据描述、数据运算、数据整理、数据收集等，借助实际问题对学生掌握此部分知识的情况进行考核。如此，既可以使学生把数据的价值充分体现出来，同时还能深刻体验到数学学习的趣味性。基于新高考背景培养高中生的数据分析能力至关重要，各学科教师在实际教学中应将数学分析渗透其中，这对学生数据分析能力的形成和增强非常有利。故而，高中数学教师务必要转变理念、创设情境、注重实践，以此来促进高中生在学习过程中不断提升数据分析能力，从而获得全面综合的发展与进步。

三、高中数学教师数据素养的理论基础

（一）教师数据素养的理论基础

1.教师专业发展理论

自 17 世纪末期、18 世纪初以来，随着师范教育和教育教学理论的发展与普及，许多专家学者开始针对教师专业化问题进行了深入探索。袁贵仁教授认为，教育管理制度和专业型发展必须遵循两个维度：第一，国家必须重视教师职业，并加以认定，同时制定教师职业标准、健全教师资格认定体系；第二，要通过专业教育机构来制定教师的教育内容。此外，教师专业发展是一个逐渐深入的研究状态与进程。李瑾瑜则以教师专业发展的实践意义为切入点，提出首先要激发和

提升教师的价值感、成就感与尊严感，并通过组织与自主学习相结合的方法，促进教师能力的发展。总体来说，其最终目的是要利用学生的进步来实现教育专业能力的培养，以此提高学生学习的有效性。由此看来，教师专业发展理论是以探寻教师职业生涯各阶段的规律与方法为目的，促进教师制定职业阶段化的发展目标，并为教师持续成长奠定了理论基础。

2. 数据驱动决策理论

研究者们在 20 世纪 80 年代中期对数据支持教学进行了初期研究。使用数据驱动决策多限定于管理目的而不是集中在教室。Marsh 认为数据驱动决策是为了满足学生学习的需求，应用不同类型的数据来改善学生的学习效果。Dunn 等人从教师角度出发，认为数据驱动决策要求识别学生学习过程中遇到的困难，并在设计中进行相应的改进。Kerr 对数据决策进行研究发现，使用数据驱动决策能在改善学生成绩方面有正面影响。还有研究把数据驱动决策与教师在实践中发生的变化相结合。数据驱动决策理论促进了我国教育管理领域的发展，有助于改善学生的学习效果。

（二）高中数学教师数据素养的培养

1. 教师数据素养培养模式的核心要素

重点参考国内外教师数据素养的构成要素、培养模式与实践案例，结合教师学习共同体构成要素、推动策略的相关研究，我们得到基于学习共同体的教师数据素养培养模式应包含两个核心要素：多维化的教师数据素养培养目标、循环式的数据驱动教学决策活动。以学习共同体为核心的教师协同参与，为培养模式的构建奠定了理论基础。

（1）多维化的教师数据素养培养目标

教师数据素养结构的复杂性不言而喻，不光涉及数据知识与技能，还涉及应用数据开展教学工作的教育学知识、课程知识、教学内容知识。Light 等学者认为教师数据素养包含收集数据、组织数据、概括信息、分析信息、综合信息、决策行动，DQC 则认为教师数据素养包含获取与收集数据、整合与分析数据、运用数据调整教学策略等在内的 10 项内容。经过对教师数据素养的内涵及构成要素加以整理发现，与国外学者不同，国内学者则更关注数据使用的知识、技能和伦理道德，例如，刘雅馨等人认为思维方法、核心技能、基础知识以及意识态度共同组成了教师数据素养。

综合国内学者对知识技能与伦理道德的关注，吸纳国外学者在教学应用方面的重视，这里参考李青、赵欢欢两位学者对教师数据素养的要素划分，认为基于学习共同体的教师数据素养培养模式应包含多维化的培养目标，具体表现在四个维度。第一，数据知识。教师在掌握数据属性、类型、用途等基础知识的同时，还需要了解数据处理工具（如 Excel、SPSS）的适用场景、基本操作知识。第二，数据技能。首先，在数据获取上，教师要能够结合任务需要，准确快速从可访问的数据库中获取、收集所需数据。当数据库中无法检索到所需数据时，教师也应能够根据需要制定数据获取策略。其次，在数据管理上，教师需要对收集到的数据进行归纳整理和及时更新，使数据以规范化的方式存储。再次，在数据分析上，教师需要结合数据知识，对数据进行解读分析。教师需要掌握基本的数据统计与分析方法，学会使用软件工具对数据进行分析。最后，数据评价能力包括对数据本身的评价，也包括对教学的评价。前者旨在确定数据的真实性及有效性，后者旨在检验教学效果。第三，数据应用。数据应用是教师数据素养不同于普通公民数据素养的关键所在，具体又包括基于数据的研讨交流以及数据驱动教学决策两方面，强调教师需要围绕数据，与同事共同探究教学问题，挖掘问题产生原因，反思教学行为，制定教学决策，开展教学行动。第四，意识态度。作为国内学者重点关注的内容，意识态度由数据意识和数据伦理两部分组成。数据意识要求教师具备敏锐的数据感知意识、自主的数据驱动问题解决意识；数据伦理则旨在强调数据使用的合法性及伦理问题，教师需要把握个人隐私保护与数据共享之间的平衡。

（2）循环式的数据驱动教学决策活动

"数据使用五阶段过程"协作调查模式在强调数据使用是一个循环过程的

同时，也清晰地呈现了数据使用的步骤流程，以下是对该模式的详细阐述。第一，建立使用基础数据环境。作为框架的开端，建立使用基础数据环境强调"协作""共同的目标"，要求教师在数据团队内部建立平等开放的文化氛围，教师以团队的身份确立自己的目标，学习如何使用数据。第二，分析学生的学习问题。在数据训练的指导下，教师开始进入数据素养发展阶段，他们讨论学生数据获取的维度，并学习使用工具来理解数据、提出假设，研讨得出清晰的学生学习问题。第三，发现问题的根源所在。这一环节至关重要，但其实常常被人们所忽略。在得到结论之前，教师应认真研究造成这一问题的可能原因有哪些，并结合其他数据，检验原因的真实性。这样做的目的是确保采取行动的原因能够集中在实践、信念、政策等教育工作者可控范围内，而不是一味地责备学生。第四，生成解决方案。这一阶段要求教师能够基于上述原因，参考其他教师设计的优秀教学案例，生成有效的问题解决方案。第五，实施、监控和实现结果。数据团队在实施教学实践以解决学生问题的同时，又会产生出新的数据。教师借助这些数据既可以查看方案实施效果，及时纠正错误，又可以借此发现新的教学问题，进入新一轮数据使用过程。这里将 TERC 的"数据使用五阶段过程"协作调查模式作为构建培养模式的理论依据之一，认为基于学习共同体的教师数据素养培养模式应包含循环式的数据驱动教学决策活动。

2.高中数学教师数据素养培养策略

（1）教师数据素养需要在教育行动中提升

学习具有社会性，教师作为成人，其学习需要处于对实践有意义的真实环境中。学者 Mandinach 指出，教育者需要进行数据驱动的实践活动，如果可以使用真实数据，那么数据的使用将不再是一个抽象的概念。学者 Bolhuis 鼓励数据团队成员采取行动来解决正在研究的问题。根据 Marsh 等人和学者 Cosner 的研究，学者 Farley-Ripple 将提升教师数据素养的实践分为涉及生成学生学习知识的活动（即以分析为导向的任务，如评估哪些教学策略有效）和涉及将知识应用于教学决策的活动（即以行动为导向的任务，如讨论针对个别学生的干预措施）。无论职前还是在职教师，学者们均提倡通过教育行动，发现、探究教育问题，以培养教师数据素养。学者 Reeves 就曾建议师范类院校与当地的中小学建立合作关系，以确保师范生能够直接被安置在学校或其他能够分析学生数据的地方，Vandenhurk 等学者同样将专业学习嵌入到硕士课程中。除 TERC 的"数据使用五阶段过程"协作调查模式外，众多学者基于实践流程步骤设计了教师数据素养培养模式，例如，"数据智慧改进过程"模式包括三个阶段、八个不同的活动，"数据团队合作过程"模式包括八个步骤。Mandinach 等学者强调拥有数据并不代表数据得到使用，在"数据（收集和组织数据）—信息（分析和总结信息）—知识（对知识进行综合和排序）"的三阶段数据驱动决策过程中，数据被收集、组织和分析，使其成为信息，并与教师的专业知识相结合，经过理解，最终成为可操作的知识。学者 Hamilton 提供了一个使用学生成绩数据支持教学决策的研究框架，并就执行行动的步骤，以及解决可能阻碍进展的障碍给予建议。

（2）教师数据素养培养需要持续进行

Means 等人明确表示，教师专业发展是一项持续的事业，Lai 和 McNaughton 两位学者创造了一个专业发展的长期模式。学者 Wayman 和 Jimerson 则指出有效的教师专业发展需要参与、协作以及连贯性。受 Wayman 和 Jimerson 的启发，Vandenhurk 等人在文章中也曾提及此事。数据使用是一个循环的过程，在过程中教师将数据转化为知识。TERC 的"数据使用五阶段过程"协作调查模式认为教学调整过程中会产生多种类型数据，教师借助数据再次识别学生的学习问题，挖掘问题的根本原因，并生成新的解决方案，在持续不断的循环中，教师能发现和解决学生学习问题，提升数据素养水平。邹逸等学者同样指出，教师数据素养的培育需要经历"知—思—行"的良性循环过程。学者 Poortman 和 Schildkamp 的"数据团队合作过程"模式指出，团队成员需要在第六步（解释并得出结论）中确定提出的假设是否被接受，若假设被拒绝则需返回第二步。同时，在第八步（教学评估）结束后，活动并没有停止，而是再次进入第一步（确定问题），如此循环下去。与学者 Poortman 和 Schildkamp 的想法一致，学者 Marsh 在构建教师数据使用能力建设模式的过程中表示，"这是一个数据收集、组织和合成的持续过程，一旦采取了教学行动，则会生成新的数据，教师收集这些新数据来评估行动的有效性，以支持进一步的教学改进"。

（三）数学师范生数据素养教育的建议

1. 认可数据素养在师范生培养目标中的重要地位

在当前的大数据时代，人们获取数据的方法更加方便自由，因此，培养师范生的数据素养，其本质上是培养其在数据意识驱动下，从工作中合理有效地获取数据并分析、使用数据改善工作效率的过程。根据院校特色和办学理念，学校可以构建培养学生数据素养能力的课程体系，将学科教学与数据素养能力深度融合，并在实践中贯穿教学始末，同时增加师范生教学实践的机会。在实习过程中，实习学生可使用数据分析方法对教学过程进行分析和学习。教学中采用沉浸式教学手段，可帮助师范生在学习、实践、反思、创新能力等方面实现突破，并且使培养出的每一位未来教师都具备数据分析能力，在大数据时代能够打造出最优课堂。

2. 鼓励专业教师将数据素养融入教学设计和课堂教学中

在高校专业教学中，教师引导学生思考，学生通过提问和反馈改变教师的教学方法和教学过程，这种良性的互动过程本身就是信息的处理过程，也是数据的处理过程。因此在教学中融入数据素养，既能够让学生在专业教学中巩固数据素养的理论知识，更能够在教学实践中体会数据素养的意义，在润物细无声中提高学生对数据的敏感性，以达到培养学生数据素养的目的。在网课平台如此便捷的今天，还可以在MOOC（慕课）平台学习专业的指导课程以及查阅对应的参考书。

3. 培养师范生对数据素养的兴趣

为在大学生中营造良好的学习统计的氛围，适应大数据时代的高校人才的培养要求，要积极提高大学生的数据挖掘、数据分析、运用计算机处理数据的能力，加强创新思维意识，协助解决社会实际问题。这与数据素养的要求一致，因此学校应积极响应，鼓励指导教师组织参赛队伍，让学生在竞赛中找到科研的乐趣，在实践中找到数据素养的位置，从而在以后的教育教学中更好地解决实际问题。

四、高中数学教师数据素养的培养路径

（一）大局入手，从输出端加强锻炼

师范类院校学生毕业后大多会走向教师岗位，对于整个教师系统来说，师范类院校学生属于输出端，从大局入手，则要求在输出端就加强锻炼，让师范类学生具备足够的数据素养，将来从事教师工作时才会更加顺利。就现状而言，随着社会的不断发展，师范类院校越来越多，它们在社会上已经形成了相当的规模。师范类院校每年都会向社会输送大量的人才，院校之间的竞争也越发激烈，但同时，也存在一些院校缺乏创新，有滥竽充数的问题。从大局入手，国家需要重视师范生的数据素养发展，对师范类院校严加监督，制定数据素养标准，要求师范生必须达到数据素养标准，可构建数据素养证书体系，就像普通话二级证书一样，鼓励师范生考试考证，提升就业竞争力，在这种大环境下，师范院校必须提高自己的数据素养培养水平才能脱颖而出。师范生是新一代年轻人，身处信息化时代，他们的思想更加灵活，数据化的应用更加常见，也更加得心应手，因此，师范生数据素养的培养难度应该不会太大。

（二）在职教师自我学习，实践探索

自我学习和实践探索是发展教师素养的重要途径。教师深入了解教学课程特点，深入学习信息技术的应用方面，多查阅文献，多查阅教育部颁发的教育类文件，在已有的信息化教育案例中进行总结学习，发掘信息技术教学的本质特点，提升自身数据素养。另外，教师在有一定信息技术的情况下，积极在教学中实践应用信息化教学，不要怕出错，不要怕麻烦，只有不断地尝试才能提升数据素养。教师在实践应用的过程中积极反思，找出信息化教学中的问题所在，及时优化改进，实现自我成长、自我锻炼。比如说，教师在信息化教学中发现一个非常

不错的教学资源网站，收藏下来，这就是数据素养提升的一方面。教师开始不适应网课教学，在多次实践教学中慢慢适应了隔着屏幕和学生交流，这同样是数据素养提升的一种体现，慢慢地，教师数据素养的发展会水到渠成。

（三）在职教师参与培训和技术指导

在职培训是教师谋求发展的重要途径，"国培计划"以来，逐渐形成了一套完整的教师培训体系，教师积极参与培训，在专业教育工作者的技术指导下，学习先进的教学理念、教学方法，怀着一颗孜孜不倦的学习之心，持续学习，不断进步，加强信息化教学的应用，提升数据素养。培训也可分为社会培训和校本培训两种，社会培训较全面，校本培训则更具有针对性，但是社会培训在培训安排方面可能产生一些问题，校本培训在安排方面的问题则较少。对于社会培训在培训安排方面可能产生的问题，比如，培训内容较为浅显，没有太大效果；教师的培训时间与教师的课程安排有冲突，就会导致培训变得流于形式，教师可能为了获得证书而参与培训，这是需要避免的事情。针对这些问题，需要精心设计培训内容，使培训教育更具有针对性，分类、分层、分岗、分科，大规模、精细化组织教师培训，而对于培训的形式，也可以利用线上培训来开展，采用线下培训和线上远程培训相结合的方式，往往效果更好。

（四）学校搭建平台，构建模块化内容

充分利用信息技术，相关学校可以构建线上教学平台，构建模块化内容，如："如何利用学生学业大数据""如何开展互联网＋教育""充分利用在线开放式课程教育"等内容，定期更新，引入教育前沿信息。学校大力宣传，积极引流，鼓励和引导高中数学教师在培养平台上搜索、求证，作为一个重要的学习和进步平台，选择具有辨析性的问题作为主题，学校与教师展开互动。另外，学校可以委托优秀教师撰写数据素养方面的文章，教师根据个人经验撰写文章，将自己教研、实践、探讨反思的内容分享出来，将数据应用的小窍门、小技巧分享出来，供其他教师按需查询。

（五）合作互赢、相互帮扶

在信息时代的背景下，教师间可采用合作发展、互帮互助的发展模式，通过观课议课、专题探讨、教学示范、个案分析、集体备课等互帮互助的形式，来相互促进教师数据素养的提升。同行之间的分享和交流能够打破教育限制，能够激活教育思维，进入不断"发现问题—解决问题"的良性循环中，推动整个教师队伍成长。另外，我们发现，一些年长的教师容易在数据素养方面存在不足，他们生活中信息技术的应用比较少，接受新事物时的思想转变和技能掌握比较慢。而一些年轻教师却在这方面有特长，他们生活中信息技术的应用比较多，本身就具备一定数据素养，接受新事物时的思维转变和技能掌握也比较快，跟得上数据时代的发展，数据素养还比较健全。针对这种情况，可以将年长教师与年轻教师绑定，成立教研学习伙伴，让年轻教师带动年长教师的数据素养发展，也不失为一个可行的方法。

（六）对数据素养进行工作考核

信息化、数据化教育已然成为现代化教育的根本，而对教师数据素养的培养却是一件为期较长且见效不太明显的事情。很多时候，教师通过自学、参加培训、调研研讨等活动提升自身数据素养，但在日常教育工作中却得不到展现和重视，究其根本在于教师对数据化教学的不自信，对自己的教学方法和教学成果产生怀疑，或者对新教学理念和教学方法不适应，没有创新动力，依旧在沿用老一套教学方法。针对这一问题，学校可对教师的数据素养进行工作考核，从终端反向促进高中数学教师提升数据素养，要求教师在教学中体现数据化、信息化教学，将自己自学或参与培训、教研等提升的数据素养表现出来。另外，学校还可以建立教师的数据素养工作共享文档，要求教师总结工作成果、工作心得等，来驱动教师数据素养的切实提升。

第五章　信息化背景下高中数学核心素养提升

第一节　信息化发展历程及新课改的要求

一、中国教育信息化发展历程

（一）中国教育信息化发展的回顾

我国教育信息化最初以"电化教育"的形式参与教育教学改革，在党的十一届三中全会以后获得国家空前重视并得以发展，以党的十九大作为教育信息化1.0和2.0阶段的阶段标志。40多年的演进发展中，教育信息化与国家发展和技术进步呈现整体上的拟合共振，国家为发展教育信息化制定宏观规划与政策导向，而智能信息技术的发展则不断催化教育信息化的迭代与创新。

1. 国家教育信息化政策：面向未来

我国教育信息化的长足发展得益于国家体系中的教育信息化政策制度和战略部署，得益于长期建立起来的教育信息化组织保障体系，体现我国社会主义制度优越性。从教育信息化政策的角度分析，可以看出我国教育信息化"自上而下"地经历了早期部署、项目突破、坚定推动和谋划未来四个典型的历史发展阶段。

（1）早期部署（1978—1999年）

1978年，党的十一届三中全会作出"把全党工作的着重点转移到社会主义现代化建设上来"的战略决策，教育部印发《关于电化教育工作的初步规划（讨论稿）》，首次从国家层面对教育信息化作出部署。同年和翌年，国务院分别批准并成立中央电化教育馆和中央广播电视大学（现已改名为国家开放大学），正式启动加速发展电视、广播等现代化教育手段，多快好省发展教育事业的国家战略。1998年，教育部制定《面向21世纪教育振兴行动计划》，并开始实施"现代远程教育工程"。1999年，中共中央、国务院发布《关于深化教育改革全面推进素质教育的决定》，明确提出"要大力提高教育技术手段的现代化水平和教育信息化程度"。教育信息化被视为参与教育现代化建设的重要力量，并从机构设置和系统运行方面进行了早期探索与设计部署。

（2）项目突破（2000—2009年）

2000年，教育部下发《教育部关于在中小学实施"校校通"工程的通知》，成为我国教育信息化领域第一份国家层面的发展规划。2001年，国务院发布《国务院关于基础教育改革与发展的决定》，开始关注农村等教育薄弱地区的信息化建设，并于2003年开始实施"农村中小学现代远程教育工程"。这一阶段，我国开始依托项目或工程推进的方式整体部署教育信息化，教育信息化建设呈现规模性和层次性的特点。

（3）坚定推动（2010—2016年）

2010年，国务院颁布《国家中长期教育改革和发展规划纲要（2010—2020年）》，指出"信息技术对教育发展具有革命性影响"。2012年，教育部印发《教育信息化十年发展规划（2011—2020年）》，明确指出坚持"应用驱动"的工作方针，"以教育信息化带动教育现代化"。2013年，党的十八届三中全会首次把教育信息化写入中央全会决议。2015年，首届国际教育信息化大会在山东青岛召开，国家主席习近平致贺信并作出指示。同年，《中华人民共和国教育法（2015年修正）》正式发布，明确规定："国家推进教育信息化，加快教育信息基础设施建设，利用信息技术促进优质教育资源普及共享，提高教育教学水平和教育管理水平。"2016年，教育部印发《教育信息化"十三五"规划》。这一阶段密集发布国家层面的教育信息化顶层设计与规划，反映了国家坚定推行"以教育信息化推动教育现代化"的国家战略的决心，更为全面展开教育信息化工作指明方向。

（4）谋划未来（2017年至今）

2017年10月，"办好网络教育"被写入党的十九大报告。2018年4月，教育部印发《教育信息化2.0行动计划》，标志着我国教育信息化正式迈入智能时代的教育新征程。2019年2月，国务院同时印发《中国教育现代化2035》和《加快推进教育现代化实施方案（2018—2022年）》，突出强调了教育信息化在教育现代化的顶层设计和行动方案中所担任的角色。教育信息化的国家政策导向更体现"面向未来"的特点，教育信息化建设形成了稳定的发展模式，并开始进入超前部署阶段。从整个历程看，中国的教育信息化已由原来的"追跑"到"并跑"，再到一定程度的"领跑"，中国教育信息化事业实现了"弯道超车"。

2. 技术与教育的作用关系：走向融合

教育信息化的发展就是技术与教育相互融合的动态过程。从技术与教育的作用关系来看，我国教育信息化遵循"自下而上"式的底层发展逻辑，经历了工具辅助、整合应用和融合创新三个发展阶段。工具辅助阶段：这一阶段，信息技术只是作为辅助工具参与课堂教学，是教育活动的"边缘参与者"，主要体现为计算机辅助教学这一发展形式。这一阶段的技术形式主要有幻灯、投影、电视、广播、计算机等。整合应用阶段：教育中的信息技术种类在这一阶段得到极大丰富，应用范围也得到本质扩展，开始参与教学改革与教育管理模式创新。信息技术与教育的整合以"应用驱动"为特征，信息技术与课程整合成为这一阶段的发展目标，师生角色在技术的支持下发生转变，技术开始全方位地参与教育教学。融合创新阶段：以大数据、云计算、深度学习等新一代智能信息技术在教育中的融合应用为标志，这一阶段技术与教育形成"双向融合"的关系，包含实体空间和虚拟空间的融合，形成"技术无处不在而又难以察觉"的技术协同、技术沉浸、信息无缝流转的教育信息生态，从而更加有效地支持教育教学模式变革、学校治理体系重构、破解教育发展不平衡与新时代人才需求之间的矛盾等。

（二）中国教育信息化的成就

随着网络信息技术的快速发展，在国家政策的引领和驱动下，我国教育信息化在理论探索、实践应用和社会影响等方面取得了显著成就。

1. 理论探索：推陈出新

扎根中国特色社会主义教育土壤发展起来的教育信息化，在不断摸索、沉淀和完善中，逐步产生具有本土特色的教育信息化理论成果。包括以信息技术与课程深层次整合理论和以"主导—主体相结合"的教学结构理论为代表的信息化教学理论，强调通过将信息技术有效融合于各学科教学来营造新型教学环境，以支持教师主导作用的发挥和学生主体地位的实现；以信息化作为促进教育公平的手段的教育均衡理论，强调教育信息化打破时空、地域和主体限制的优势，能够有效扩大优质教育资源覆盖面，实现教师智力资源的优化均衡配置，支撑教育精准扶贫战略的实施，快速推进教育脱贫和阻断贫困代际传递，促进城乡、区域和校际教育的均衡发展；正在形成中的智慧教育理论，其中对智慧教育的概念、智慧教育的内涵与特征、智慧教育的体系技术解构与融合路径、智慧教育的模型构建、智慧教育的实践路径等进行了较为充分的论证。

2. 实践应用：长足发展

在国家顶层设计的规划与引导下，以教育信息化为手段和目标在全国范围内开展了许多世纪工程，包括：组织搭建以广播电视大学系统为代表的现代远程教育系统，为搭建终身教育体系、建设学习型社会铺设基础性的系统网络；以农村中小学现代远程教育工程为抓手，促进优质教育资源的城乡均衡共享，形成开放式教育网络，促进教育均衡发展的一次规模化尝试；有序实施"三通两平台"工程，试图在信息化基础设施建设、优质数字教育资源共建共享、信息技术与教育教学深度融合、教育信息化科学发展机制等方面取得突破；持续开展全国范围内的教师信息技术应用能力提升工程，始终把教师队伍建设作为教育信息化可持续发展的基本保障等。伴随着系列国家工程的有效落实，全国中小学信息化基础设施水平得到大幅提升，优质教育资源覆盖面不断扩大，终身教育体系逐渐形成并完善，广大教师信息技术应用能力得到全面提升，这些成功的实践探索为我国教育信息化的长效发展奠定了坚实的基础。

3. 社会影响：走向世界中心

教育信息化作为教育生态系统的组成部分，40多年的发展与积淀已经让它从教育系统的基础性和结构性要素，发展为在教育现代化进程中能够发挥战略性和全局性作用的关键因素，正产生越来越大的社会影响。首先，体现在教育信息化从最初辅助教学的工具手段发展为重塑教育生态的关键驱动力，成为教育创新的重要杠杆，是教育现代化的基本内涵和显著特征，是"教育现代化2035"的重点内容和重要标志；其次，教育信息化成为学习型社会的重要支柱，为全体社会成员提供突破时空的高质量教育和学习支持服务，是建设学习型社区、学习型组织和学习型城市的支撑和保障；最后，教育信息化已成为中国教育智慧和中国教育方案的一张名片，开展"一带一路"教育信息化国际合作成为我国参与教育国际治理、提升中国教育影响力、助推中国教育走向世界中心、促进教育对外开放的重要途径。

（三）中国教育信息化发展存在的问题

虽然国家大力发展教育信息化，实施了一系列重大工程和政策措施，并取得举世瞩目的成绩，但回顾过去，看到建设成就的同时，也必须客观正视目前我国教育信息化发展所面临的难题与挑战。主要表现在：

1. 教育信息化在促进教育公平的同时可能带来新的不公平

虽然教育信息化的初衷是促进教育区域均衡发展，但现实是受到市场经济对教育产业布局和资源配置的调节作用的影响，优质师资和教学资源无可避免地向经济发达地区聚集，造成地区、城乡、学校之间公共资源的供给与配置失衡。我国长期存在的城乡二元经济结构导致教育资源配备不均，教育信息化"在促进教育公平的过程中可能带来新的不公平问题"。例如，国家想尽办法在中西部开展信息化教育精准帮扶的同时，东部地区的教育因其得天独厚的地缘和经济优势，在教育信息化的助力下获得突破性的教育创新，城乡教育实际差距变得越来越大。另外，随着教育信息化基础设施的推广和普及，虽然信息鸿沟逐渐弥合，但是素养鸿沟却日益凸显。

2.教育信息化投资周期长，非显著性差异现象明显

教育信息化的本质是运用以多媒体计算机和网络通信为核心的信息技术来优化教育教学过程，从而达到提高教育教学的效果、效率与效益的目标。但是，教育信息化40多年的实践也反映出一个不争的事实：教育信息化投入与产出存在反差，信息技术应用于教育的效率与效益不明显。和世界其他国家一样，虽然我国中小学长期投入使用教育技术，但是对教育与学习结果的影响却不存在显著性差异。虽然国家在教育信息化领域投资超千亿，但是在社会层面上却看不到与投资金额相匹配的应用效益。教育技术和新媒体的应用成本很高，但是应用效果却不理想，有时不仅没有起到精讲多练的效果，反而出现了"电灌"的现象，产生了新的教学垃圾。此外，教育信息化建设过程中也存在投资主体单一（以政府为主），"项目式""脉冲式"投资容易出现项目中断或项目结束后运营维护或培训经费缺乏等问题。

3.中国特色教育信息化学术话语体系尚未建立健全

我国教育信息化建设过程中逐渐形成了一些具有中国特色和学科特色的话语和概念，如"电化教育""三通两平台""农远工程""互联网＋教育""教育信息化2.0"等，体现了教育信息化的本土理论发展和实践创新。但同时，南国农先生于2012年提出的"南国农之问"仍然没有得到很好解决，教育信息化本土理论匮乏的现象依然严峻。有学者质疑一些学习者热衷追踪国外（尤其是美国）的教育信息化概念、理论和做法，未经证明就上手大干，缺乏对其社会历史、教育体制和教学文化特性的深入考究，热衷于对西方国家的慕课、微课、翻转课堂、创客、TPACK（整合技术的学科教学知识）、STEAM（数字游戏社交平台）等概念和应用模式的移植，却未能充分考虑中国的本土教育现实和展现自身的愿望。学术研究在一定程度上受制于外国的学术话语和逻辑，存在"西方文化倾向"以及"教条主义、形式化倾向"。

4.智能时代的教育信息化面临新的挑战

站在教育信息化 2.0 的历史关口，教育信息化建设还面临来自思维观念、行动路径、技术实现、研究范式等方面的挑战。具体表现在：一是思维观念的挑战，即如何让教育事业的相关参与主体深刻理解"教育信息化正在从教育变革的外生变量转化为内生变量"，并转化到个体的行动逻辑中；二是行动路径的挑战，即如何合理规划并积极开展实践探索，确保教育信息化 2.0 行动计划得到有效落实，实现从融合应用到创新发展的阶段跨越；三是技术实现的挑战，即如何在确保契合人类福祉与公平正义的道德伦理要求下，设计开发和推广应用智能教育产品和服务，从而提升教育的智能水平，用大数据和智能技术破解教育改革与发展难题；四是研究范式的挑战，即如何主动适应和采纳应用数据驱动的动态研究范式，为智能时代教育信息化理论与实践寻求科学解答等。

（四）中国教育信息化发展展望

回顾过去，更要展望未来。未来一段时间，教育信息化将继续以学科建设为发展源动力，继续探求理论的深化，共同推进教育与科技的融合创新，实现更有效的学习，并在理性主义的指引下，更加审慎地对待教育信息化实施中出现的教育数据处理危机、人工智能伦理、教育信息化虚假繁荣和可能出现的技术异化现象等，在创新求变与理性审慎中笃步前行。

1.学科发展

中国教育信息化从概念到内涵都根植于中国土壤，具有明显的本土化特点，是以解决教育信息化发展中的实际问题而获得发展的具有高度开放性的研究领域。学科是一个知识体系或理论体系的最高阶段，学科或学科体系的形成是进行知识探索的原动力和最终目的。通过挖掘教育信息化实践中产生的现实问题，建构合理的研究命题，从而形成具有特定原理功能并浸透原理化思维的独立知识体系，并最终成为拥有严密逻辑体系和严整内在结构和外显框架的学科。与此同时，教育信息化建设的可持续发展必须拥有坚实的学科基础与学术归属，并以问题为导向，形成学科自觉意识，为教育信息化发展提供建设方案，培育优秀人才。教育信息化的学科建设要得以长足和长效的发展，须从以下三个方面寻求突破：

第一，在研究的力量构成上，将形成以教育技术学为主流的教育信息化学科群。教育信息化是一项伟大的事业，需要教育学、计算机科学、脑科学等多学科领域共同致力于信息技术在教育中的应用方法、运行规律和现实效果等技术与原理的突破，尤其要关注信息技术对未来教育的影响以及信息社会对人类的认知与学习规律的影响。伴随着近年来信息技术、脑科学与神经科学、心理学、复杂系统等领域取得突破性进展，跨学科、多领域、科学化的协同创新研究势在必行。其中，以培养教育信息化的建设者、管理者、研究者，以及能够在信息技术教育领域从事教学资源、教学媒体和教学系统的设计、开发、运用、管理和评价等的高级专门人才的教育技术学应成为教育信息化学科群的主流学科，肩负起揭示信息技术与教育相互作用的机理，构建具有中国特色、国际水准的信息化教育理论，以融合创新、重组创新、数据驱动的创新、问题驱动的创新及协同创新引领实践，实现教育现代化的使命。

第二，在知识生产类型上，将形成人文学科、社会科学和自然科学相融合的教育信息化知识创新形态。人类知识可分为人文学科、社会科学和自然科学三大部类，教育学科则主要生产人文学科和社会科学的知识，但是从当前教育学科的国际发展趋势来看，它的自然科学属性越来越凸显，对学科发展越来越重要。科技的发展不仅为教育提供了鲜活的教学内容，为教育改革创新提供了最新的手段和方法，而且为教育科学研究提供了新的范式，为研究教育规律、变革教育模式、重构教育体制提供了更多可能。实践表明，教育科学研究不仅可以而且应该学习借鉴自然科学的研究方法和规范，如网络在线课程、学习课程、基于大数据的决策等，全部都有自然科学的深度介入并在其中发挥重要作用。因此，未来的教育信息化的研究必须突破人文学科、社会科学与自然科学之间的学科与知识壁垒，通过不同学科研究范式的交叉融合来探究信息化背景下的人类学习规律，形成新的教育信息化知识创新体系，赋予教育信息化更多普适和科学的逻辑属性。

第三，在人才培养模式上，将形成学科建设与产业发展、人才培养的良性循环模式。"产学研"三结合是生产系统、教学系统与研究系统的交叉融合，是这三个系统的相互协同。对教学系统来说，生产系统提供了学习的基地、学习的资源，研究系统也为学习者提供了研究过程与研究新成果的学习机会。"产学研"不仅是一种成功的教学组织形式，更为培养符合教育信息化发展需求的专门人才提供了有效的人才培养模式。教育信息化体现了我国大国的优势和社会主义制度的优越性，与社会制度和国家政策密切相关。因此，未来教育信息化将以"政产学研用"一体化的方式获得联动发展，以用户为中心，以市场需求为导向，突出政府在教育信息化发展中的引导与保障作用，促进学科建设与产业发展、人才培养的良性循环。

2. 理论升华

信息化进程中教育研究的问题域框架包括三个层次，即知识生产与知识进化、认知与学习、教学交互等的基础规律层，学习环境、学习资源与认知工具、教育大数据技术、教育人工智能等的环境方法层，以及教育内容、教法与学法、教育评价、教育治理、教育供给方式等的实践创新层。未来教育信息化的理论研究聚焦三个层次研究内容的相互关联和相互促进，通过深入探究新技术带来的教育重组和流程再造所产生的理论与应用问题，为国家教育改革提供系统化解决方案。具体来说，教育信息化的理论升华将包含如下三个方面：

第一，致力教育信息化理论的本土化创新。根植于我国现实而获得发展的教育信息化，应该以更大的文化自信和学科自觉来完善本土化的教育信息化理论创新，产生更多以教育信息化推动教育现代化的理论及方法，使教育学的理论更加富有信息化这一鲜明的时代特色，构建具有中国特色、国际水准的教育信息化与信息化教育理论体系。一方面，立足本国教育信息化现实问题，对技术、教育与人的发展之间的作用机理作出科学的理论解释，为信息技术与教育教学在深度融合中遇到的一系列现实问题提供理论指导，形成更多技术变革教育的理论与方法的理论原始创新；另一方面，回望中国文化经典，提炼中国智慧，珍视中国传统文化带来的启示，外察世界之潮流，内省固有之血脉，立足中国本土，着力解决中国的教育信息化问题，形成具有中国特色和中国智慧的教育信息化理论。

第二，产生更多既"顶天"又"立地"的理论成果。一方面，研究者将围绕学习、媒体与认知之间的作用关系，试图解答教育信息化的基本理论问题，从本体论上回答"信息化教育的本质是什么"，在认识论上回答"信息化教育的原理是什么"，在实践论上回答"信息化教育的模式是什么"，实现理论研究的"顶天"；另一方面，将以智能化学习和信息化教育为研究对象，突破简单机械的"媒体比较研究"的工具论层次，聚焦信息技术与教育教学深度融合的作用机理与有效方法，产生更多诸如"开发和评价创新性的学习和教学机制方式"、"设计、开发和试点新型的校内和校外学习环境"以及"高阶个性化学习"等兼具解释性和处方性特征的"立地"理论成果。

第三，统筹协同攻克教育信息化重大创新理论。教育信息化重大理论创新需要跨区域、跨领域、跨组织的合作与交流。今后，国家层面继续发挥统筹作用，围绕教育信息化的重大理论与实践、重大政策规划系列重大国家课题，如信息化促进教育公平的理论研究；研究机构层面将更加积极作为，在充分发挥自身研究优势的基础上，主动联合跨区域、跨领域和跨组织的研究机构，致力教育信息化理论的集体攻关，如成立各级教育信息化协同创新中心等。

3.教育变革

实现教育公平、提高教育质量、推进教育创新是教育改革发展的三大核心任务，也是教育变革的三大永恒主题，教育信息化在其中发挥着重要的支撑和促进作用。

第一，宏观层面，将全面参与教育供给侧改革，促进教育结构性变革，主动服务教育系统变革。一方面，未来教育信息化的发展以智能时代为背景，不再局限于为教育系统本身提供基础性和支撑性的作用，其实践性、全局性价值将在国家经济社会发展中得到体现，将在实施国家战略、构建学习型社会和培养创新型人才等方面释放更大潜能；另一方面，教育信息化将主动促进教育系统内部的体系重构，形成以教育数据流为主导的有序循环和自我进化。泛在、智能的学习环境将学习、信息、技术、设备、人力等相关因素纳入一个整体进行组织，对所有学习者的学习提供全过程、全方位的支持。

第二，中观层面，继续推动技术支持的学校教育模式变革。学校教育是整个教育系统的主体与核心，信息化推动的教育系统性变革的重心将落在学校教育上，具体表现为人工智能、大数据、物联网等新兴技术，以及各类智能设备和互联网支持下的教育模式变革，包括办学模式、教与学模式、课程组织模式和教育决策模式等方面，推动信息化与课程建设、教学改革、教育治理、教师发展、学生发展等方面的创新融合。

第三，微观层面，形成极度空间以促进学习形态的创新。随着信息技术与教育教学的深度融合，技术之于学习不再是是否需要的问题，而是应该探讨如何用技术来改进学习，以确保每个学生都获得高质量的学习体验。未来将有更多的信息技术被应用到教育领域，产生容纳科技（Technology）、教学法（Pedagogy）和变革知识（Change Knowledge）的极度空间（Stratosphere），学习不再局限于单一的课程教学，学习者在科技的支持下能够在任何时间进行即时学习或碎片化学习，从正式学习转变为正式学习和非正式学习相结合。师生角色不再以某一主体为中心，二者的界限将更加模糊，在学习过程中师生间互助合作、共同进步的可能性越来越大。未来学校的评价标准是能够在多大程度上服务于学习范式的变革，能够在多大程度上支撑基于泛在计算技术的泛在学习、融合线上线下学习的混合学习、基于自适应学习系统的个性化学习、基于虚拟学习社区的社群学习、基于无感交互的沉浸式学习等学习新形态。

4.风险防范

教育信息化在教育现代化进程中被赋予更高的期待和使命，甚至成为实现教育现代化的重要推动力。但是，教育信息化对教育而言并非"灵丹妙药"，也不可能"完美无缺"。从技术角度出发，脱离教育情境与主体感受的教育信息化只是一厢情愿的美好想象。现实中，教育数据危机、教育人工智能伦理、技术僭越、教育信息化虚假繁荣等问题让教育信息化的发展面临巨大挑战，甚至可能出现意想不到的生态危机。因此，在对教育信息化的发展抱有乐观态度的同时，更要对其保持足够的理性和审慎，以正面回应新时期的教育信息化可能出现的风险。

第一，要积极应对教育数据处理与应用危机，平衡数据开放与隐私保护之间的矛盾。教育信息化未来发展的技术触点是大数据和智能信息技术，教育数据的体量和开放是实现智能技术的基础。然而，教育数据在各教育系统之间共享、向社会各方开放过程中涉及大量学生、教师以及教育管理者的隐私数据，数据不仅包括学生自愿分享的信息，也包括学校、教师、第三方教育机构和政府要求下提供的被动信息，一旦学习者的隐私信息遭到泄露，责任主体将难以界定，教育数据的云端部署也大大增加了数据暴露的风险。同时，当前各级教育行政部门和学校积累的大量数据存在数据准确性不高、一致性不强、标准性不足等问题，严重制约数据在教育改革中的作用的发挥。因此，必须积极探索利用区块链技术的去中心化等技术优势搭建可靠的教育数据库存储与应用方案。

第二，要警惕人工智能"双刃剑效应"，提前探索教育人工智能伦理的重构与管控机制。人工智能被定义为模拟、延伸和拓展人类智能的技术和方法，其在教育领域的应用表现为智能导师系统、自动化测评系统、教育游戏与教育机器人四种形态，在提高教学效果、解决教育公平方面被寄予厚望。但是，由于人工智能缺乏必要的价值反省和自觉，在某种程度上就是设计者的想法和意志的体现，人工智能有可能从根本上瓦解和颠覆原有的伦理秩序，制造传统的和现有的伦理框架无法解决的道德难题。人工智能的"双刃剑效应"在教育领域同样应验，伦理的选择和重建成为人工智能时代教育必须重视并解决的难题。这些亟待解决的具体问题包括但不限于：突破基于算法的人工智能"标签化"处理方式，运用动态的思维看待师生成长；避免因大数据"精准推送"的个性化学习路径服务给学生独立思考和创造力的发挥带来的限制；解决目前的人工智能水平并不能实现深层次的语义识别和情感互动，无法进行包含情感、态度和价值观的学习互动，造成情感教育的缺失等问题。因此，人工智能教育的应用并非中性和无边界，要从理念、技术和方法等层面深度探讨其道德边界和伦理约束，建立人工智能教育的法律法规、伦理规范和政策体系，提升安全评估、有效管控和价值判断的能力。

第三，要防止教育信息化进程中的技术异化，让技术理性服务价值理性，回归教育本质。教育领域的技术异化表现在以计算机、互联网、多媒体等为代表的现代信息技术对教育中"人"的替代、否定、控制、强迫和漠视。例如，大型开放式网络课程（MOOC）、微课、网络精品课程等优质学习资源，以及基于人工智能技术的自适应学习系统、基于直播互动系统的双师教学模式等都在不同程度上表现出对教师的替代倾向，形式上让每一个学生都能获得优质教育资源，但是却往往导致教师主导地位以及言传身教的缺失；互联网通信技术使得师生的交互随时随地都能发生，教育时空得到扩展，但是却迫使教师的私人生活受到干扰；当搭载了人脸识别与情感判断等技术的智能摄像头遍布教室，在有效监控课堂行为的同时，也漠视了学生的隐私和自由等。在"技术崇拜论"的引导下，技术异化现象日趋明显，为了技术而应用技术，技术甚至由服务者转变为控制者，教育信息化成为"失去灵魂的技术"。为防微杜渐，教育信息化的进程要高度重视技术应用的合理边界，技术理性始终让位于价值理性，技术始终为解放人、发展人服务，回归教育的本质。

第四，要正视并解决教育信息化建设中的未解难题，避免教育信息化的虚假繁荣。从全局的视角来看，我国教育信息化取得了长足发展和显著成绩，但是从具体实施的情况来看，当前"互联网+"、大数据、人工智能等技术在教育方面更多是表象上应用、容易实现的应用、通过技术能够直接解决的应用。理性看待"三通两平台"建设中出现的问题就会发现，教育信息化在某种程度上存在虚假繁荣的现象，如教育云平台建设虽然如雨后春笋般应运而生，许多平台却因为顶层规划的缺失以及缺乏专业理论和核心价值体系的支撑而处于"整体无序"状态，甚至大多数都还只是传统意义上的信息化平台；耗费大量时间、精力和资金建成的资源，并没有形成合理的长效资源建设机制，重建设而轻应用，造成大量资源的浪费；许多学校的网络学习空间只是简单地模仿社交类空间建设，学习属性较弱，空间利用率并不高。同时，教育信息化相关的新概念、新理念和新思路层出不穷，表面呈现学术繁荣的背后却是让实践者盲目追赶或不知所措。因此，积极面对并脚踏实地地解决教育信息化过程中出现的现实问题，突破避重就轻的建设逻辑，政府、学校、企业要协同攻坚克难，最大限度地避免教育信息化虚假繁荣现象的出现或蔓延。

二、新课改背景下的高中学校信息化建设

新课改要求高中学校在学生学业水平达到基本要求后为其提供具有选择性和层次性的学习环境，并在教育教学过程中开设多种选修课让学生自主选择，以实现个性化发展，提高其生存、创造、实践等方面的能力。

基于这一要求，高中学校信息化建设在新课程改革中就显得非常重要。信息化建设不仅有利于高中学校教育现代化和信息化的实现，还可以提升高中学校师生的信息素养，为社会培养创新型人才。为此，高中学校应当积极建设信息化系统，助力新课程改革的顺利进行。

（一）长远规划，遵循分步的原则

教育教学的信息化是一项长久性的工程。高中学校在信息化建设的过程中应当整体统筹、长远规划，努力兼顾当下和未来，在满足现有需求的前提下预留软硬件升级的空间和端口。高中学校信息化系统是一个有机的整体，尽管各个应用之间是相互独立的，但是不同的应用之间都需要信息和部分功能模块的共享。假若高中学校的信息化建设缺乏统筹规划，就会导致应用之间难以进行有效的信息交换，学校在管理过程中会出现数据不一致、信息不同步等问题。所以，高中学校应当切实从新课改的要求出发，基于学校自身的实际情况，在总体规划的前提下分步进行信息化建设。

在高中学校信息化建设的过程中，相关的规划设计应当和网络、数据库、人才队伍等的建设保持同步，并坚持软件、硬件、人才、资源等并重。另外，学校的信息化建设需要硬件设备和软件的兼容，这就要求学校投入大量的资金和人力

做好匹配和调试。但是，目前高中学校无论是资金还是人力，相对而言都比较欠缺，所以学校应当利用好国家政策，加强和当地电信运营商、银行等机构的联系与合作，充分调动当地的资源，促进高中学校信息化建设的落地。

（二）科学选择，完善信息化设施

随着新课改的不断深入和发展，高中学校越来越重视信息技术与学科教学的深度融合，越来越多的高中学校利用"管理通""家校通"等软件实现学校的管理和教学，校园网成为学校管理的重要硬件。为了保证信息化系统的建设和发展，学校应当科学地配置校园网相关设备，以便于维护和升级。从当下的情况看，高中学校各教学楼的交换机配置大多是一致的，只要正确地选择配置相同的交换机，就能够保证在出现问题时较容易地解决。

实际上，假若高中学校的核心交换机出现故障，那么我们更需要解决的是学校内部、校园网当中出现的问题。为此，在选择楼层交换机的时候，我们可以选择配置相对较低的交换机，只要能够保证替换之后学校的网络顺畅就可以了，这样也可以减少一些费用。另外，在进行信息化建设的过程中，还需要注意校园网和因特网之间的连接，这是"校校通"工程的关键所在。在条件允许的情况下，还应当做好电信专线和教育网专线的铺设，只要做好代理服务器的设置，在教育网专线发生故障的时候，师生依旧可以正常使用网络，并在师生集中上网的时候实现分流。目前高中学校无论是高考报名还是志愿填报，都需要在有限的时间内在网上操作，假若高中学校和因特网可以实现连接，就能够保证即使教育专线出现问题，依旧不会影响学校的教育教学工作。

（三）更新理念，形成信息化意识

认知可以促进人的行动，如果师生在信息化建设当中存在认知方面的偏差，就会阻碍学校的信息化建设。因此，应当消除师生对信息化建设的错误认知，要让他们明白信息化发展是顺应时代潮流的。首先是转变观念。从表面来看，高中信息化建设只涉及技术层面的问题，但如果师生没有给予高度重视，这项工作将难以进行。为此，学校应当转变师生对信息化建设的观念，做好实际需求的统一规划。学校领导以及相关负责人也应当在完成本职工作的前提下，不断更新自己的信息化知识和相关技能，以便更好地增强信息化理念，让信息化更好地服务于学校内的师生发展。

另外，应当培养师生的信息化意识。高中学校要想让信息化的效果达到预期，就应当保证全体师生树立正确的信息化意识，为此学校领导和信息部门应当给予相应的帮助。在学校信息化建设的前期，鼓励师生向学校信息部门提出合理要求，而信息部门也应当积极和各部门交流、合作，以便更好地获得人力、物力等方面的支持，进而更好地实现师生对信息化的掌握。在信息化建设和完善的过程中，相关部门应当留心观察其存在的问题并积极向有关部门反馈。当信息化管理平台建成之后，信息部门也应当和各部门沟通、协作，以便持续优化平台各个模块的功能。

最后，我们应当提高对信息化建设的重视。高中学校的信息化建设与管理是相辅相成的，只有不断强化对信息化建设的重视，才能更好地促进新课改背景下的信息化建设工作。其中，信息化管理是保证高中学校信息化平台顺利发挥作用的关键所在。为此，高中学校的相关负责人应当时刻关注信息平台的运行情况，实时更新相关的数据和信息，以便为师生提供更好的服务。

（四）优化制度，完善信息化机制

学校是教育系统当中最基本的单位，也是教育发展的关键要素之一。目前我们的班级授课形式相对而言比较封闭，但信息技术的作用之一就是促进学校改革，改变教学方式、教学管理以及学习方式等。因此，加强学校的制度建设在一定程度上也可以起到完善信息化建设的作用。

一方面，学校应当完善信息化建设的发展机制。尽管高中学校并不是我们信息化建设的责任主体，但是信息化对学校提出了新的发展要求。所以，高中学校应当重新规划和完善适合信息化建设的相关组织，并统筹推进相关技术工作与信息工作之间的整合，完善高中学校信息化建设的发展规划，制订相应的变革方案，以便更好地促进教师的专业化成长、学生的个性化发展。

另一方面，高中学校应当设立信息化校际互通机制。随着新课改的推进和教育机制的完善，学校之间资源、信息的共享受到越来越多人的重视，而互联网的出现可以改变因为时间、空间等问题而出现的校际隔阂，其中能更好地链接师生、资源以及信息平台。为此，高中学校可以向上级部门申请开放更多权限，站在区域教育系统发展和完善的角度构建教育信息管理机制。同时，高中学校还应当不断更新观念并完善信息化制度，主动吸收资源并完善信息化体制和机制。

总而言之，在新课改的背景下，高中学校应当秉承以人为本的理念进行信息化建设，不断增强学校领导、教师以及学生的信息化意识，这样才能更好地推进学校的信息化建设在新课改的背景下飞速发展。同时，信息化建设是一项持久的、系统的工程，在建设过程中需要高中学校不断付出努力，在完善学校信息化教学设备的基础上，应长远规划、科学选择，只有这样才能更好地实现新课改背景下高中学校信息化建设的可持续发展。

三、新课改背景下高中数学教学观念及课堂教学的研究

（一）新课改背景下高中数学教学观念转变路径

如今，随着新课改的不断推进，传统教学观念不能很好地满足和适应学生的学习需求，此时就需要教师积极研读新课改要求，并在此基础上转变教学观念，以此来保证达到培养学生学习探索能力、自主创新能力的目的。同时，作为高中数学教师，还需要发挥好组织者和引导者的角色，在学习探索中使学生更好地感悟和掌握现代数学的文化本质，在拓展学生数学知识面的同时，还可以使学生的数学综合素养得到提升，进而为学生日后的学习奠定良好的基础。

1. 新课改背景下转变教学观念的意义

（1）符合素质教育基本要求

新课改对素质教育提出了较高要求，这就需要教师对传统的教学观念进行转变，以期为社会培养一批优秀的、思维灵活的、有能力的数学应用型人才。通常情况下，传统应试教育的主要目的是提高分数，其与现有的新课改教学核心理念

相矛盾。处于一种枯燥、乏味的学习氛围中，学生极易失去学习的动力和积极性，进而导致学生的学习效率大打折扣。因此，作为高中数学教师，就需要对新课改进行学习，并在此基础上改革和创新教学观念，使其既能够保证课堂教学活动的有效开展，同时也能够提高学生的综合能力水平。

（2）满足新课程基本要求

基于新课改背景，在确保学生对基础知识有所了解和掌握的同时，还需要进一步提高学生的综合能力，以期为培养综合型、优秀型学生奠定良好基础。实际上，新课改所制定的教学目标不可能一蹴而就，其要求教师从教学内容、教学方法、教学目的和教学评价等角度出发来给予改革和创新，以此来更好地满足新课程基本要求。作为高中数学教师，还需要对现有传统教育教学观念给予转变，结合学生特点为其提供针对性、系统性的指导，进而使学生的自身综合能力得到有效提升，更好地满足新课程基本要求。

（3）符合创新型人才培养要求

在经济社会发展中，理念升级和科技创新是主要推动力。因此，在高中数学教育教学阶段，作为教师要注重创新型人才的培养，在帮助学生养成良好创新意识的同时，也要提高学生的创新能力。对传统高中数学的教学而言，其教学活动开展的最终目标是为了高考考出好成绩，这样将会导致课堂教学局限于高考框架中，不利于学生良好学习习惯的养成，长期下去将会产生不良心理问题，进而阻碍学生的健康成长。此时，为了使上述问题得到有效改变，满足未来社会的良性发展需求，则需要教师对现有的教育教学观念进行转变，并注重对高中学生创新思维的培养，强化数学知识与生活实际的有效结合，进而在教授学生数学学习的同时，也培养其成为符合社会需求的创新型人才。

2.高中数学教育教学观念中常见的问题

（1）教学目标出现偏差

目前，我国高中教育还是把升学作为课堂教学的首要目标，尤其是高中数学教学，其主要是以提高高考成绩作为教学的核心。虽然现代素质教育得到了社会各界的广泛认可，然而不管是学校、家长，还是社会，仍然未注重培养学生的特长，从而导致学生学习效果不理想，不利于学生未来的发展。实际上，教学目标出现偏差往往会给整个教育教学观念的落实提供错误的引导，从而使高中数学教学效率偏低。

（2）教学方式单一化

目前，虽然新课改在我国教育体系中已经开展很长一段时间，然而在实际教学过程中，大部分高中教师还在继续沿用单一化的教学方式，认为要想使学生的学习成绩和考试分数得到提高，就需要对课堂教学内容反复练习，但是该教学模式并不能很好地满足现有实际教学需求，无法有效激发学生的学习热情和主观能动性，进而导致课堂教学效果不理想。同时，大部分高中数学教师在讲解易错数学题时，基本上是就题论题，并未对错题进行及时归纳和总结，也未留出时间让学生进行独立思考，长时间下去将会导致学生形成依赖心理，不愿意花费更多的时间去独立思考问题，不利于学生解题能力和独立思考能力的培养。

（3）数学教学改革表面化

虽然传统应试教学观念在课程安排、教学目标、教学效果等方面取得了一定的成效，但是并未有效激发学生参与的积极性，且使学生出现了学习模式固化、逻辑思维狭隘以及专注力下降等问题，极大地阻碍了学生的发展。如今，越来越多的教师开始意识到转变教育教学观念的重要性，并开始创新现有教学方式，然而在实际教学阶段，部分教师还只是简单地把学习停留在表面，并未认识到教学方式创新的实质，导致在课堂教学时经常发生"新瓶装旧酒"的问题。此外，对学生而言，在课堂学习过程中，经常会因为所采用的教学方式呈现出多元化的特点，而不能抓住课堂教学的重点，不利于学生综合素养的提升。

（4）缺乏适当教学评价

基于新课改背景，在进行高中数学教育教学的过程中，系统、完善的教学评价必不可少，但是部分教师还在按照自己的意愿开展课堂教学活动，导致课堂教学缺乏适当教学评价，严重影响了课堂教学效果。同时，教师并未让学生进行评价，如学生是否对教师所讲解的数学概念有所理解和掌握、教学方式是否满足学生实际情况等。因为教师并未对学生的评价进行收集和整理，也就无法根据评价来进行改变和创新，不利于后续教学活动的开展。实际上，教学评价既涉及教师对学生的评价，而且也涵盖了学生对教师的评价，如果这两种评价落实不到位，将会导致现有的教学评价无法更好地满足新课改要求，致使高中数学教学效果不理想。

3. 新课改背景下高中数学教育教学观念转变路径

（1）转变教学观念，明确教学目标

在以往的高中数学教育教学中，大多以教师为核心来开展，这种被动的教学模式不可避免会导致学生出现两极分化现象，不利于教学活动的开展。同时，在进行课堂教学阶段，基本上是教师对教学内容进行讲解，并以提高其教学成绩为主要目标，从而不利于课堂教学效果的提升。为了使上述问题得到改善，则需要教师创新教学观念，强化师生间的交流与互动，以此来提高学生的学习积极性，确保课堂教学目标的达成。在进行日常课堂教学时，还需要教师结合教学大纲要求来转变现有的教育教学观念，并对各层次学生的发展给予密切关注，以此来设立科学的教学目标，在对各方教学资源进行整合的同时，组织多元的课堂活动，这样既能够促进师生间的互动，提高学生的综合能力，而且还能够让学生积极参与到日常教学之中，确保了课堂教学的整体水平。在新课改背景下，高中数学教师既要引导和鼓励学生进行学习，而且还需要对学生自身发展给予时刻关注，在此基础上对教育教学观念进行转变，以确保教学目标的顺利实现。例如，在进行"等差数列"内容的教学过程中，教师可以罗列一些实例，并引导和鼓励学生回忆数列定义，随后，结合日常生活中常见的实例进行讲解，以此来加深学生对数列公式中函数思想的了解和掌握，并提高其运用能力。在理解和掌握函数与数列间的关系时，还可以更好地掌握函数的思想，充分发挥学生的主观能动性，为学生日后的学习奠定良好基础。

（2）建立良好的教学氛围

在新课改背景下，要引导和鼓励学生进行自主学习，以确保他们对所学数学知识有个全面的了解和掌握。在高中数学教学阶段，教师要注重教育教学观念的转变，这样做既能够拉近师生间的距离，提高学生参与课堂教学的兴趣和积极性，而且还可以在合作交流中进一步提高学生的数学综合素养，为学生日后的学习奠定良好基础。例如，在进行"直线与平面平行"教学时，要保证学生对立体几何的了解和掌握，其具有一定的现实意义。在课堂教学阶段，其主要是以点、线、面间存在的位置关系进行讲解，并借助相关实物模型，以直观、想象的方式来对直线与平面平行的判定定理及性质定理进行归纳和总结。学生通过对该部分知识的学习，不仅可以提高他们的逻辑思维能力，加深对该部分知识的了解和掌握，而且还可以有效提高课堂学习效率。

（3）突出学生主体地位

在实施新课改过程中，要尽可能突出学生的主体地位，并将课堂主动权尽可能归还给学生，这样不仅能够发挥学生参与课堂学习的主观能动性，而且还可以确保课堂教学的有效性。现在高中生普遍存在课业压力大的问题，并且高中教学难度不断提高，对学生的逻辑思维能力提出了较高要求，如果教师还在使用传统的教学模式，将会使学生对课堂学习产生厌倦、乏味的心理，此时就要求教师转变传统教育教学观念，尽可能突出学生主体地位，并突出课堂教学的互动性和趣味性，这样既可以达到寓教于乐的效果，而且还可以提高课堂教学水平。例如，在进行"概率"知识的讲解时，教师可以结合教学内容和大纲要求来设置与教学内容相关的问题，如"将一枚1元的硬币抛掷10次，试问有5次正面向上为什么事件"，随后引导和鼓励学生进行抛硬币试验，这样就可以使学生切身体会和感受随机事件、必然事件、不可能事件等相关数学知识。再如教师也可以列举抽扑克牌的例子，要求学生从52张扑克牌（不包括大小王）中随机抽取1张，试问抽到"红心"概率是多少。这样的教学方式，既能够凸显学生主体地位，同时也能够提高学生参与课堂教学的积极性，确保课堂教学的有效性。

（4）创新课堂教学模式

在高中数学教学阶段，作为教师可以按照教学要求来对现有的教学模式进行创新，进而有效提高学生的学习积极性。同时，在实际教学阶段，教师还需要对不同教学模式所取得的教学效果进行记录，并从中优选出适合的教学模式，进而确保后续教学活动的顺利进行。当高中生对小组讨论和探究比较感兴趣时，教师则可以在新课改背景下来创新课堂教学模式，在课下引导和鼓励学生借助现有网络或资源进行自主学习，并将学习成果在课堂上向其他学生进行展示，这样既能够使学生的语言表达能力得到提升，而且还能够缓解学生的学习压力，确保课堂教学目标的顺利实现。例如，在进行《三角函数的性质与图象》一课的教学时，作为教师可以以三角函数为核心来开展教学活动，并在此基础上延伸出函数公式、性质和图象等与课堂教学相关的内容，在确保课堂教学有效性的基础上，提高学生的综合能力水平。

（5）加强课堂练习

在新课改背景下，作为高中数学教师，要结合教学内容来加强课堂练习，这样既可以使学生对所学数学知识有全面、深刻的了解和掌握，而且还可以提高学生的数学综合素质。同时，加强课堂练习还可以提高学生自主学习能力，使他们在思考中不断突破自我，在提高自身考试成绩的同时，还可以提高学生解决问题的能力。例如，在进行"直线与平面平行"内容的教学过程中，教师可以选择直观感知、操作、观察确认等方式来加深学生对该部分教学内容的掌握，进而达到预期的教学目标。同时，在高中数学教学过程中，还需要注重对学生自主学习能力的培养，使他们对数学学习充满自信心，进而确保课堂教学活动的有效性。

（6）注重教学评价和总结

在以往高中数学教学中，教师并未对教学评价给予重视，从而导致课堂教学效果不理想。教师在对现有教育教学观念的转变过程中，要对教学评价和总结给予重视，并做好教学问题的分析和探究工作，在此基础上采取有效措施给予处理，以此来避免日后出现类似的问题。同时，教师最好结合学生的建议来对现有的教学观念进行转变，以确保后续教学活动的顺利进行。高中数学教师还需要做好学生评价工作，对表现优异的学生进行表扬和奖励，对表现不理想的学生给予纠正和鼓励，这样一来不仅可以做到对症下药，提高学生参与课堂学习的积极性，而且还可以有效提高学生的数学综合素养，促进学生的全面发展。

综上所述，高中数学属于我国教育体系中不可或缺的组成部分，为了更好地提高其教学效果，需要在新课改背景下，转变教学观念，明确教学目标、建立良好的教学氛围、突出学生主体地位、创新课堂教学模式、加强课堂练习、注重教学评价和总结等措施来推动教育教学观念的转变，这样一来既可以确保高中数学教学活动的有序开展，确保课堂教学的有效性，而且还可以提高学生的综合能力水平和数学素养，促进学生全面发展。

（二）新课改理念下高中数学课堂教学实践

随着我国不断深化教育改革，新课改理念为教师教学改革指明了方向。新课改要求以生为本，在教学过程中关注学生的全面发展。高中数学对学生来说是一门难度较高的课程，在传统的数学课堂教学中，受应试教育思想与高考升学率影响，教师教学侧重于知识点的灌输，学生学习更多采用死记硬背公式和固定解题思路的方法，以期在考试中获得高分。但这种陈旧的教学模式不能满足当前教育教学要求，与以生为本的新课改核心理念不相符。因此，在新课改理念下，高中数学教师必须转变教学思维，探索创新优化课堂教学实践的有效模式，真正将课堂还给学生，调动学生课堂学习的主观能动性，培养学生的学习能力，深化学生的数学理念，加强总结提升，从而使学生在课堂学习过程中获得逻辑思维、自主探究、解决问题、创新发展等各方面能力的全面提升，成长为头脑灵活、善于思考、勇于创新的高质量复合应用型人才。

1. 高中数学教学在新课改理念下的变化

教学理念是教学方式的指导思想，有什么样的教学理念，则会产生什么样的教学方式。新课改理念中，以生为本的核心理念，促进了传统的以教师为主的重"教"轻"学"、重"结果"轻"过程"、重"一致"轻"个性"的教学理念的转变，从而促进了高中数学课堂教学的变化。高中数学教师想有效把握新课改理念下高中数学教学方式，就需要对新课改理念进行研究。

（1）新课改理念下更强调高中数学的基础性

新课改下，高中阶段数学学习以为学生今后成长与发展奠定坚实的基础为目标。教材在编写过程中，重视数学的基础训练。同时，为避免数学知识的碎片化，更重视数学基础知识之间的关联性和整体性。教材在编写过程中，基于新课程标准，贯彻"少而精""简而明"的原则，抓住知识本质，返璞归真，呈现好数学中最基础的内容，从而让学生能够更加深刻地领会数学的真谛。

（2）新课改理念下更重视高中数学的文化价值

新课改下，高中数学更加关注对学生素质和能力的培养。在以往的数学教学理念中，对学生文化价值的培养重视度不足，而更多关注学生对数学知识的掌握。新课改下，要求高中数学教学重视对学生文化价值的培养，从而促进学生数学综合素养的全面发展。例如，在上海教育出版社最新版普通高中数学教材中，设置了"课后阅读"部分，主要是针对本课相关数学知识的发展史进行详细讲解，以期让学生在数学学习过程中既可以获得知识，又能够树立正确的数学观和数学史观。

（3）新课改理念下更突出"以生为本"的教学理念

新课改下，高中数学在课程设置等方面做出了相应的调整，将高中数学分成了必修模块和选修模块，在必修模块注重高中数学基础性内容，同时增加选择性必修模块，可以根据学生实际学情进行选择性学习。例如，对数学基础较好，接受能力较强，并且喜欢研究数学的学生，就可以通过选修模块进行高中数学延伸课程的学习。这种选择性必修的模式充分考虑到了学生个体的差异性，转变了传统的"大水漫灌"式教育模式，使学生可以根据自己的接受程度、兴趣爱好，选择不同的学习方式。这种模式充分体现了新课改"以生为本"的教学理念。

（4）新课改理念下更关注教师自身素质的提升

高中数学传统教学理念都是以教师作为教学的主体，在教学过程中，教师主要根据教案及课程安排进行教学设计，教学模式单一，教学方法陈旧。当然，在传统的教学模式中，教师基本能够在计划内完成教学任务，但是并不能保证高质量教学。新课改下，教学理念发生了巨大转变，教学活动要求以学生为中心。因此，教师在教学过程中需要充分考虑学生的实际学情，了解学生们的兴趣爱好，以此为基础进行课堂教学设计，创新教学方法，丰富教学模式，以激发学生的数学学习兴趣。这对教师自身的综合素质提出了更高的要求，不仅要求教师不断提升自身的专业水平，同时还要求教师加强教学心理学、文化素养等方面的学习与提升，这样才能更好地满足新课改要求，落实新课改下的教学理念。

2. 新课改理念下高中数学课堂教学实践路径

（1）明确教学目标，优化数学课堂构建

课前教学准备是教师课堂教学实践的重要环节。在传统的高中课堂教学中，教师备课往往是根据教学大纲和教材内容确定课堂传授的知识点，在实际教学中，通过灌输式教学进行复杂的数学知识点和公式的讲解，再运用题海战术加强学生对知识点和解题方法的掌握。这不仅无法发挥学生主体作用，制约学生全面发展，还会造成学生学习困难，甚至引发学生对数学的畏难心理，偏离数学教学初衷。在新课改理念下，教师在课前准备阶段，需要及时转变教学理念，构建知识与技能、过程与方法、情感态度与价值观全面的、明确的教学目标，并根据教学目标细化构建课堂教学各个环节，在确定课堂知识点教学的基础上，优化教学策略，创新教学手段进行知识点的传授，做到丰富有趣，能够激发学生兴趣、引发学生思考、调动学生积极性，充分发挥学生的主体作用；同时在教学过程中重视让学生掌握数学思想和数学方法，培养学生数学思维和数学素养，从而引导学生全面发展，实现优质、高效数学课堂的构建，让教学更加顺利地进行。

（2）课堂引入中创设情境，调动学生主观能动性

课堂引入是决定课堂教学成败的一个关键环节，好的课堂引入能够在课堂教学伊始，就激发起学生对数学知识探究的欲望，调动学生学习的主观能动性，自觉投入课堂学习中，从而有效提高学生的课堂参与度，使其真正成为课堂教学活

动的主体。教学情境是容易引起学生情感共鸣，激发学生学习探究欲望的有效教学手段。在高中数学新课导入中，教师可以运用情境创设的方法引入，在新课开端为学生提供良好的学习体验，吸引其自觉投入、自主探究，发挥课堂主体效能。

例如，教师在进行"向量"概念教学时，可以通过创设情境，引导学生通过实际体验进行概念的抽象，从而更好地理解"向量"并对其产生兴趣。在教学的情境引入中，教师可以从生活实例中提取信息创设生活化情境，例如，让学生观看拔河比赛中中间标志的移动，当中间标志向任何一方偏移一定距离后，即可判定胜负。引导学生思考怎样表示标志的移动，从中能够直接看出哪一方胜利。通过实际问题激发学生的探究欲望，更好地理解向量是既有大小又有方向的量。

（3）小组合作探究，培养学生数学能力

在新课改理念下，以学生为中心是教师开展教学活动的根本要求，也就是让学生成为课堂的主体，将更多的课堂时间交还于学生。小组合作探究模式在数学课堂中的应用具有极高的价值，既可以发挥学生主体作用，又可以引导学生实现数学知识的掌握和数学能力的发展。在高中数学课堂教学中，教师需要找准学生进行小组合作探究的点。引导学生通过独立思考，运用逻辑思维对知识形成过程产生怀疑，将学生自主探究产生的问题或想法作为小组合作探究的起点与教师教学点拨的落脚点，从而使学生进行有价值的小组合作探究，真正实现数学逻辑思维、数学探究等各方面能力的发展。例如，教师在进行《正弦函数的图象》一节内容的教学时，教师可以组织学生进行小组合作探究。按照组间同质、组内异质的原则对学生进行分组。在教学过程中，教师可以先引导学生探究用描点法画正弦函数图象的方法，并运用课件演示正弦函数图象描点法作图的过程，引导学生得出正弦函数是周期函数，且最小正周期为 2π。然后，教师提出"描点法作图精确，但实用性不高，怎样能够快速画出正确的正弦函数图象呢"，根据问题组织学生进行小组合作探究，找出正弦函数图象的五个点，并能够运用"五点法"快速画出正弦函数的大致图象。

（4）成果展示分享，深化学生数学理解

学生在进行小组合作探究后，进行成果展示与分享也是课堂学习中的一个重要环节，能够帮助学生加强对数学知识的理解，突破重难点知识，掌握数学知识和数学方法，形成数学思维和数学情感。在成果展示分享中，遵循"先听后讲"原则，由各小组发言人分享小组讨论成果，并分享讨论过程中遇到的困难和争议问题，以及解决路径，小组成员的认识变化等，然后总结学生进行小组合作探究的成果，教师进行补充与客观评价，并针对各小组出现的共同问题及知识重难点进行详细解析，其中渗透数学思想与数学方法，从而帮助学生突破重难点，加强对数学知识的理解与掌握。

例如，在上述问题中，学生在完成小组合作探究后，教师需要为各小组提供成果交流展示的机会。各小组根据自己的探究成果，分享在小组探究过程中是怎样验证"五点法"作图更加简便快捷的，在画图过程中采取了什么样的操作步骤等。然后，教师根据学生的小组探究成果进行总结分析，引导学生看到知识点之间的联系，形成知识的重组与迁移，明白"五点法"如何列表，怎样画出图象。在师生交流互动中，学生通过直观感受与动手实践，既可以掌握知识，同时也能够感受正弦函数图象波形曲线的流畅与对称之美，增强学生的学习体验，加强对正弦函数的理解与掌握。

（5）及时跟踪检测，引领学生总结提升

跟踪检测是通过对学生课堂学习成效的考查，及时查漏补缺，引导学生对知识进行全面掌握。跟踪检测主要通过习题实现，教师要在充分了解学生实际学情的基础上，为学生设计具有层次性、针对性、综合性的检测试题，并通过让学生说题及书面习题练习的方式完成，调动学生手、口、心、脑的全面参与。同时，在作业处理中，教师可以增加小组成员互批、组间交换批改等方式，使学生参与到作业处理环节中去，了解同学易错点，加强自身的查漏补缺能力，全面总结提升，提高数学知识的学习效率。

例如，教师在完成"向量的加法和减法"教学后，可以根据教材中的练习，要求学生根据自己的掌握水平进行书面习题练习，然后以学习小组为单位，进行练习习题批改。其中，第1小题的化简，题目简单，学生基本都可以完成；第2小题的求证，学生可以通过自主探究，交流学习完成；第3小题相对难度较高，教师可以将其作为说题任务，下达到各个学习小组，小组成员通过交流探讨，针对题目进行说明。在说题的过程中，学生可以综合运用本课的教学知识点，从而加强对知识的总结与运用提升。

以学生为中心是新课改的核心理念，高中数学教师在课堂教学中，要重视采取多元化教学手段，真正将课堂交还于学生，充分调动学生的主观能动性，使其在参与课堂学习过程中，获得知识、能力、素养的全面发展，从而真正实现数学教学人才培养目标。

第二节　信息化技术与高中数学的整合及理论

一、将信息技术与高中数学教学整合的重要意义

（一）将抽象知识形象化，便于学生理解

高中数学教学内容与初中数学相比难度大大增加，对学生来说，高中数学枯燥乏味、抽象难懂，这是大部分高中生数学成绩难以提升的主要原因。学生无法充分掌握高中数学的知识点，解题时困难重重，长此以往，学生的学习兴趣就会降低，甚至失去学习数学的主动性和积极性，教学质量也会随之下降。

将信息技术与高中数学教学整合起来，就可以使抽象知识形象化，降低学生的学习困难。信息技术的运用不拘泥于一种方式，应该是多样化的，既可以用图片进行展示，也可以用视频、动画或音乐进行展示。教师充分将信息技术与数学教学进行整合，使抽象的数学知识变得直观、具体、形象。这样就能使学生对所学知识加深印象，有助于学生在课后对知识点进行复习。信息技术与高中数学教

学整合，还可以提高教师的课堂效率和学生的学习效率，使高中数学教学更好地达到预期的教学目标。

（二）激发学习兴趣，增强学生的自信心

由于高中数学难度较大，在传统的教学模式下，知识呈现的方式乏味、无趣，学生对数学的学习兴趣难以提高。在这种情况下，教师再怎么帮助学生解决数学问题，学生的数学成绩也难以达到理想的效果。将信息技术和高中数学教学整合起来，就可以在很大程度上解决这个问题。在高中数学教学过程中，充分利用信息技术，使难以理解的数学知识变得生动、有趣，不仅可以大大降低高中数学知识的理解难度，还可以充分激发学生对数学的学习兴趣和学习热情，调动学生学习数学的积极性和主动性。学生在学习高中数学的过程中，接受信息化教学，会更容易理解数学知识，培养数学思维，提高解题能力，在独立完成题目的过程中增强了自信心。

二、信息技术与高中数学教学整合的原则及对教师的要求

（一）信息技术与高中数学教学整合的原则

1.目的性原则

通过将信息技术与高中数学课程紧密结合，我们可以提升学生的数学素养，帮助他们更好地理解并应用所学知识。这样，就可以帮助学生们建立起自信，并且不断提升他们的数学水平。尽管传统的教学模式可以帮助学生发掘潜在的知识，但是利用信息技术，可以大大增强他们的思维能力，激发他们的创造性思维，为他们的发展打开更多的可能性。当今的数学教育越来越强调培养学生的逻辑思维能力，因此，尽管多媒体可以提供丰富的信息，但也应该谨慎地运用它，因为它也可能会带来一些负面的影响，例如，它可能会让学生感到厌烦，或者让他们感到困惑，甚至把他们的注意力放在其他事物上，从而阻碍他们的探索精神和学习热情。因此，教师应该谨慎地运用多媒体，以免给它们带来不良的后果，从而影响他们的学习效果。应当以合理、公正的方式进行利用。

2. 全员全程性原则

为了使信息技术得到最大程度的发挥，我们应当鼓励学生积极参与，并且在课堂上给予充足的支持，以便他们可以更好地掌握信息技术。同时，我们也要把信息技术融入教学设计、课堂教学和课外学习，使其成为学生实践的重要工具。采取全方位融合信息技术的教育活动，不仅可以充分利用资源，达到最优的效果，还能为所有参与者带来实质性的收获，激励他们不断成长，增强综合素质，实现个人价值。

3. 简单性原则

在保证教学质量的同时，简单性原则强调尽可能使用简单易用的信息技术。高中信息技术可以分为两类：基础信息技术和教育信息技术，其中包括计算机、教学软件和与数学教学相关的网络资源等。教师在使用多媒体进行教学时，应尽量选择简单易懂的方式，例如，在计算过程中，可以利用计算器来帮助学生计算，而不必依赖于复杂的多媒体工具。总之，简单性教学就是通过最简单的方式来实现最佳的教学效果。

4. 和谐性原则

"和谐"这一理念强调了数学与信息技术的结合原则，即它们必须彼此独立、协调、共同发展。这种结构也表明，技术应该被视为数学教学的核心。换句话说，在数学课堂上，应该根据实际情况灵活运用各种技术，但不能把它们当作唯一的手段。

（二）信息技术与高中数学教学整合对教师的要求

1. 教学方式上的调整要求

随着科技的发展，信息技术已经成功地应用于数学课堂。同时，教育的发展已经突破了传统单一的教材模式，而是采用更加先进的多元化的教学方法，如语音、文字、图像、视频等，以此来激发学生的兴趣，提升他们的学习效果，并且也培养出更加专业的教师。除了传统的课堂，教师还可以利用互联网技术收集各种有趣、创意的教学资源，使得课堂气氛变得生动有趣。

2. 教学结构上的调整要求

通过信息技术，学生可以获得更多的学习资源，从而提高学习兴趣。因此，教师应该积极改变数学课堂模式，为学生提供更具真实性和多样性的教学方式，为他们提供更广阔的思维空间和真实的认知情境，鼓励他们主动探索数学知识。教学方式的变革中心在于重新定位课堂活动的重心，即不再依赖教师的讲授，而是让学生主动探索。

三、信息技术与高中数学教学整合存在的问题及发展建议

（一）信息技术与高中数学教学整合存在的问题

1. 教师在高中数学教学与信息技术整合过程中存在的问题

部分学校和教师沿袭传统教学模式的时间过长，对整合信息技术的教学方式还存在适应问题，教师的信息技术能力也存在差异，部分教师还不能熟练操作信息处理软件，自己制作网络课件、使用信息技术教学等方面的技术还不够，对于PowerPoint、Word、Excel、Internet等办公软件及网络工具还不够熟悉，即使部分教师能够熟练使用，对于较为复杂的工具，如"几何画板""Z+Z智能教育平台""TI图形计算器"等的使用水平也不佳，不能开展丰富的信息技术教学活动，影响了高中数学教学与信息技术的整合。而且，很多教师对于使用信息技术进行数学教学还存在疑问，不能认识到运用信息技术的优势，因此对于其在课堂上的运用缺乏积极性，甚至认为将高中数学教学与信息技术整合在一起，是为了丰富课堂内容，而非真正对教授数学知识有帮助。因此对于信息技术的运用流于表面，学生自然不能获得较大的帮助，也影响了课堂的教学效率。

2. 学生在整合信息技术高中数学学习中存在的问题

部分学生受传统教学模式影响，对整合信息技术与高中数学教学课堂缺乏了解和重视，也容易产生诸多问题。首先，学生容易不适应高效率的信息技术课堂模式。传统教学以教师板书为主，会给学生较多的空余时间，学生可以利用这一段时间思考、消化学习内容，或获得短暂的休息。而将信息技术整合到高中数学

教学中时，教师利用信息技术授课，板书时间减少，部分学生没有充足的时间理解复杂的课堂内容，等到自己消化了学习内容后，又跟不上教师的讲课进度了。信息技术固然能提高课堂效率，能让学生在短时间内学习到更多知识，但如果教师不能结合学生实际，对学习内容只注重了广度，而失去了深度，会让学生难以及时吸收，或是看似已经消化课堂内容，最终却流于表面，在课后就会忘记了大半。这样不利于课堂效率的提升，反而会产生不利影响。

（二）信息技术与高中数学教学整合的发展建议

作为高中数学教学的践行者，数学教师需要认识到自己的教学职责，并将教学优化作为自身进行教学研究的主要方向。在当前，随着信息技术的发展，信息化教学工具逐渐成为教师开展教学的主要工具，相应地，如何利用信息技术教学工具开展更加有效的数学教学就成为数学学科教师所要研究的重要内容。

1.在信息技术的支持下增加教学内容

在传统的教学模式中，教师会受到黑板的限制，在黑板上教师能演示的东西是有限的，操作起来不仅费时间而且很不方便。当信息技术与高中数学课程进行整合后，教师可以利用信息技术进行人机互动，将演示内容生动形象地展示在学生面前，这样教师就可以节省很多演示的时间并将这些时间用于拓展知识的讲解。教师可以利用多媒体将有关联的旧知识在课堂上进行同步展示，有效地帮学生进行知识回忆。当鼠标点击标记点后，相关的旧知识就能弹出来，学生就可以一边复习旧知识一边学习新知识。如在知识推导环节，很多推导环节教师难以直接在黑板上进行演示，但是只要教师在旁边放上相关的链接，演示过程就会弹出来。课堂上的时间是有限的，教师利用黑板进行演示耗费时间，因此在课堂上进行全部过程的演示是不现实的，多媒体就可以解决这一问题。教师可以将需要演示的过程在备课环节就放在多媒体上，这样教师在上课时就会更加顺利。学生在课堂上学习的知识容量对学生的可持续学习成果有非常重要的影响。准备少了学生学习的知识会变少，这不利于提升学生的学习质量；准备的太多学生吸收新知识会有一定的负担和压力，这反而不利于提升学生的学习效率。教师可以在电脑上设计几个链接，当图形发生变化时题目也会随之发生变化，这样不仅可以在一定程度上增加题型，教师还可以根据学生的学习进度实时调整课堂进度。在最后阶段将本节课的知识点推上最重要的位置，选择一个较难的题目，这样可以照顾不同层次的学生。

2. 拓展教学内容，开阔学生视野

随着素质教育的深入，在高中数学教学中培养学生数学综合素养，提升学生的数学核心素养，促使学生全面发展已经成为最重要的教学目标。因此，作为一名新时期的高中数学教师也应该具有长远的教学眼光，打破原有教学模式的局限性，利用互联网信息技术收集与教学内容有关的教学资源，使教学具有连贯性和可持续性，让学生通过高中数学教学得到综合能力的提高，实现全面发展。例如，在引导学生探究《等差数列》一课时，高中数学教师就可以在学生掌握等差数列概念、特点以及通项公式的推导过程与思想方法等知识内容后，利用微课为学生布置课后练习题，并在课后练习题中适当地涉及一定的等比数列知识。并鼓励学生在课后时间利用网络检索此类问题的解决方法，从而促使学生在自主学习过程中结合等差数列通项公式的推导思想，对等比数列进行推导。在此过程中，教师还可以利用大数据为学生构建课后学习交流平台，引发学生的思维碰撞。除此之外，教师还可以将微课教学这一信息化教学技术运用到课前预习和课后的总结中，借助网络方便、快捷等教学优势，为学生布置相关学习内容和课后作业，从而在提高课程教学效率的同时帮助学生更好地完善知识结构体系。

3. 利用多媒体技术，构建趣味的教学导入

有效的教学导入设计可以激发学生的学习兴趣，让学生更加主动地投入学习之中。在过去的教学中，教师对教学导入的关注程度较低，所以设计的教学导入也缺乏有效性，这使得学生的学习动力不能得到保障。在当前，为了实现学生学习动力的有效激发，教师就可以借助信息化教学工具来对教学导入环节的设计做出调整，构建更加完整且有效的趣味导入环节。为了做到这一点，教师需要利用备课环节做出研究，就本课的知识内容构成进行分析，进而选择合适的教学导入

方法，并做出相对应的展示。例如，在进行《集合》这一节的教学时，教师就可以结合本课的实际内容，利用多媒体展示的方式构建教学导入。在教学准备环节，教师需要先对本课的内容进行分析。通过分析可以发现，本节的教学内容主要为集合的概念教学和元素与集合的关系展示。相应地，在教学导入的设计上，教师可以围绕集合内容做拓展，将实例展示作为教学导入的方式。

4. 丰富课堂教学方式

将信息技术融入数学课堂中，更多地体现在教学方式的丰富性方面。一方面，通过课前的引导，让学生带着问题进行思考，属于探究式教学的新模式，更易于学生通过自主思考获得知识，从而对知识的理解和记忆更加深刻，并且在不断的训练过程中，让学生养成自主学习、自主思考的习惯，从而对数学教学起到事半功倍的效果；另一方面，通过信息技术，学生可以在共享平台等资源库中自由搜索答案，这种获得感是传统教学中无法体验到的。以上这种方式，正是满足以学生为主体的教学新思路。

作为一名新时期的高中数学教师要认识到将信息技术融入教学过程的重要性，不断地提高自身的信息技术应用水平，积极地创新与实践信息技术在教学过程中的应用方法，从而充分发挥信息技术的教学优势，提高高中数学的教学效率。

四、信息技术与数学教学深度融合的理论基础

当代数学教育研究领域已经突破了传统的"三论"——数学课程论、数学教学论和数学学习论的范畴，还包括数学教育评价、数学教育技术、数学教师教育、数学史与数学教育、数学资优教育、数学教育哲学等。其中，数学教育技术是一个方兴未艾的领域，主要研究现代数学教育技术的开发、使用和评价的理论与实践问题。具体涉及信息技术与数学教学深度融合的基本理论研究，现代数学教育技术（如 GeoGebra、几何画板、网络画板、图形计算器等）在数学教与学中的应用研究，信息技术与数学教材深度融合的比较研究，信息技术支持的数学跨

学科教学研究，数学教育技术使用效果的评价研究，人工智能背景下的数学教育研究等。

随着时代的发展，现代数学教育技术在我国中小学数学课堂中的应用越来越广泛。然而，相关理论研究的缺失在一定程度上影响了数学教育技术功效的发挥。20世纪90年代以来，学习科学研究的蓬勃发展为数学教育技术研究提供了理论基础。从学习科学的视角出发，介绍数学教育技术的相关理论，探讨"怎样用技术促进有效的学习"这一问题，为信息技术与数学教学深度融合提供理论支持。

（一）活动理论和认知负荷理论

活动理论为深度融合信息技术的数学课堂教学提供了理论框架，而认知负荷理论为判断信息技术工具设计和运用的合理性提供了基本依据。

活动理论的基本框架如图5-1所示，它包括主体、客体、工具、规则、共同体和分工等基本要素。根据活动理论，在分析深度融合信息技术的数学课堂教学时，要关注作为主体的学生如何使用信息技术工具完成相关的数学任务、掌握相应的数学知识。在此过程中，也要关注学习共同体中的其他成员——教师或其他同学分别发挥的作用，以及学习共同体内部遵循的活动规则。

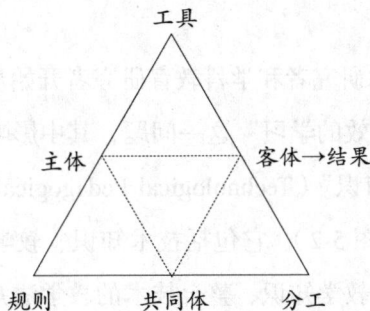

图 5-1 活动理论示意图

在分析信息技术工具设计和运用的合理性时，可以采用认知负荷理论。对于一个深度融合信息技术的数学课堂环境，在学习者和学习任务已经确定的情况下，要恰当运用信息技术减少外在认知负荷，增加相关认知负荷，即发挥注意分散效应、感觉通道效应、瞬时信息效应、信息冗余效应、分离元素效应、想象效应、集体工作记忆效应等认知负荷效应在此过程中的重要作用。例如，基于注意分散效应，教师要把一个数学问题的互补文字和图形信息放在同一个界面上，并且不要相距太远；基于感觉通道效应，教师可以借助信息技术同时呈现包含相同信息的声音和图片或同时呈现声音和文字，但不宜同时呈现相同信息的图片和文字；基于瞬时信息效应，教师要在黑板上写下重要的数学内容（例如，定理、公式或法则等）；基于信息冗余效应，教师不应在界面上同时呈现两种相互包含的、不必互相参考就能够理解的信息，也不要在界面上呈现一些与所讲授的内容无关的信息；基于分离元素效应，教师不应把所有内容一次性呈现在界面上，而要按顺序依次呈现相关内容；基于想象效应，教师在演示某种技术操作之前，要留给学生思考的时间；基于集体工作记忆效应，教师可以组织学生以小组为单位开展计算机支持的协作学习等。

（二）TPACK 理论

数学等学科教师除了具备各科通用的信息技术知识以外，还应该具备学科教育技术知识。例如，GeoGebra、几何画板、网络画板等数学教育技术的基础知识和基本操作技能。然而，研究者普遍认为，单纯拥有技术知识并不能确保教师把课上好。

21 世纪初，教育技术研究者和学科教育研究者开始从教师所掌握知识的角度探讨"怎样用技术促进有效的学习"这一问题，其中影响较大的教师知识框架是"整合技术的学科教学知识"（Technological Pedagogical Content Knowledge，简称"TPACK"）框架（见图 5-2），它包括技术知识、教学法知识和学科内容知识三类核心知识，以及学科教学知识、整合技术的教学法知识、整合技术的学科内容知识和整合技术的学科教学知识四类复合知识。此外，还有一类知识为"境脉知识"。

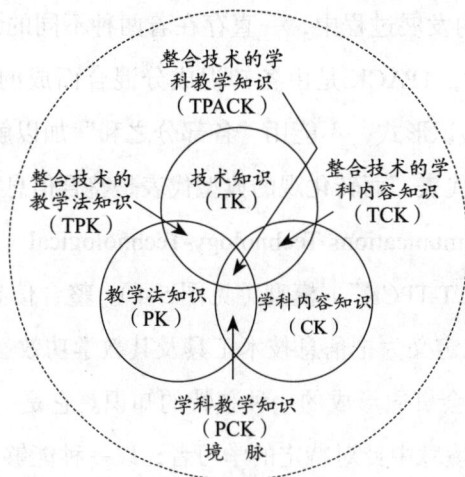

图 5-2 TPACK 框架

TPACK 框架对于设计技术支持的教师专业发展项目有指导作用，但在具体的课堂教学中应用起来并不方便，随后提出了 TPACK 核心要素模型（见图 5-3），用于刻画教师在课堂中使用信息技术进行有效教学时所需要的核心知识成分。它包括以下四个核心要素：一是信息技术与学科教学整合的统领性观念；二是信息技术与学科教学整合的课程资源和课程组织知识；三是信息技术与学科教学整合的教学策略和教学表征知识；四是信息技术与学科教学整合的学生理解和学生误解知识。

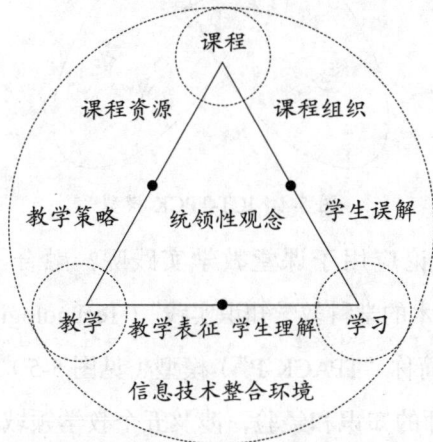

图 5-3 TPACK 核心要素模型

145

在 TPACK 理论的发展过程中，一直存在着两种不同的认识论——整合观和转化观。整合观认为，TPACK 是由各知识成分混合而成的；而转化观则认为，TPACK 是一种新的知识形式，不能用"各部分之和"加以解释。TPACK 框架被认为是整合观的典型代表，而转化观的典型代表是整合信息技术的学科教学知识（Information and Communications Technology-Technological Pedagogical Content Knowledge，简称"ICT-TPCK"）模型（见图 5-4）。整合信息技术的学科教学知识（ICT-TPCK）可以定义为把信息技术工具及其教学功效、教学法、学科内容、学习者和境脉知识融会贯通形成的一种独特的知识。它是一种转化的知识体系，是有关如何在特定的境脉中针对特定的学习者，以一种能够彰显信息技术附加值的方式转化学科内容和教学法的知识，它也是教师为了使用信息技术进行有效教学而需要发展的能力。

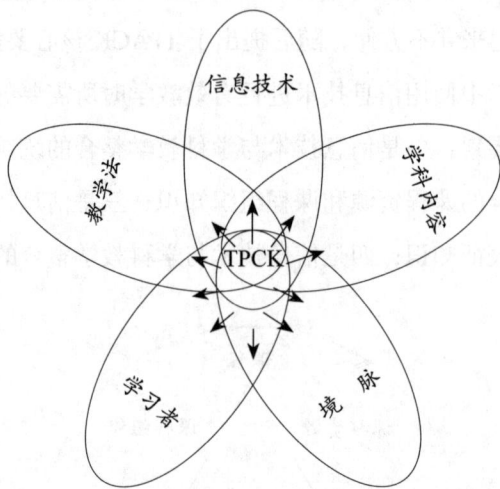

图 5-4　ICT-TPCK 模型

如何将 TPACK 理论应用于课堂教学实践呢？融合了 TPACK 框架和 ICT-TPCK 模型的"整合技术的学科教学知识实践"（Technological Pedagogical Content Knowledge-Practical，简称"TPACK-P"）模型（见图 5-5）为此提供了行动指南。该模型同时考虑了教师的知识和经验，涉及五个教学领域（学习者、学科内容、课程设计、课堂教学、评价）和八个知识维度（使用信息技术理解学生、使用信息技术理解内容、设计信息技术融入的课程、使用信息技术表征、使用信息技术融入的教学策略、信息技术融入教学管理、信息技术融入教学境脉、使用信息技术评价学生）。在课堂实践过程中，教师首先需要考虑如何借助信息技术工具的功效，把学科内容转化成强有力的教学表征形式；然后考虑如何调整这种教学表征，使之与学习者的特定需求相匹配；接下来需要在课堂中运用各种教学方法和教学策略进行教学。

图 5-5 TPACK-P 模型

（三）STEM 教育理论

近年来，以 STEM（Science，Technology，Engineering，Mathematics）教育为代表的跨学科教学和学习方式受到教育界的空前重视。究竟什么是 STEM 教育？目前学术界并没有形成统一的认识。我们认为，STEM 教育是一种涉及科学、技术、工程和数学等学科领域的教学和学习模式，它包括分科式 STEM 教育和整合性 STEM 教育。其中，分科式 STEM 教育包括分学科 STEM 教育和多学科 STEM 教育；整合性 STEM 教育包括跨学科 STEM 教育和超学科 STEM 教育。

在上述 STEM 教育模式中，跨学科 STEM 教育模式尤其值得关注。在实践探索的基础上逐渐形成了一种动态数学环境支持的跨学科 STEM 教学模式（见图 5-6）。

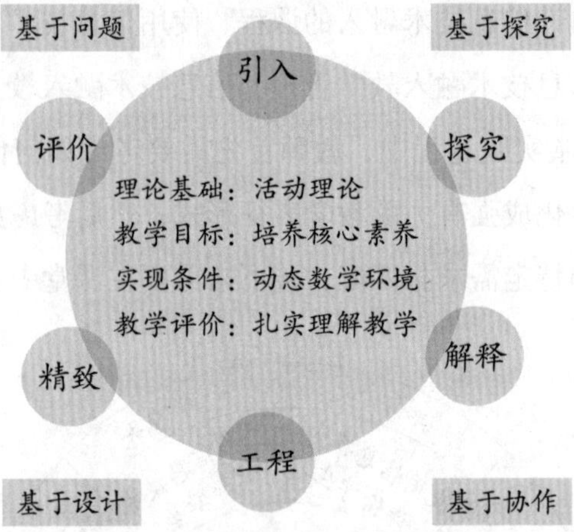

图 5-6　动态数学环境支持的跨学科 STEM 教学模式

动态数学环境是一种方便用户创造数学对象并且对其进行动态操作的计算机环境。主流的动态数学环境包括 GeoGebra、几何画板、卡氏几何画板、网络画板等软件，以及嵌入了相关软件的硬件设备和网络环境。动态数学环境支持的跨学科 STEM 教学模式，以活动理论为理论基础，以培养核心素养为教学目标，以"引入—探究—解释—工程—精致—评价"为操作程序，以动态数学环境为实现条件，以扎实理解教学框架为教学评价工具。基于问题的学习、基于探究的学习、基于设计的学习和基于协作的学习是动态数学环境支持的跨学科 STEM 教学的关键特征。

"促进教师跨学科教学能力提升"是教育部实施"全国中小学教师信息技术应用能力提升工程 2.0"的主要措施之一，要求"发掘中小学基于信息技术支持的跨学科教学优秀经验""开展信息技术支持的跨学科教学培训""打造一批基于信息技术开展跨学科教学的骨干教师"。可见，在实践教学中，"信息技术"和"跨学科"是 STEM 教育的精髓。因此，我们提出"以信息技术支持的跨学科教育为切入点，培养社会需要的创新型人才"的主张，而动态数学环境支持的跨学科 STEM 教学模式为数学教师的跨学科教学提供了行动指南。

数学教师怎样用教育技术促使学生进行有效的数学学习？一方面，应该坚持

"有所为，有所不为"。也就是说，当面临一个需要讲授的数学课题时，先要考虑它是否适合使用技术进行教学，哪些具体的知识点可以实现信息技术与学科教学的深度融合。对于没有必要使用技术进行教学的课题，应该坚持使用传统的教学手段进行教学。对于确定使用技术进行教学的课题，要选取恰当的信息技术工具和资源，认真分析它们的教学潜能。在课堂教学中采用恰当的教学配置和整合模式，遵循合理的教学规则，开展有效的课堂交流活动。另一方面，应该坚持"理论引路"。活动理论、认知负荷理论、TPACK 理论和 STEM 教育理论等为数学教育技术研究提供了宏观理论基础，为信息技术与数学教学的深度融合提供了理论指引。中小学数学教师应该掌握基本的数学教育技术理论，将其应用于信息技术支持的数学教学设计、实施和评价的过程中；通过实践检验并发展这些理论，促进我国信息技术与数学教学的深度融合和创新发展。

第三节　促进信息化技术与高中数学有效整合的策略

一、高中数学信息化教学中存在的问题及解决途径

（一）在高中数学教学中信息化教学存在的问题

在高中数学课堂上，利用信息化设备可帮助学生在信息化的基础上掌握知识点，在学习过程中，让学生进行多元训练，学生可以将抽象、晦涩难懂的数学知识转变为形象易感的数学知识。在高中数学教学中，信息化教学存在的问题如下：

1.部分数学教师教学水平较低

教师在课堂上发挥着引导者的作用，因为高中数学知识较难，学生在课堂上完成自学的任务目标基本不可能，作为主要指挥官的数学教师的水平直接决定了学生对数学知识的掌握程度，数学教师的教学技能影响教学的成果。在实践教学中，一部分数学教师存在着教学水平较低，能力不足的现象，在信息化教学的过

程中，没有足够的精力去做课件，由于教师不具备制作课件的水平与能力，导致信息化教学的开展非常困难。

2. 信息化教学整合存在偏差

数学教学与信息化二者之间的整合程度与数学信息化教学的优势是否得到发挥密切相关。抓住新课程改革的优势，就要对有关信息化教学的信息进行整合，提升教学的完整性与有效性，打造高质量的课堂体系，但在具体过程中，教师往往过于形式化，认为只要在课堂上用多媒体进行教学，那么就完成了信息化教学的目标，这种方式导致学生没有意识到信息化教学给他们自身带来的益处，同时，信息化教学的优势得不到发挥。数学教学的变革有利于学生在课堂上的发展，但传统教育模式的应试教育仍然存在，要突破传统教育的局限，离不开以核心素养为指导。但是，对信息化教学信息的整合存在着偏差，导致应试教育的影子仍然存在，信息化教学的益处得不到体现。

3. 数学理论内容占比较高

高中数学课程的学习要求学生具备较高的逻辑思维能力，理论与实践二者的结合也十分重要。学校都制订了教学进度，一部分数学教师在能力不足的情况下，为了使自己的教学进度与学校规定的教学进度持平，过于重视教学理论，而没有重视教学实践。教师将课堂全部时间都运用在讲解理论知识上，学生并没有实践的机会。数学这门学科是在实践的过程中发展的，学生在学习的过程中，也需要在实践中进行感悟，但在实际教学过程中教师过于注重理论，忽视了学生自身的理解，学生的核心素养能力不能够很好地养成。

（二）在高中数学课堂上进行信息化教学的策略

1. 以核心素养视野为基础，融合信息技术

将核心素养作为课堂构建的重要目标，以核心素养视野为基础，培养学生的综合事业以核心素养为出发点，运用信息化设备进行教学，在融合信息技术的基础上，培养新时代的高中生。在新时代教育发展的要求下，学生的主体地位应当得到高度重视，对学生们的学习状态进行引导，指导学生的学习方法，让他们真

正掌握数学知识，引导学生培养核心素养，塑造他们的能力。教师应改变思想陈旧的现状，培养学生的综合能力，主动探索信息化设备，培养学生的核心素质，要想得到高效课堂，就必须改变传统的教学理念和思维方式，真正以核心素养视野为根本，重视核心素养的重要性。

2.改变传统教学思维，发掘学生核心素养潜力

构建高效课堂必须改变传统的教学思维，运用新式教学思维，以此为基础，学生才能对核心素养有更加深刻的理解。在教学过程中，通过运用信息化设备能够冲击教师固有的教学理念与教学思维，数学教师可以突破传统思维的局限，融入新的教学理念。利用多媒体技术融入新式教学理念，教师需要在课堂上控制好理论知识的传授时间，对实践时间与讲解时间进行合理安排，合理控制使用多媒体技术的时间，以此为基础，探索高中数学信息化教学的进程。

例如，在教授"集合和函数概念"时，教师可以运用多媒体设备输入集合和函数的关系及其概念等，用文字表述的方式让学生们能够进一步的理解，同时，也可通过图片、视频等方式让学生们对集合和函数的概念有更加深刻的认知。通过图片和视频，学生们能够从静态的课本中直观理解所学习的知识点，了解二者之间的关系，掌握知识点。在使用信息化设备时，要注重课堂上时间比例的合理分配，当学生对内容有了理解后，就可以教授理论内容，理论内容与多媒体技术的应用时间占比基本持平，接下来，教师就需要对课本中的重点、难点进行讲解，在讲解时，如果学生们无法进行理解，那么可以让学生通过观看视频的方式进行学习，教师也可以利用多媒体让学生掌握更有效的学习方法。在课堂上，通过多媒体展示让学生进行实践操作，教师发挥引导者的作用，提高学生学习效率与学习质量，帮助学生构建核心素养。

3.展示数学教学的形象性，提升学生理解和吸收知识的能力

高中数学知识对学生的逻辑思维能力和空间想象能力有着很高的要求，而传统的教学模式，并不能实现构建学生空间想象能力的目标，无法让学生很好地吸收知识点。在具体教学过程中数学知识与符号和图形密切相关，那么学生便不能

很好地进行学习，如果运用多媒体技术，可以对数学知识进行更为形象的展示，发挥出多媒体构建动态数学知识的作用，帮助学生进行更好的理解和吸收。信息化设备教学能够突破传统教学的局限，在传统教学中，教师只能静态呈现相关的知识点来引导学生进行空间能力的培养与探索，不利于学生对图形的变化等进行理解，而利用多媒体教学能突破教学过程中抽象的弊端，提升学生的学习效率，数学知识在动态色彩的辅助下，能够直观地展示，从而可以让学生更好地理解所学习的知识，进而提高数学教学质量。

4.提升教学水平，提升综合素质能力

高中数学教师应提升自身教学水平，一部分高中数学教师在教学的过程中会存在能力不足的现象，例如，由于不能制作课件，在课堂上无法运用多媒体向学生展示教学，这就导致学生无法对一些内容进行深入理解。在传统的教学过程中，教师只需要拥有良好的板书能力即可，而在新时代的教学中，在培养核心素养视野下，数学教师需要提升制作PPT的能力，需要提高操作电子集合画板的能力，当教师自身的综合素质能力提升时，在课堂上的教学便会得心应手，学生在此过程中也会以教师为榜样，然后引导学生对这些数学知识进行思考和探究，从而使课堂效果达到最佳。

5.运用形式多样化的教学方式，减少学生课堂负担

高中阶段的学习负担较重，在高中数学教学过程中，数学学习是一项难关，也是一座高山，学生要翻越这座高山，离不开数学教师的引导。在核心素养视野下，以提高学生学习能力和学习质量为主要目的，采用多样化的教学方式帮助学生更好地理解所学知识。数学中的笔记和公式较多，在传统数学教学的背景下，数学教师采用板书的形式让学生记录知识点，所以课堂形式比较单调，学生们的学习效果也未达到最佳，而在信息化教学的背景下，课堂单调的现象能够得到很好的改变，利用多媒体技术教学，可以通过PPT罗列相关知识点和内容，这样以系统直接的方式能够让学生更高效掌握所学习的数学公式。如果课堂上没有时间，学生可以在课下借阅教师所制作的PPT，让学生在更加和谐的氛围内进行学习。

在教授"概率"时，教师为了让学生理解随机事件，需要在多媒体上列举生活中的随机事件实例，通过这种方式能够帮助学生对身边出现的概率信息进行普及，为学生学习古典概型和几何概型打下基础。

6. 培养学生主观能动性，促进学生个性发展

在核心素养视角下，促进学生高质量发展，离不开学生主观能动性的发挥，世界上没有两片相同的叶子，对学生而言也是如此，要促进学生个性发展，必须以培养学生主观能动性为前提，在此过程中，不断训练学生，培养学生创新意识，培养学生数学思维。因此，应让学生在和谐的课堂中学习，让学生能够规范学习、主动学习、热爱学习；鼓励学生自我思考，为学生打造平台，教师抛出一个问题，需要留给学生思考的空间，对学生进行引导。此外，在培养学生个性能力的过程中，教师也需要注重课内外教学相结合，学生的学习思维的养成离不开教师的引导，同时也离不开自主思考，当学生看到一个题目时能够理解题目所表达的意思以及能从多种角度去考虑解题，解决问题需要大量训练，在训练时能够打破固有逻辑思维，教师应鼓励学生从各种不同的角度去解决问题，以培养学生的学习能力为出发点，重视培养学生的个性。

在学习"椭圆"的相关知识时，学生不仅要了解椭圆的特点，同时也需要将椭圆与双曲线相结合的意义进行了解，数学教师可以采用多种方式突破学生固有的思维模式，学生能够更加直观地发现数学知识点的奥秘所在，有助于教育教学的发展。数学是一门相对复杂的学科，当教师注重培养学生的个性能力时，学生能够化复杂为简单，在体验学习的过程中，使教学过程更加完善，提升学生的逻辑思维能力。

7. 重视学科探究活动的开展，激励学生自主思考

高中阶段的学生在学习数学时，必须具有一定的数学基础，教师需要针对不同基础的学生采取不同的教学方式，而开展学科探究活动是一种较好的数学方式。教师需要引导学生学习新的知识点，帮助学生对关键点内容进行理解，在开展学科探究活动时，教师需要设计有效的课堂问题，引导学生进行自主思考，自

主学习；按照新课改的要求，教师需对教材进行深入的挖掘，真正构建高效课堂，建造高效课堂体系。在开展学科探究活动时，教师可以采用分组的方式，让学生之间的互助关系能够得以养成；当学生能够展开深刻的学习活动时，学生就能从被动学习知识的角色转变为主动学习知识的角色；逻辑思维是学生学习数学需要具备的思维能力，教师运用信息技术演示工具可以培养学生相应的思维能力，推动课程变革，加强高效课堂体系构建，激励学生自我思考，打造具备融会贯通能力的学生，激励学生真正进行体验学习，为课堂教学信息化的数学策略推进教学方式，提升学生综合素质。

8.结合信息化资源解决重难点

利用信息化设备教学，能够从网上下载大量的教学资源，解决了以往数学教师教学资源单一的局限性，在构建信息化课堂教学体系时，需要发挥丰富教学资源的作用，对学生的学习情况进行检测，所以结合信息化资源可解决重难点问题，这打破了教师以往以现有知识储备为背景进行教学的方式，这种方式能够让学生突破课本的局限性。当学生能够对课堂内容产生兴趣时，他们的注意力便会被吸引，在这样的情景下，教师进行深入的知识点讲解时，学生能够更快地进入沉浸式学习。当面对重要类型的习题时，教师可以从网络上下载同类型的习题，让学生进行训练，让学生在对同类型题练习的基础上，对全新的习题进行讨论解决，帮助学生巩固知识点。教师需要拓展学生的思维，提高学生对所学知识的运用程度，帮助学生掌握重点和难点，巩固学生所学的知识，突破学生在学习过程中的难关，提高学生学习效率与学习质量，提升课堂教学效果，以核心素养为出发点，提升学生的全面素质。

丰富的信息化资源不仅能够帮助学生切实学习和体会多种题型的变化，同时也可以让学生了解更多的解题方法，意识到数学学习有多种途径方法，当学生能够对课内知识和课外知识融会贯通时，学生对重难点的态度便会发生改变，能够克服困难迎接挑战，这对提高高中数学教学质量是十分重要的，在此过程中，学生整合资源的能力，解决问题的能力等各种能力均可提升。

9. 合理规划理论实践课堂占比，提升学生核心素养能力

在高中数学教学课堂上，运用信息化教学，离不开教师对课堂时间的规划，在实际教学过程中，一部分教师往往会出现规划时间不恰当的现象，导致课堂上总是用多媒体设备。在新时代的背景下，要想培养学生的核心素养，所做的努力紧靠多媒体教学是永远不够的。教师需要合理规划板书与运用多媒体教学之间的时间比例，同时也需要合理规划理论知识的传授与实践练习的课堂占比时间，这才能够有效地提升学生的核心素养能力。近些年来，信息技术在教育领域中的运用越来越广泛，采用这种教学模式，不仅能够推动教育事业的发展，同时，也能够推动学生视野的拓展，高中数学教师应当根据不同的教学内容，对多媒体的运用时间、理论讲授与实践训练的课堂占比时间进行规划，例如，在学习函数时，教师就可以利用多媒体的教学形式，这主要是因为教师如果在课堂上通过板书的形式来画出各种各样的函数图象，会浪费大量的时间，而采用多媒体的方式，运用动态的多媒体辅助工具，可以让学生在较短的时间内理解函数的变化关系，了解幂函数等各种函数的形式特征，从而总结出知识点。这种方式不仅能够帮助学生对知识点进行感悟和理解，而且也能够促使学生对数学知识点有更深的感悟，提升学生的核心素养能力。

10. 运用信息化设备培养学生发散性思维与合作意识

利用多媒体技术培养学生发散性思维与合作意识，高中阶段的数学知识是比较抽象的，并且学生在学习的过程中容易感到枯燥，而运用信息化设备可以克服这些困难，同时信息化容易实现一题多解，从而让学生解题思路的开放性，灵活性更高。教师也可以通过运用多媒体的方式，在课堂上向学生展示有灵活性和技巧性的难题，可以在课堂上分设数学小组，让学生在合作的过程中解决问题，促使学生一题多解能力的提高，树立学生从多角度解决问题的意识，帮助学生更好的发展。学生在共同解决实际问题的过程中，可以真正实现共同发展，这与新课改的要求相符合，为学生的未来发展打下基础。

二、促进信息化技术与高中数学教学有效融合的策略

（一）情境创设，激发学生学习热情

对学生而言，在进行学习和探究的过程中，兴趣发挥着重要的推动作用，如果学生对所学的知识具有极高的学习热情，那么不仅教学效率能够在极大程度上得到提升，而且对培养学生的数学综合能力也能够起到非常积极的作用。换言之，高中数学难度和深度都得到了进一步的提升，学生在学习的过程中也更容易遇到难以理解的问题，在这样的情况下，只有产生浓厚的学习兴趣，对数学知识的探索保持热情的态度，学生的主动性才会得到最大限度的发挥，进而在数学世界当中不断进行探索与学习，更好地融入课堂当中，这也是培养学生核心素养必须关注的基础性环节。在传统的高中数学教学中，教师往往采用的都是口述加板书的方式，不仅学生理解起来存在一定的困难，同时也使得数学课堂缺乏趣味性，学生学习热情不高。高中教师应当对这一问题形成正确认识，结合实际的教学内容，探寻更加适宜的教学方法，向学生展示一个充满趣味的数学世界，让学生主动进行学习和探索。

例如，在"平面向量及其应用"这部分内容的教学过程中，会涉及平面向量的概念、运算以及基本定理等，只有学生对这些内容有全面的掌握，才能够更好地理解和应用这些内容。由于这部分内容本身具有一定的理论性，并且涉及计算，如果只是单纯地按照以往的教学方式，学生很容易感觉枯燥，从而思维难以集中在课堂上。为此，教师可以将平面向量的相关内容作为主题创设情境，以更有趣味性的方式将其展示出来，比如，可以发挥多媒体教学的优势，采用视频、动画模拟等方式，对图形进行直观的操作，从而将抽象的概念内容变换为直观的内容，帮助学生进行理解和掌握，同时，对锻炼学生的空间思维能力也有着积极的作用。

（二）问题引导，强化学生思维能力

高中数学的学习过程不是一个单纯的学习过程，而是在学习当中发现问题、

探究问题的解决方式并且最终给出解决方案的过程，虽然这个过程对学生来说存在一定的困难，但是对培养学生的数学思维是非常有益的，也是培养高中数学核心素养不可或缺的重要环节。教师在实际教学的过程中，也要认识到高中数学学习的特点，并且要与学生的基础情况和发展需求结合在一起，利用有效的问题进行引导。在这个过程中，教师主要发挥引导性的作用，不是只讲解自己的思路让学生去理解，而是让学生自己去尝试思考和解答问题。一方面，充分调动学生已经掌握的知识，将其应用于问题的解答过程；另一方面，也让学生在解答问题的过程中，学会自己归纳和总结知识，进而自己能够在数学的学习中发现规律，学会自己探究问题，并且能够采取有效的方式尝试解决问题，使得学生的思维能力得到强化，进而促进学生核心素养的发展。

例如，在学习"函数概念与性质"这部分内容时，由于函数是高中阶段数学学习的重难点，函数概念与性质是函数知识的基础，为了能够锻炼学生的自主学习能力，教师在进行教学时，就可以先将教学目标列举出来，并且提出相应问题，让学生带着问题进行自主学习。同时，针对教材当中给出的典型例题，教师要充分利用起来，不应当只是简单地一带而过，而是要鼓励学生积极发散自己的思维，调动已经掌握的知识，从不同的角度入手去寻找问题的答案。在这个过程中，学生可能会遭遇一定的困境，比如，解题的方向出现偏差，或者使用的方法存在问题等，教师也可以采用提出问题的方式进行适当的引导，确保学生的思路保持在正确的方向上。通过这种方式，不仅能够让学生获得良好的自主学习体验，同时，还能够让学生在自主完成学习目标的过程中获得成就感，并且灵活掌握问题的解决方式，对学生数学思维的形成具有积极的意义。

（三）合作探究，培养学生合作能力

合作能力不仅是现代社会人才的必备能力，同时，对高中学生而言，也具有非常重要的意义。首先，从高中数学知识的角度来看，进入高中阶段后，数学知识的难度有了极大的提升，在自主进行知识探究的过程中，学生很容易面临困境，这对保持学生数学学习积极性是非常不利的，而通过合作的方式，让学生在互帮互助当中达到思维的碰撞，能够显著降低学习的难度，帮助学生更好地探究数学知识。其次，从学生自身的角度来看，进入高中阶段后，面对着高考的压力，学生不仅学业繁重，同时也伴随着较大的学习压力，利用合作学习的方式，能够帮助学生与周边的人建立良好的合作关系，对培养学生的健全人格和综合素养也有着非常重要的作用，为此，教师在教学的过程中，可以结合具体的教学内容，适当为学生提供合作探究的机会。

例如，在学习"立体几何初步"这部分内容时，由于知识点具有一定的难度，知识点比较丰富，不仅有概念性的内容，也有需要学生具有一定思维能力才能够掌握的内容，想要学生实现全面掌握，学生之间就必须相互配合，教师可以基于学生的基础情况，对学生进行分组，按照基础知识水平、学习能力等进行合理的搭配，将小组成员的能力整合在一起，确保学习目标在合作的氛围中得以完成。以小组为单位对这部分的内容进行合作探究，还可以营造竞争氛围，让不同的小组之间展开竞争。在这个过程中，每一个学生的价值和作用都能够在小组合作的过程中体现出来，同时，合作进行知识探究的过程，也是学生思维互相碰撞互相交融的过程，能够让学生意识到合作的重要性，并且将合作共赢的观念深入学生内心深处，这不仅对学生现阶段的学习有着非常重要的推动作用，能够助力数学核心素养的形成和发展，而且对学生今后的发展而言，也是一种非常珍贵的品质。

（四）结合生活，提升学生应用能力

数学来源于现实生活，最终也要应用到现实生活当中去，这也就意味着如果教师在进行数学教学的过程中与日常生活相脱离，不仅很难实现良好的教学效果，而且也失去了数学学习的价值和意义。在新课改背景下，教学领域的教学观念也在不断发生转变，尤其强调在数学课堂中结合学生生活实际的重要性。实践证明，在高中课堂中引入生活化的元素具有非常重要的意义，能够改变学生对数学知识的固有认识。为此，教师要善于引进生活中的元素，包括可以利用生活当中的相关案例，使得数学教学不仅能在课堂上进行，而且也能够延伸到学生的日常生活当中，强调数学学习的实用价值。

例如，在学习"概率"这部分内容时，概率是一个与现实生活息息相关的数学概念，比如，天气预报预测的天气状况就是一个典型的概率案例。教师在实际教学中，就可以与现实生活当中的案例相结合，以"明天可能会下雨"为例，这是一个随机事件，如果天气预报预测下雨的可能性不大，很多人出门时就不会带雨具，而相反的，如果天气预报预测下雨的可能性很大，人们在出门的时候就会带上雨具。具体来说，如果能够明确随机事件发生的可能性大小，就能够帮助我们做出决定。引导学生对生活中的这样一些现象进行思考，探究这些现象出现的原因，然后可以引入概率的概念，从数学的角度对这些现象产生的原理进行讲解。通过与生活结合，学生具备了把数学知识与生活实际相结合的意识，让学生在生活中遇到相关问题时，能自觉运用已经掌握的数学知识进行解答，逐步培养学生运用数学知识解决生活实际问题的能力，这也是数学学习的本质和价值体现。

（五）文化熏陶，提升数学核心素养

从核心素养的角度而言，在进行培养的过程中，不仅要让学生形成理解数学知识的能力，能够借助数学思维去解决生活实际问题，也要让学生能够感受到数学的美感，理解数学的智慧，这样学生才能够真正体会到数学学习的魅力，在数学世界中进行更加灵活和自由的探索。虽然从表面上来看，数学学科中大部分都是一些概念性或者是抽象性的计算内容，但从实质来看，数学在人类文明发展过程中发挥着重要的作用，是随着历史的进展而形成和发展的，因此在数学学科当中蕴含着非常丰厚的文化内涵。但是结合现阶段数学教学的实际情况我们不难发现，很多教师在教学的过程中，更加侧重于数学基础知识的教学以及让学生掌握解题方法，而在一定程度上忽视了数学自身所具有的文化内涵。事实上，这也是导致数学课堂较为枯燥和沉闷的重要原因，学生在学习的过程中体会不到快乐，更多的是将数学的学习作为一种负担，这也就导致虽然教师耗费了大量的时间去进行教学，学生也努力地在学，但是取得的效果非常有限，在大部分学生的认识

159

当中，数学就是"枯燥""无趣"的代名词。针对此情况，教师在进行教学的过程中，要注重数学自身所具有的文化内涵，要营造数学文化氛围，比如，可以向学生讲解数学发展的历史或者数学知识的形成过程等，让学生受到数学文化的感染和熏陶，体会到数学的美。

例如，在学习"复数"这部分内容时，教师可以先不用急于讲解知识，而是可以先营造数学文化的氛围，给学生讲一讲复数的诞生过程，让学生了解数字背后的故事，包括卡尔达诺及笛卡尔在这一概念形成中做出的贡献等，让学生对复数的发展历史形成认识，并且受到数学文化的熏陶和感染，从而对复数这部分内容形成浓厚的探究兴趣，这对于后续教学的顺利开展是非常有益的。同时，通过在数学课堂中融入数学文化，可以让学生更好地体会数学之美，这也是学生数学核心素养发展当中的关键内容。

第六章 基于微信教学的高中数学微课有效教学

第一节 微信教学产生的背景及现状

一、微信公众号及微信公众号辅助教学

（一）微信公众号

微信公众号是微信公众平台的简称，它支持任何形式的个人或组织申请公众号进行运营或发表资讯。微信公众号内容丰富多彩，形式多样，包括图片、视频、音乐、文字和网络外部链接等。微信公众号作为一种论坛，它的管理者与订阅者能够及时互动、交流和讨论，同时是移动端用户重要信息的接入点。添加微信公众号需要打开微信 APP，点击"公众号"页面，然后点击页面右上角"…"的图标，选择添加公众号，再输入想要添加的公众号名称，点击"搜索"即可查询，最后添加关注。

微信公众号具备丰富的媒体资源，便于传递和分享，它通过手机等设备浏览信息不受时空限制，且可以随时随地传递信息，使时间得以合理分配，具有较强的灵活性。微信传递的不仅仅是文字传输，而且还可以是照片、音视频等丰富的媒体形式，让用户方便传递和互动。其次，微信社区可以发布众多内容提高信息传递效率，在这个社区中，个人和组织都可以创建一个微信公众号，并通过特定文本、图像、视频等，进行全方位互动与交流。再次，微信公众号交互便捷，信

息推送实时高效，与其他社交网络软件相比，便捷交互是微信的显著优势，在微信社交平台上，用户可以像朋友一样轻松沟通。

（二）微信公众号辅助教学

随着信息技术的飞速发展和计算机应用在教育教学中的逐步普及，计算机辅助教学（Computer Aided Instruction，CAI）应运而生，以适应教学的需要和计算机技术的发展，计算机辅助教学是在计算机辅助下进行的各种数学活动，是一种新型教学手段。根据计算机辅助教学的特性作者将微信公众号辅助教学总结为，在教育教学过程中将微信公众号作为一种教学辅助工具并对教学活动产生一定的影响。

在课程教学中运用微信公众号，使微信公众号成为学习的重要部分，将微信公众号里的学习资源结合课本知识传授给学生，丰富教学手段和学习资源，吸引学生的注意力，激发学生的情感投入，激发他们的学习动力，为学生学习打下良好的基础，鼓励学生的数字化学习和创新。微信公众号辅助教学是以现代教育理念为指导，运用现代信息技术，丰富教育资源，改进教育过程，以发展和提高学生素养为重要目标的知识型教学形式。它能为学生提供学习案例和资源，对学生的学习进行一定的指导和帮助，可以有效地促进师生学习观念和学习方式的变革，为学科教育教学的信息化和现代化提供有益借鉴。

二、微信公众号应用于高中数学教学的优势

微信公众号作为微信自媒体平台下的衍生物，与传统的微信对话框聊天相比，公众号具有信息保存、多人关注、文章阅读等功能。微信公众号分为订阅号和服务号两种，其中，订阅号在教育教学中的应用最为广泛，具有信息群发、回复、菜单栏等功能，同时管理者还可以对消息、关注人员、资源进行管理，教师每天可以为学生推送课堂重难点和微课视频，因此，订阅号比较适合应用于日常教学；而服务号一周只能推送四条信息，教师要保证服务号所发送信息的质量，因此，服务号比较适合于每周学习总结、月考试题分析等。由于订阅号在教育教学中的应用频率最高，因此，本研究主要侧重于订阅号的应用。

在学习数学知识的过程中激发学生学习兴趣，往往热衷于从图像变化、生活实例着手去联系理论知识进行学习，而在长期教学过程中，教师往往采用文本的形式详细展示每一个解题步骤，这很容易造成学生感官上的疲劳，导致学习效率降低。在微信公众号中，教师可以利用网络资源打造生动形象的教学模式，以多元化手段将视频、图片、动画等素材整合到教学中，以此来激发学生的学习兴趣，让学生保持高度的学习热情。

如在讲解"二次函数"时，教师在订阅号中上传教学资源，首先为学生呈现一段过山车的视频，展示过山车沿着波澜起伏的轨道上升和下降，由此吸引学生对这种惊险游乐项目的兴趣，教师再引导学生：若将轨道比作函数图象，过山车比作图象中的一个点，那么什么函数式才能准确地将这个函数图象表达出来呢？在传统的 PPT 和黑板板书教学中，教师所使用的教学素材大多是文本形式，就连多媒体 PPT 教学也只是将文字复制粘贴在幻灯片文件中，随后放映给学生；当涉及视频展示时，教师还需要先退出 PPT，然后启动视频播放软件，学生在只看视频不看文字解释的情况下，学习效率大大降低。由于微信公众号里的文章可以将多个动态图片、视频和文字整合在一起，因此，教师上传的课件可以将多个图片和视频共同搭配再加上相应的讲解，以最优整合方式呈现给学生。

如在讲授"空间直角坐标系的建立"时，教师在订阅号创建的课件中，首先在导入环节展示小视频：浩瀚星海中，一艘外星来的飞船，里面坐着不同的外星人……要求学生思考如何建立坐标系来表示每个外星人的位置。学生运用平面直角坐标系的概念发现根本无法解答，从而引发矛盾，促使其进一步学习。在接下来的新课讲授中，教师利用动态图的形式为学生呈现在正方体中建立空间直角坐标系的过程，并用不同的线条表示 x 轴、y 轴、z 轴，再搭配相应的讲解，让学生既能从直观上理解知识，还可以掌握文字概念。

在传统教学模式中，学生的课后练习模式仅仅是以完成练习册为主，大部分学生只完成自己会做的题目，对不会的题目要么空着等教师讲解，要么直接翻阅答案，他们没有去思考为什么这道题不会做，由这道题可以得到哪些知识点。在微信公众号下的教学模式中，教师可以将自己制作的微课作为推送信息推送到订阅号上，微课的内容会对教学的难点进行讲解，会根据学生作业的错误情况，精选有代表性的错题进行讲解。为了检查学生课后是否参与到学习中，教师可以通过检查文章阅读人数，以及要求每位学生看完视频后，通过评论的形式写出心得体会。

教师还可以把每天的教学情况和课后作业发送至订阅号中，由于公众号的消息不像群消息那样会被群成员的聊天信息淹没重要信息，因此有助于家长及时、准确地了解孩子的学习情况。为了培养学生思考、探究的能力，教师还可以在公众号上发布一些具有挑战性的难题，让学生课后自由思考，再把解题步骤以文档的形式上传。

第二节　移动学习与学习微型化的相关理论

一、移动学习的相关理论

（一）学习理论与移动学习

移动学习属于非正式学习的一种，是与混合学习以及情境认知学习等学习理论密切相关的。移动学习与这些学习理论相辅相成，一方面为学习理论提供了理论基础，另一方面，为学习理论在实践中的应用奠定了基础。

1.非正式学习

我们在第一章中已经讨论过非正式学习，这是一种新型学习方式，主要用直接的交互活动来获取知识，让学习者在做中学，游戏中学。斯坦福大学校长约翰斯通就曾经指出：在大学，最好的教育不是在课堂上，而是在与同伴的交流中获得知识与技能，至少百分之五十的知识与技能是通过这种方式获得的。所以，我们只需要将学习者组织在一起，课堂授课只是其中一小部分，主要是要让他们相互交流学习，所以非正式学习存在于学习生活的各个方面。

移动学习是新型的学习方式，有别于正式学习。学习需要自身的思考、阅读等活动，也需要讲座、研讨等形式。在快节奏社会中，人们喜欢快捷的方式获取知识，例如通过讲座、研讨、交流等方式获取知识。

2. 情境认知学习

情境认知学习在西方是热门的研究，什么是情境认知学习？简单地说，就是在活动中学习。在活动中学习，有助于增强学习者的信心。那么什么情况适合使用情境认知学习呢？最适合的是自然科学，因为自然科学的学习需要环境的配合。进行情境认知的学习，需要的是走入社会，根据实际情况进行考察，并做出调查研究，适当的时候可以进行访谈。但是，在一般的学校教育中，因为成本较高，很难组织考察、调查研究或访谈等活动，这种情况下学习的质量就不高。现在，有无线互联网技术的支持，使得学习的时间和地点都更加随意，相当于任何地点都存在学习环境。所以，移动学习让情境认知学习理论有了可以实践的可能。

3. 混合学习

什么是混合学习？混合学习刚提出时，指的是各种学习方式的结合，利用多媒体与传统教学几何、计算机辅助教学或者学生的自主学习与教师讲授方式结合。那么根据我们之前的讨论，网络化学习已经发展到移动学习，所以混合学习也有了新的意义，可以是课堂教学与移动学习相结合，教师引导，学生做学习的主人。

混合学习的优势在于，采用不同学习方式中最优的部分，组合成新的学习方式，因为都选择最优部分，所以性价比极高，也就是用最简单的方式达到最大的收获。

移动学习运用了丰富的学习手段和方法进行学习，且实现的手段也很简单，只需准备一台符合要求的移动学习终端和移动网络就可以进行学习。

（二）移动学习的概念

移动学习是数字化学习的扩展，通过有效结合移动计算技术带给学习者随时随地学习的全新感受。移动学习是利用无线移动通信网络技术以及无线移动设备获取教育信息、教育资源和教育服务的一种新型学习方式。移动学习借助移动设备，让学习者的学习突破了时空的限制，可以自由自在、随时随地进行不同目的、不同方式的学习，以便完成学习任务。

（三）移动学习的特点

移动学习与传统学习模式相比，移动学习是一种新型的学习方式，有着自身独特的特点：

1. 移动性

移动学习使得学习者不再局限于固定的时间和地点进行学习，也不再束缚于课程表，学习者只需借助移动设备和移动网络随时随地进行学习。移动学习的环境是移动的，教师、研究人员、技术人员和学生也都是移动的。

2. 情境性

移动学习的情境性使得学习者可以携带移动设备在真实或仿真环境中进行体验式学习，有助于学习者形成背景性经验，从而促进知识的理解和运用。改变了以往的学习模式和学习思维，激发学习者的兴趣，增强自主学习的动力，为学习者创造广阔的学习环境，使学习者在兴趣的引导下进行学习。

3. 片段性

学习者可以充分利用零碎的时间片段（例如等车或者步行时间）进行学习。但由于时间片段零碎且短，学习者学习内容也容易缺乏连续性，因此设计者需要考虑到这一问题。

4. 及时性

学习者可以根据自身需要及时学习，解决问题。同时，学习者也可与学习内容提供者或其他学习者进行及时的交流和反馈，不断调整自己的学习方法。

5. 混合性

移动学习，并不是独立的，我们可以以移动学习为主，其他学习方式为辅；移动学习也可以与其他学习方式相辅相成。

（四）移动学习的应用领域

移动学习已经逐渐融入我们的生活，无论是政府、学校、企业还是培训机构，都开始运用这种新型的学习方式。

1. 移动学习在学校教育中的应用

移动学习的深入和广泛应用，不断推动着教学理念的革新和教学理论与实践的发展。现有的在线教学模式已经不能满足学习者的需要，而翻转课堂、慕课等混合式课堂的多样性教育模式更受学习者的喜爱。据统计报告显示，截至 2016 年 6 月，我国在线教育用户稳步增长，已经达到了 1.18 亿，其中手机在线用户占七成，这表明目前的移动教育慢慢地成为互联网教育的主流手段。因为与电脑端相比，移动教育能更好地适应环境，给学习者提供个性化的学习环境，而且借助移动终端的触感和语音等互动方式能更直接地进行人机交互，从而改善学习的枯燥性，增加了趣味性，特别是题库、多媒体阅读、视频类等在线教育产品更具有优势。随着 VR（虚拟现实技术）、AR（增强现实技术）的发展和相关硬件的支持，"浸入式教学模式"成为可能，尤其是在一些实践性较强的课程中，能为学习者提供虚拟的真实场景，提高他们的兴趣和效率。

2. 移动学习在企业教育中的应用

传统的企业教育需要抽出特定的时间将员工全部集中在一起，进行集体技能培训，既费时又费力。随着"互联网+"上升为国家战略，"互联网+企业教育"也应运而生。在信息化时代，企业教育通过互联网技术、平台以及数据，在互联网中获取更多的技能、知识和工作方法，进一步挖掘员工的潜力，提升公司的业绩，最终实现企业和员工的共同发展。移动学习在企业教育中发挥了极大的作用。企业可以将培训课程细化为一个个学习的微模块，每一个微模块可以通过音频、视频、文本、PPT、图形、动漫等丰富多样的形式来展示，上传到移动学习平台，发送到员工的移动终端设备上。员工可以在任何时间任何地点进行学习，这样既能保证工作时间，又能完成技能培训的任务，并且节约了培训成本，也大大提高了员工的学习积极性和学习效率。根据国外权威调查显示，有效使用在线学习的政府部门或者企业可以节省大约一半的培训费用，而且员工学习的时间也得到有效的利用，效率和培训的人次都是以前集中培训的 3 倍，学习效果也有显著的提升。

3. 移动学习在培训机构中的应用

随着我国经济高速发展，一方面社会对高技能型人才的需求愈发强烈，国家非常重视职业教育的发展；另一方面是要应对社会的发展，每个人都在不断地提升自身的竞争力，主动接受技能培训的意愿十分强烈。因此，在此背景下，各种职业技能培训机构越来越受到欢迎，而移动学习这一新型学习方式凭借自身的明显优势在培训机构中获得了一席之地。例如，我国最高学府的清华大学开发了移动学习 APP "雨课堂"。这个移动 APP 项目是以移动学习终端为载体，课程内容融知识性、趣味性和人文性于一体，创设了无处不在的学习环境，解决了学习环境的关键问题，深受社会各界人士的喜爱。总之，移动学习促进学校教育教学理念的变革和教学方法的创新，充分发挥学生学习的主体作用，实现了"要我学"向"我要学"的以学生为中心的巨大转变，这种新型的学习方式必将为教育教学、人类的终身学习带来无限的憧憬。

二、移动学习的发展现状及发展趋势

（一）移动学习的发展现状

随着移动通信网络环境的不断完善以及智能手机的进一步普及，移动学习正成为终身学习的一种新的学习方式，并且是微时代的发展趋势。全球领先的移动互联网第三方数据挖掘与整合营销机构艾媒咨询（iiMedia Research）在 2015 年的调查数据显示，中国在线教育市场规模超过 1700 亿元，并且还在不断地增长。艾媒咨询分析师认为，在当前"互联网 +"发展的形势下，在线教育市场将继续扩大，并逐渐朝移动终端发展。手机用户青睐移动学习终端的在线教育，看中的是移动学习终端在线教育的灵活性、操作性、互动性等优势。网易教育联合有道发布的《2013—2014 中国在线教育趋势报告》中，有一半以上的调查对象愿意付费使用移动在线教育，这也反映出收费产品并不是阻碍学习者选择移动在线教育的关键问题。一旦在移动学习上产生新的创新应用模式突破，移动学习将取代Web 学习的远程学习统治地位，因为移动学习具有传统学习和网络学习不可比拟的优势，根据现在的发展趋势，移动学习应用将在未来三到五年的时间超过电脑端应用。

当前，移动学习已经进入快速发展阶段，相关技术已经成熟，其应用和发展已经成为大势所趋。但就目前来看，移动学习的成功案例不多，大规模实际应用并未普及，其发展现状主要有以下几点：

1.移动学习是必然发展趋势，但移动应用开发成本较高

在在线教育领域，Web 类型的网络学习模式还是占主要地位，移动学习还处于发展阶段，但其发展的潜力巨大。随着移动终端的普及，尤其是微博、微信的风靡，微型化的课程资源也随之得到迅速普及。在这样的大背景下，移动学习必将成为今后发展的趋势，只不过一方面移动 APP 开发的成本较高，而且要适应不同的移动终端操作系统，开发多操作系统版本提升移动应用开发的成本；另一方面受当前移动开发的泛滥化影响，很多 APP 开发出来后利用率不高，或者功能不完善，学习者学习的意愿不够强烈，造成投入多而回报少这一阻碍移动学习发展的最大问题。这也对开发者提出了更高的要求，如何能设计出更具有创新性的移动学习 APP，是目前亟待解决的，能不能增加一些电脑端没有而移动平台特有的功能，而不仅仅是 Web 类型的网络学习的延伸，这样才更能体现出移动学习的优势。

2.移动学习 APP 迅速增多，但尚未成为主流

自 2011 年以来，移动学习 APP 迅速增多，互联网企业都争相推出移动端APP，希望抢占更多用户。在线教育市场中，众多开发商都分别推出具有自身特

色的教育类 APP。据应用商城数据统计，虽然教育类 APP 的数量多，但真正在用户中普通使用的个数仍然很少，其中的原因可能是类似产品太多、用户选择比较分散、产品功能不够全面等。

移动学习 APP 因其便携的特点获得了较多移动用户的认可，但在学习过程中移动学习还未能成为主要的学习方式，一方面是用户选择移动学习的意识还不够强烈，另一方面是受到了传统的书本教育和面授教育的影响，人们还没能脱离这两种学习方式。不过这并不影响移动教育的发展，因为在结合书本教育和面授教育方面，移动学习是一个很好的教育补充，相信今后的移动学习资源会逐步占据主导作用。

3. 移动学习的用户增多，但用户需求得不到满足

2015 年，移动互联网进入全面爆发的时代。工信部发布的调查数据显示，我国使用移动互联网的人数上升到 13 亿，而其中使用手机上网的用户则占到了九成，网民更倾向使用手机上网。同时，移动学习也迎来了春天，与培训学习相关的移动端 APP 在 10 万款左右，并且已经占据幼儿教育、中小学、高等教育、成人教育、职业培训的各个领域阶段。使用 APP 进行移动学习的用户不断增加。另一份来自学科网市场总监的调查分析中指出，目前只有 13.7% 左右的用户对现有的移动学习产品表示满意。

其中的主要原因有以下两方面：一方面，移动学习的资源不够完善，内容过于单一，吸引力不够，导致用户对现有的产品认可度不高，如何能满足用户的需求，并且为用户提供优质的学习内容是移动端 APP 的关键所在。有互联网营销专家认为，教学内容是线上教育的主题，移动学习产品的核心是内容，所有的学习产品都应具有优质的学习内容才能提升产品的品质，故需要在内容上下功夫，保证内容的精品化、差异化和稀缺性是今后在线教育的方向。另一方面，用户在使用移动学习产品的时候没有良好的用户体验，部分移动学习产品的功能比较局限，没能提供像离线学习、在线服务等这种能给用户带来更好学习体验的功能，没有满足用户随时随地学习的需要，所以用户在使用上也会有所保留。今后的移

动学习的功能和用户体验一定要更具人性化，只有更好地满足用户的需要才能使产品更加优质。

（二）移动学习的发展趋势

移动通信技术的发展、终身学习理念的传播、科技的不断创新，都昭示着移动学习的快速发展是大势所趋。未来世界将是"移动"的世界，智能化手机、掌上电脑、智能手表等移动学习设备的数量逐年成倍增长，并且充斥于生活、工作、学习中，潜移默化地改变着人们的学习生活方式。随着"互联网＋"时代的到来，大数据的冲击、社区化的推广、智能化的设备、开放性的世界，诸多因素的发展，都给移动学习的未来发展带来曙光。我们可以大胆预测，从移动学习的特点入手、以终身学习为理念、以建设学习型社会为目标、以科技创新发展为支撑，未来的移动学习将变得智能化、人性化、微型化、多元化、普及化，不断推进个体和社会的全面发展。

1. 移动学习更加智能化、人性化

移动终端与电脑端的 Web 网络学习相比还具有实时接收推送信息的功能，即使在用户退出了学习 APP，但是在没有关闭后台程序的情况下，依然能收到由学习 APP 推送的信息，这使得移动学习的实时性得到了充分的体现。当前，人工智能的发展正朝着人与物、人与知识、人与服务密切联系的方向进一步提升，实现"思考就是学习"的模式也接近可能。但无论人工智能发展到何种程度，搜索是当前众多信息咨询中的根本需求，今后只需要说一句话或者给个提示就能将所需内容全息展现。这也就意味着将来的学习中必须有一个机器语音引擎，或者更智能的意识搜索设备，大脑只要想到什么内容都可以通过传感器进行搜索，然后再返回给终端，实时性不言而喻。同时，移动学习的服务和体验应该更重视人性化的设计，而不是盲目地去追求所谓的"高大上"，只有在产品的设计上以人为本，更符合终端用户的使用习惯和方式才能更受欢迎。

2. 移动学习的微型化学习将更高效

现阶段的 Web 课程沿袭了课堂教学的模式，时间通常都在 30～40 分钟，这样的时长不符合移动学习的特点，移动学习不能简单地将 Web 课程照搬照用，应该更符合移动状态下的碎片化学习，所以移动学习的课程设计必须向微型化发展，利用更活泼生动的影像、简短精悍的文字来提高知识的传递效能，从而缩短用户的学习时间，提升学习的效果。目前，HTML5 以其动画效果优良、文件小、易于传播的特点已被广泛使用在移动学习课程中。

3. 移动学习游戏化、趣味化的内容将增强

移动学习具有和其他学习的通性，就是要有优质的内容才能凸显其优质的品质。高质量且符合移动用户需求的内容是解决移动终端学习"无吸引力"问题的关键，以提升用户的使用黏性。传统的讲授式课程比较枯燥，会降低用户的体验。因此，要吸引用户使用，则需要在学习内容中增加一些游戏化、趣味化的特性，这样才能吸引用户学习和宣传。当前，通过游戏化、趣味化策略推进移动学习已成为行业热点。游戏化是指将某个已经存在的、具有一定核心和内在价值的事物与游戏机制相结合，以激发用户的参与度和投入感。现在，游戏化、趣味化已经被视为吸引用户参与到产品中的方法，市场中具有游戏化、趣味化的产品的数量正在不断增加。有研究表明，游戏化、趣味化学习是未来发展的大趋势之一。

4. 移动学习的交互方式将更社区化

社区化是移动学习发展的趋势，社区化可以将志趣相投的人聚集在一起，并以知识分享的方式带动大家学习。其实，我们现在通过 QQ、微博、微信获取、分享新知识和新技能时，就已经在参与社区化学习。这种社区化学习不仅仅是在参与学习，还可以结交其他的学习者，扩大自己的学习圈，通过彼此交流学习经验，共同探讨学习难题，以发起项目兴趣组的方式建立起一个庞大的知识阵营，随时随地地分享。作者认为，如果未来的移动学习发展能让学习者利用网上的账号，通过账号记录他们的证书、所学习过的项目、所完成的课程和作业、目前学习的课程，他们就可以通过这个账号创建自己的学习简历，分享他们的学习兴趣和成就，相互推荐课程，使得学习变得更有趣，让学习中心遍布世界各地，作为

同伴和社区的延伸，让学习者无障碍地去访问其他学习者。可以想象，伴随着学习者的成长，他们的圈子从小学、中学到大学，在不断演变。

5.移动学习与其他方式的结合成为必然趋势

移动终端所集成的位置服务和传感器让用户能实时实地地去使用更便捷的服务，致使电脑端的浏览网页、购物和学习等大量的操作都逐渐地被移动终端代替。随着移动终端应用的数量迅速增加，某些领域的移动学习用户甚至超过了电脑端用户。今后移动学习与其他学习方式的结合也将是必然趋势。例如将书本与移动学习结合，实现"书本＋移动"的创新型学习模式，构建更为适合用户、更为体贴的学习体验。

总之，移动学习是移动通信、网络技术与当代教育有机结合的结果，也是现代教育技术的前沿成果，其推广和发展必将引起教育技术和手段的巨大变化。使用手机可完成许多教学活动，其操作不受时间、空间和地域的限制，应用前景广阔。

三、学习微型化的相关理论

（一）微型学习

在一些发达国家，早就开始对移动学习进行研究，并已经形成一定的系统化。研究移动学习有几个关键词：零碎、移动、注意力分散、小单元学习模块。目的是在较短的时间之内，让学习者充满了极高的学习热情，并且能够有所获。对这种情况，移动学习面临一个新的要解决的问题也就是学习微型化。

其中强调微型学习两个重要的影响因素，一是无线网络技术，只有技术的不断更新，才使得学习资源更加方便快捷的传递。其二是教育理念的更新。在全球化以及知识型社会的建设需要条件下，非正式学习迅速发展起来。现在移动学习已经融入人们的学习生活之中。

我们可以这样认为，微型学习就是将学习资源分块化，由小模块组成的学习。微型学习是指学习内容微型化，利用媒体，使用手机等移动工具的新型学习模式。微型学习应体现出以下几个特点：一是实现任何地点、时间的小模块学习，时间有限；二是使用无线移动网络，以移动终端为载体的可交互式学习，如手机、平板、电脑等设备；三是作为一种新型的学习方式，微型学习旨在使用各种媒体来减轻学习者的学习任务，也将学习任务融入日常生活中。

（二）微型内容

Jakob Nielsen 是第一个提出"微型内容"这个概念的，用语言描述网页的标题。Nielsen 认为，"微型内容应该是与其有关的宏观内容的超短摘要。这种文段所承载着的任务和它的意义不能以字数来衡量，他们在整个网页的结构中所扮演的角色也非同寻常。"

Anil Dash 将微型内容这个概念做了延伸，指出"微型内容是以短小的形式发布的信息，其长度取决于一个单一的主题以及我们用来查看内容的设备和软件所带来的技术限制。"微型内容可以是按照需求，不论格式，能够用 Wed 浏览器或者手机等设备呈现。这个定义唯一的不足就是缺少了微型内容其他方面的含义。对此，Nova Spivack 做了补充，"微型内容是指一种新的内容，是小的、颗粒化的内容，在网络上有唯一标识和统一资源定位符（URL），可通过网络发布、订阅、链接。"

在第一届微型学习国际会议上，Hug 给微型内容一个界定，是简单的语义单元或者小的符号。Mosel 认为博客上的帖子是流行的微型内容，人们可以通过一个永久的链接来看这些内容。

其实微型内容存在于我们生活中的很多地方，比如在图书馆里，每本书都有索引，除了便于检索之外，还是对每本书的描述。再如为了方便与人联络，大家互相交换名片。在头脑风暴时，每个人把自己的想法用便利贴写下来，贴在黑板上，这些便利贴也可以看成微型内容的一种形式。

因此，何谓微型内容？就是能够通过信息发送的"小单元"，可以是文字内容，也可以是图片形式，更为直接化的是音视频形式，如果可以制作成动画更方便学习者接受，也可以是分享一个链接。

所以如果要设计微型移动课程，一定要从内容和技术上考虑，内容必须是小单元的学习模块，因为小所以必须切实可用，且微型内容一定要能够通过移动设备可以查看。针对这两个方面，微型移动学习的设计应该具备以下原则：一是使用界面简洁，技术门槛低；二是微型学习内容必须简短精悍；三是小单元模块是可以独立学习的，但每个小模块之间又有内部联系，最后能够形成一个完整的大系统；四是激发学习者的积极性：因为学习的环境与传统的课堂教学不同，学习者容易受到外部环境的干扰，所以必须从吸引学习者的注意力和提高其学习兴趣的角度去设计课程；五是创设出自由快乐的学习体验。

（三）微型资源

微型学习用于非正式的学习，所以对学习资源也要进行选择。下面主要以高中数学知识为例，设计适合高中生在非正式的学习状态下进行的微型学习设计。适合于设计成微型移动学习的资源可以根据其不同的特点，用以下几种媒体的形式展示：

1.音频

当学习者所处的环境不适合阅读文本内容时，例如正在外出途中，外部环境不断变化，注意力也受到很大影响，此时就可以考虑使用音频展示学习内容，让学习者能够顺利地在移动情况下完成课程。

2.文本

移动学习的内容需要用手机等移动终端的形式呈现，所以无法用简洁语言表达的内容就不适合用文本的形式呈现。而从内容上说，学习一些基本概念，可以考虑用文本形式，以文字内容记录下来，学习者可以随时查看文本内容。

3.图片

若要将学习内容设计为图片形式，必须考虑图片的大小，考虑移动终端能否下载及保存。在学习中，文字结合图片的形式会有更好的效果，图片直观明了，学习者更容易投入学习。

4.动画和视频

与上面几种形式比较，动画和视频是最能吸引注意力的，而且动画和视频更能实现愉悦地学习过程这个功能。动画可以动态的展示整个知识过程，视频可以由教师讲解或播放一些有趣的内容。动画和视频的缺点是会受到网络速度和学习终端的限制。

（四）微型活动

学习活动也因为学习者的学习方式呈现出微型化的特点，例如在步行时就可以收听音频课程进行学习。在学习效果的反馈上，也不能离开微型化，例如可以通过有奖问答，投票，限时问答等方式来进行。

第三节　基于微信公众平台的高中数学微型移动学习课程个案设计

一、移动学习微课程在高中数学教学中的设计原则

移动学习资源的设计有别于传统课堂资源，它是传统课堂资源的一种辅助工具，不能够替代课堂内容；在学习资源的选择上要精简、模块化，使微课资源成为一种学习的工具，而不是传统的课堂；微课资源还应该形成一系列的知识体系，让学生能够在整个学习过程中始终可以得到微课资源的支持。对微课设计应遵循以下原则：

（一）辅助性原则

课堂是一个集教育教学，学生学习、思考、探究、合作、活动为一体的由多个环节组成的有机的生态系统，是学校教学最重要的一部分。微课程作为一个开放性的资源系统，最重要的作用就是辅助教师教学，帮助学生学习，微课程的特点决定了它只能作为课堂组成的一部分而不能替代课堂。在课堂中有许多人的情感和思维活动，微课程只是用来调节课堂环节，让学生更有兴趣地去学习，它是课堂组成的一部分。

（二）选择性原则

高中数学知识是丰富多样的，微课程并不适用于所有类型的知识课堂，比如逻辑性强，推理论证较多，特别抽象的课程就不适宜使用微课，而一些与实际联

系较紧密的知识点则可以使用微课使得知识情境化，利于学生学习。所以在微课程的使用中要根据知识内容的不同有所选择。

（三）系统性原则

高中数学是一个严谨的知识体系，每一个知识点都有自己的完整性和系统性，有些概念的理解认知也是在一定的条件下进行的，在不同的条件下会有不同的认知形式，一个知识点会有许多更细微的知识单元，知识的认知是分先后顺序，且是互相联系的，它具有系统性。微课程的时间限制了它的篇幅，许多内容讲解不完整，将知识点切片，形成一个个独立的单元，这样就会使得知识缺乏系统性，不利于学生对知识体系的整体把握，所以应该建立具有系统性的微课程，让微课在同一知识体系上面形成系统，有利于学生对数学知识的宏观认知和把握。

二、高中数学"空间几何体的三视图"的微课设计

微课能够在极短的时间内聚集大量的关键信息，将其引入高中数学教学课堂，有助于调动学生参与课堂学习的主观能动性，提高课堂教学效能。进入高中阶段之后，数学知识呈现出更突出的实用性，对学生日后的学习产生极其深远的影响。微课教学就是在实际教学的过程中引入视频软件，以实现聚焦学生注意、提高学生兴趣的目的，使学生可以主动参与到数学的学习过程中，为理论知识的掌握打下扎实稳固的根基。在这一过程中，视频教学是其中的核心所在。在设计编排视频的过程中，可以呈现关键的知识点，可以设计练习思考，也可以是对问题的反馈，因此是一种具有创新性的教学方式。进入高中阶段之后，教师应以学情为基础引入微课教学，使其成为组织数学教学的创新方法，提高学生的兴趣。当前，微课具有特殊的优势，得到了教师广泛的推广，提高了教学效能。

（一）微课辅助高中数学教学的价值

1.激发学生学习兴趣

高中生普遍认为数学知识枯燥乏味，学习起来难度极高，经常会遭遇各种困

难或者问题，由此引发严重的抵触心理。在引入微课之后，可以帮助学生梳理知识点，形成完善的知识体系，更精准地把握知识之间的内在联系，实现更深层面的理解，同时，在提高学生学习兴趣等方面也具有显著的作用。教师提前录制微课视频，这样学生便能够在直观印象的指引下快速梳理教学内容，完善知识体系的架构，既提高了主动学习的参与度，也能够实现事半功倍的教学效果。

2. 创新教师教学思路

在新技术的发展引领下，微课成为一种具有创新性的教学模式，不仅能够为新时代的课堂提供与众不同的教学思路以及教学模式，同时也为学生建立了更广阔的发展空间。当前社交软件的应用已经非常普遍，教师可以借助社交软件建立班级群，然后在其中上传微课视频，也可以将视频推送至校园网，这样学生便能够随时随地观看视频，随时随地完成对数学知识的学习，这是一种极其便捷的学习方式，极大地节约了课堂教学时间，提高了学生的参与度。

3. 帮助学生建构知识体系

进入高中阶段之后，数学知识的学习难度较大，而且呈现出非常突出的抽象特性。微课教学被引入之后，就能够对学生形成有效的辅助，可以助其梳理思路、完善知识框架，全面提高学生的学习效能，也有助于发展数学思维。以教学"子集"这一概念为例，教师可以借助微课，首先向学生呈现集合概念，帮助学生深化对子集的初步认知，体会子集与集合之间的关系。不仅成功地梳理了教材的关键知识点，也能够帮助学生形成相对完善的知识体系，既能够提供不同于传统模式的学习环境以及学习体验，也能够由学生自主选择，根据现阶段的学习能力以及学习需求，反复多次观看、学习。这种学习方式，不仅改变了学生被动学习的状态和地位，也有效地提高了学生学习的参与度，使其爱上数学学习。

（二）"空间几何体的三视图"微课设计与制作案例

1. 微课内容的确定

通过日常教学可以发现，学生对三视图的理解经常会出现误区，特别是三棱柱以及四棱锥。针对这一知识，如果不能实现全方面的把握，就会因此影响接下来的计算、图形还原等方面的学习，而且这部分知识点也经常出现在各种试卷中，是高考的重点和难点所在。所以，在学习"空间几何体的三视图"时就应当打下扎实稳固的根基。

在初中阶段，学生就已经初步了解和三视图相关的知识和内容，但大都集中于基础知识层面，其中所涉及的图形也相对简单。但是，进入高中阶段后，图形呈现出了多样性和多变化等特点，所以，需要突出强调的重点在于初中未曾涉及的内容部分，梳理学生的基础知识，了解本节课程的教学重点和难点。因此，本节课程的微课主要内容是给出简单的几何体，能绘制相对应的三视图，能辨认三视图所代表的立体图形，完成相应的运算；给出简单的组合体，能完成三视图，在给定三视图后，可以使用规范的语言说明其所代表的简单组合体。通过这一微课主要达成以下目标：

首先，在给出简单的几何体后，能够绘出相对应的三视图，能够准确辨识三视图所代表的立体模型，完成相应的运算；给出简单的组合体，能够正确绘制三视图，并使用规范的语言，说明三视图所代表的简单组合体。其次，通过图形展示，帮助学生建立直观感知，然后完成操作确认，使学生可以通过这一过程发挥空间想象能力、几何直观能力，全面提高数学知识的应用意识。

2. 微课资源的准备

为了能够实现教学预期，必须要对教学课件进行优化设计，可以选择动画的方式，也可以用不同的颜色分别展示四棱锥的主视图以及侧视图，同时借助实线以及虚线突出强调需要学生特别注意之处。

3. 微课视频的录制

这段内容是整个微课的核心，可以使用 Camtasia Studio 完成视频的录制，这样可以在录制的同时同步打开 PPT，还能够辅助讲解。实际讲解的过程中，应注意语速，特别是重点和难点部分，确保学生可以听得清晰、看得准确。

（1）基于情境引出课题

首先给出汽车设计图纸，这是贴近学生生活的实例，以此作为突破口，能够带给学生强烈的视觉冲击。

（2）基于动画建构知识

首先，平行投影和中心投影，并思考以下问题：问题1：二者之间的区别？问题2：在平行投影中，正投影和斜投影之间存在怎样的区别？问题3：三视图利用的是哪种投影？设计意图：以投影作为突破口，引导学生展开深入思考，为接下来几何体三视图的引出做好铺垫。其次，引出三视图的定义。再次，以长方体为实例，通过三视图深化学生对定义的理解。第四，突出定义中的重点和难点，然后引出三棱柱、四棱锥的三视图及运算。此时先暂停视频，可以先由学生自主思考完成三视图，这样可以发现学生认知过程中的错误，及时带领其反思，引导学生再次体会正投影中光线和投影面之间的关系；然后再次深入思考，把握三角形和照射光线之间的关系，体会正视图。当学生具备正确认知和理解后，再继续播放视频。通过动画的方式，更易于学生建立丰富的表象、深化认知。最后，进行学习检测。

对学生来说，三棱柱的侧视图也是最容易出错之处，通过结合四棱锥后，学生应当能够以此建立丰富的认知，也能够借助三棱柱的侧视图完成自我检测。设计意图：以微课的方式，可以改变教材中图形的刻板印象，以动画的方式呈现，能够吸引学生注意，既能使知识更充分地展现，也能为学生留有充足的思考时间和空间，使学生可以在自主学习、反复体会的过程中，深化对概念的理解与认知，以此展开高效的学习。

（3）利用视频归纳总结

梳理其中的知识点：投影、三视图的定义以及三棱柱、四棱锥的三视图，突出强调其中的重点和难点。设计意图：在这一过程中，既可以帮助学生回顾知识，完善知识体系，同时还可以提高对数学知识的梳理概括以及归纳能力，深化学生对三视图的认知以及理解，同时也能因此养成严谨的学习态度。

在传统教学模式下，教师虽然也会突出强调知识重点，但是，学生却没有因此形成应有的知识架构。在引入微课视频之后，既能够为学生建立丰富的表象，也能够使其展开充分的思考，还可以在课后借助视频完成知识的回顾，这样就能够打下扎实稳固的知识根基。当然，将微课引入课堂，并不能够解决所有问题，但是有助于提高课堂案例成功的概率。

第七章　基于翻转课堂的高中数学有效教学

第一节　翻转课堂产生的背景及理论

一、信息技术发展的时代背景

第三次科技革命以原子能、电子计算机、空间技术、生物工程等领域的发明和应用为主要标志，涉及信息技术、新能源技术、新材料技术、生物技术、海洋技术等诸多领域的一场信息控制技术革命。电子计算机的广泛应用，促进了生产自动化、管理现代化、科技手段现代化和国防技术现代化，也推动了情报信息的自动化。第三次科技革命带来了信息技术的飞速发展，掀起了信息革命的进步。信息革命以互联网的全球化普及为重要标志。信息技术的巨大变革引发新的技术变革，对社会发展产生了深远的影响。

当今社会处于数字化、信息化时代的转型时期，新技术的快速发展和广泛普及对人的发展提出了更高的要求。在这个时代的转折点和关键点上，我们需要重新审视教育制度和教学模式，思考如何在教育教学中充分利用现代技术并最大限度地发挥技术的有效性。处于信息化潮流中，我们教育的目的之一必然包含——我们能够积极主动地处理信息，提高信息处理能力，包括信息的获取、分析、加工等方面的能力、具备信息素养。

我国《国家中长期教育改革和发展规划纲要（2010—2020 年）》高瞻远瞩地

提出："信息技术对教育发展具有革命性影响，必须予以高度重视。"信息技术对教育的各个方面、各个环节都会产生颠覆性的变革。它正在改变我们的学习习惯和学习方式，也在改变学校的教学模式，我们没有理由不转变教育观念，重新审视教育技术，从不同的视角积极主动地探索信息革命下如何进行教育变革，如何在教育中充分利用现代信息技术以促进教育的发展。

二、亟须变革的教育现实

在工业革命前，学徒制一直是最主要的教育形式。学徒制强调的是现场教学、个别化教学和代际间口传手授，教学发生在真实的工作场所中，徒弟在师傅的指导下学习和实操。学徒制培养出了具有高超技术水平的技术人员。

工业革命的兴起使得工厂的规模扩大，这样就亟须大量的具有一定知识和技能的劳动力。就是说，近代资本主义的兴起要求广泛普及教育，扩大教育规模，提高教学质量和效率，迫切要求在短时间内培养出大批量受过良好教育的劳动者。然而，传统的学徒制难以满足这一需求，班级授课制这一新型教学组织形式也就应运而生了。

班级授课制是以班级为单位，由教师按照固定的课时安排，向固定的学生教授统一内容的一种教学组织形式。捷克著名教育家夸美纽斯在其著作《大教学论》中首次对班级授课制从理论上加以系统论证，使班级授课制确定下来。后来，德国教育家赫尔巴特进行了补充说明，使其进一步完善。

接下来，让我们分析班级授课制的基本特点，我们可以从中看出为什么班级授课制顺应了工业革命之需，并自其创立以来，一直持续至今，依然发挥着非常重要的作用。

第一，班级授课制有利于学生在有限的时间里掌握大量系统化的知识。第二，教师可以进行"一对多"教学，可以大规模地向全体学生进行授课，提高了教学效率。第三，班级授课制按照"课"来确定统一的教学进度和学习要求，在教学中管理学生按照统一的步调执行教学管理更为高效。因此，班级授课制能够高效地培养大量的人才，这正好迎合了工业革命对大量劳动力的迫切需求。

随着计算机和网络信息技术的发展与广泛应用，当今社会已经步入了信息化时代。信息革命不仅仅要求我们具备一定的专业知识和技能，还提出了更高层次的发展要求，比如：熟练掌握信息技术，学会处理应急事件，拥有不同于他人的独特思维，能够自主学习新鲜事物，敢于探索求知等。因此，信息革命对教育提出了更高层次的目标要求。然而，传统的班级授课制教学组织形式已经难以满足这种需求。

信息革命带来的新型理念冲击着人们的思维，提出的新要求促使人们适时做出改变，终身学习和自主学习在当下备受关注。人人都应该接受终身教育，进行终身学习；人人都需要积极地、自主地、有选择性地进行学习，以适应时代的发展和满足自身的发展需要，从而更好地实现自我价值和获得丰富的生活。

第一次教育革命发生在从农业社会到工业社会的转型时期，在工业革命的助推之下，教学组织形式由学徒制过渡为班级授课制。第二次教育革命初见端倪，在信息革命浪潮的助推下，教学组织形式由班级授课制向终身学习、自主学习发展。通过简要梳理教育发展的历程，我们可以看出教学组织形式由学徒制到班级授课制再到新时代的终身学习、自主选择学习的变化和发展趋势。因此，我们需要审视教育教学的现状，以找到教育教学的出路：

首先，教学内容与社会实践脱节。太多的学生在工作后抱怨："在学校里学习的大多数知识，在生活和工作中很少用得上。学会的知识在毕业后基本又'还给'了教师。"是的，正如这些学生所说，学校教育跟社会实践存在着脱节的现象。虽然学生在学习知识的过程中也会锻炼逻辑思维能力等，但是传统教学必须做出改变。我们要关注学校课程体系与学生发展的结合，构建适合并促进学生发展的课程体系，实现课程的生活化和实践化。

其次，传统教学往往在教学内容、教学进度等方面"一刀切"那些"学得慢"的学生常抱怨教师讲得快，自己还没有完全理解某一知识内容，但是为了跟上教师的进度，只能接着学习后面的知识，而前面那些没有掌握、没有彻底弄明白的知识就成了疑难点。长此以往，这样的疑难点越积累越多，导致这些学生慢慢成为所谓的"差生"。与此形成鲜明对比的是，那些"学得快"的学生，他们能够较快地理解知识内容，嫌弃教师一遍又一遍地讲解，希望得到较高层次的学习提升，或者希望进行下一阶段的新知识学习，但是传统教学往往限制了他们的这些需求，当然，这也剥夺了他们发掘自己潜能的机会，也许还会慢慢降低他们的学习兴趣和积极性。因此，我们需要思考如何才能使得每一名学生都能够按照自己的学习进度和学习特点进行学习，使得每一名学生都能最大限度地发挥自己的潜能。

再次，传统教学重视结果，轻视过程；重视知识的理解，忽视智慧的培养；重视知识的获得，忽视情感的感悟和生活的体验。在教学中，我们更多关注学生掌握了多少知识，忽视学生切实感悟到什么、体验到什么；关注学生"学会"，忽视学生"会学"；关注学生的学习成绩，忽视学生的潜能；关注学生的学习结果，忽视学生的思维过程。现实中不论是教师还是家长，都非常关注学生的考试成绩，较少关注学生在学习上的其他表现——学生是否具有良好的学习习惯，学习方法是否高效，学习积极性是否有待提高，学生的问题意识、交流表达能力、独立思考和探索能力的发展情况等——甚至忽视学生性格的发展、道德品行的完善等。

最后，传统教学强调教师的主导作用，尚未深入发挥学生的主动性。在传统教学过程中，教师往往按照自己的教学设计按部就班地进行教学，学生在课堂上被动地听讲、忙于记笔记，课后又忙于完成作业，以应付各种考试。即学生面对更多的是"听课、做笔记、做练习、考试"，属于学生自己思考的时间较少，导致学生缺少学习的热情和好奇心，缺少个性化思维。教师虽然发挥自己的主导作用得以顺利、高效地完成自己的教学任务，但对培养学生的主动性、积极性与创造性还有待加强，还需要进一步探索怎样使学生成为有智慧、有个性的人，而非仅仅是具备知识但缺少灵性的人。

纵观以上我们可以看出，一方面，传统教学自身存在着种种弊端和缺陷；另一方面，现今又有"终身学习、主动学习"的新教育要求。因此教育正处于关键的转折点上，必须抓住时机适时做出变革。

三、求知创新的社会需求

快节奏的社会生活对我们每个个体提出了更高的时代要求：我们要快节奏地学习新鲜事物，分析理解新情境，做一个学习能力强的求知者。因为，人生需要求知。不管是谁，都需要不断地发展和完善自己，以适应瞬息万变的社会发展，更好地面对未来的不确定性。我们需要紧跟时代的步伐，融入时代潮流，在新的时代背景下审视我们的生活、学习和工作。

社会的飞速发展对教育提出了新的需求：新时代社会不仅需要具备知识和技能的专业人才，更需要具有独特的个性、较强的学习能力、较大的发展潜力和创新能力的高层次人才。这也就促使我们重新思考教育问题——我们怎样去培养学生，使学生将来能适应社会的发展。

四、学生学习的差异化需求

学生个体具有独特性，个体之间存在着差异。学生在学习过程中同样存在着显著的个体差异，具体表现在以下几个方面：

第一，学生在认知方式上存在差异。认知方式又称认知风格，它是指学生在组织和加工信息的过程中表现出来的个性差异，其实质就是个体在感知、记忆、思维、想象等认知过程中所偏爱的态度和方式。譬如，有的学生喜欢在安静的环境下看书，而有的学生喜欢在嘈杂喧闹的环境下做几何题；有的学生喜欢独自一人沉思，有的学生喜欢和他人交流、表达自我；有的学生擅长用抽象的逻辑思维解决问题，有的学生则擅长运用具体的形象思维看待事物……学生的认知方式千差万别。

第二，学生的学习风格存在差异。"学习风格"这一概念是由哈伯特·塞伦首次提出的。学习风格是指学生在学习过程中比较喜欢采用的学习方式，是个性化的学习策略和倾向的总和。学生的学习方式各有特点。例如，在语文学习中，有的学生喜欢安静地阅读，静心体会文章的内容想要表达的含义；有的学生则喜欢大声朗读，在朗诵中理解文章的寓意。学生的学习步调有快有慢，我们不能按照统一的教学设计组织学生学习同一知识点。学习能力较强、学习进度快的学生，会因为所学的内容早已掌握，从而感到教师的讲授枯燥无聊；学习能力较差、学习进度慢的学生，则会认为教师讲得太快，觉得学习内容太难，逐渐跟不上教师的授课节奏，从而失去学习兴趣。学习风格没有好坏之分，也与智力无关。我们不能单纯地说："学得快"的学生就好，"学得慢"的学生就不好。学习风格的差异还表现在学生对知识点的掌握能力存在差异。在传统课堂（标准化课堂）上有的学生没有足够的时间来吸收内化知识，知识内化是一个过程，需要一段时间，如果给予那些"学得慢"的学生充足的时间，可能那些"学得慢"的学生比"学得快"的学生对知识点的理解更深入和扎实，对知识点的记忆更持久和牢固。因此，传统课堂"一刀切"的教学模式忽略了学生学习风格的差异性。

第三，学生的学习动机存在差异。学习动机包含学习兴趣、学习需要、情感、意志力等非智力影响因素，起到激发和维持学生学习行为的重要作用。学习动机对学生的影响并不直接"卷入"认知过程，而是间接增强学生的学习效果。例如，在学习意志力方面，有的学生可以一直表现出刻苦努力的学习意志力，但有的学生没有持之以恒的学习意志力，只能在一段时间内保持较好的学习状态。在教学过程中，我们应当关注每名学生的非智力影响因素，针对学生的学习动机差异，制订属于每名学生的学习目标，做出合适的学习规划，设定不同层次的学习任务，实现真正的个性化指导与帮助。

世界上没有两片完全相同的树叶，同样，世界上也没有完全相同的两名学生。每名学生都具有自身特有的认知方式、学习风格和学习动机，所有这些特性结合在一起就构成了学生的个性。在这个非常注重个性的时代，我们要善于发现学生本身存在的个性，并促使其得到最大限度的发展。

我们正处于信息革命的时代潮流之中，社会的发展要求每个人成为更高层次的"终身学习者""自主选择学习者",教育的现实亟须变革,而学生个体之间存在着差异,因此,应当探索新的教学模式,革除传统教学模式的弊端,促使学生个体更好地进行终身学习和自主选择学习,培养适应社会发展的具有个性的创新型人才。

第二节　翻转课堂教学的研究及理论

一、翻转课堂教学的基本特征

翻转课堂有着其独有的特征,其强调让学生主动学习,以充满兴趣的状态进入课堂,学生不是被动的知识接受者,而是可以掌握自己学习方式的主动学习者。同时,教学活动与时间安排都发生了很大改变,面向整个班级的讲解大幅度减少,而对学习小组或个别学生的个性指导增加了。

（一）教学流程反转

翻转课堂这一教学模式对教学环节进行了反转,对课堂内外的时间进行了重新分配,教师不再占用大量的课堂时间进行知识传授,而是引导学生通过交流的方式掌握知识,满足自己的学习需要。在不良的课堂状态中,教师是知识的主要传授者,学生的任务是在课后完成教师布置的大量作业,达到强化知识理解和内化新知识的目的。翻转课堂教学流程恰恰相反,在课前教师制作教学视频供学生自主学习,完成知识传授环节。知识内化环节则由教师引导学生完成,在课堂上教师组织学生对自主学习遇到的问题进行讨论和解答,达到知识内化的效果。

（二）教学手段转变

翻转课堂教学与传统课堂教学最大的区别在于教学手段。在翻转课堂中,教师根据知识特点和学生自主学习的能力水平,充分利用信息技术手段,进行教学设计,制作教学视频。学生在观看教学视频的过程中,注意力高度集中,有利于激发其学习兴趣,并且可以根据自己的需求反复观看教学视频,直到完全理解教师所展示的内容。在教学中了解到，许多学生觉得翻转课堂最大的优势就是能够重复播放教学视频，这样他们可以更深入、更透彻地理解知识内容。

（三）师生角色改变

翻转课堂强调以学生为中心，教师是课堂的组织者、引导者和推动者，引导学生在适宜的情境中，通过讨论和实践自主完成知识探究和理解。学生从原来的被动接受知识转变为积极主动地参与课堂学习和讨论，真正成为学习的主人。在翻转课堂中，教师拥有更多时间对学生进行个性辅导，并且可以针对学生在课堂上的表现对本堂课的教学设计进行适当修改，再在课后根据学生的反馈来制订下一步的教学计划，这与课程改革提出的理念完美契合。

（四）评价标准改变

在翻转课堂教学模式中，成绩不是评价学生的唯一标准，教师可以从学生的课前学习进度、导学作业的完成情况、课堂表现、课后作业完成情况、各种课内课外活动的参与度、考试情况等多方面对学生进行评价，使评价更加科学合理。

二、翻转课堂教学的理论依据

（一）掌握学习理论

掌握学习法是美国著名教育家本杰明·布鲁姆基于卡罗尔学校学习模式提出的。本杰明·布鲁姆认为，教师只要能够在教学中为学生的学习提供良好的环境条件，并且运用各式各样的能够激发学生兴趣的教学方法来提高教学质量，班级中大多数学生达到预期的学习水平是不成问题的。然而学生之间仍然存在差别，有的学生学习能力很强，学习花费的时间较短，很容易就能够达成目标，但是能力较弱的学生与之相反，他们需要花费比前者更多的时间与精力，除此之外还需要他人的帮助才能达成目标。运用翻转课堂进行教学需要掌握学习这一理论的支撑，在传统教学模式中，教师要照顾全体学生的学，因此无法做到个性化教学和因材施教，学生的个性化被削弱，得不到发展。不同于此，在翻转课堂的教学模式下，学生可以在课前自行观看微课视频、完成任务从而对知识有一定的了解与简单的掌握，在观看微课视频的时候，学生可以按照自己的节奏对微课视频进行快慢的控制从而自己把控学习的进度。而在课堂上通过小组合作的方式，同学们互帮互学，学习能力较弱和学习能力较强的学生刚好可以形成互补，互相帮助解决课前存在的问题，从而在教师的引导下一起探究学习，达成学习目标。

（二）建构主义学习理论

建构主义出现于 20 世纪末，是教育心理学的关键和基础，目前，建构主义学习理论已经成为教学理论中的核心和教学实践中的支撑。这一学习理论强调学习的主动性，它认为学习不仅仅是实现知识的接受与内化，而是学习者应当自觉主动地去建构知识。换句话说就是学习者应当在自身知识结构和能力水平的基础上去建构新的知识层面，从而丰富自身的知识经验。可见，学生应当充分发挥主观能动性，通过丰富的学习资料的查阅，从而主动建构有意义的学习。而不能只是坐在教室里，毫无主体地位的被动接收教师传授现成的知识果实。建构主义学习理论是教师进行教学设计的理论基础，建构主义要求教师在设计教学时，要以学生的认知水平和特点为前提，在教学活动的设计中重视学生主体性的发展，并尊重学生学习数学的一般心理规律，从而使学生对学习数学产生兴趣和动机。在翻转课堂这一教育模式下进行教学设计也同样需要在建构主义学习理论的指导下完成，尊重学生的主体地位，把知识的传授放在课前由学生自主学习，学生在课前的信息化环境中形成对知识的简单了解，通过课堂上的协作交互活动实现知识的内化，从而形成构建有意义的学习过程。

（三）混合式学习理论

21 世纪初，"E-Learning"在全球风靡，翻译成中文也就是"网络学习"。直到 2002 年，"混合式学习"（Blended Learning）这一概念被斯密斯与马西埃两人提出，他们融合传统的学习理念和"E-Learning"技术，从而得到"Blended Learning"。有着先进理念和眼光的北师大何克抗教授是国内倡导"混合式学习"的第一人，混合式学习理论是我们进行翻转课堂的理论支持之一。混合式学习理论就是说将学习信息化与传统学习的方式相结合，即"线上＋线下"，同时吸取两者的优势，在充分体现学生主体地位的同时要发挥教师的主导作用从而提高学习的效率。翻转课堂刚好就是混合式学习理论在教学实际中的尝试与体现。在翻转课堂教学模式下，教师将课程中的知识点、重点和难点，制作成微课视频，给学生课前观看，实现"线上"学习；再通过课堂上师生面对面的传统教学，实现"线下"教学，将课前阶段与课堂阶段结合成"线上＋线下"的形式，学生学习的积极性和主体性得到体现，从而实现高效教学。

（四）合作学习理论

"Cooperative learning"源自英国，是贝尔等人在18世纪初创立的一个理论，翻译成中文为"合作学习"，贝尔等人将这一理论应用到教学中，实现团体施教。19世纪初，这一理论在美国兴起，除了美国教育家帕克强调合作学习的方法、杜威也很重视并开始推崇合作学习。它在后期得到了迅速发展，但到目前为止还没有一个固定的概念定义，许多研究学家从各自的角度提出了对"合作学习"不同的见解与想法。虽说"合作学习"的相关定义尚未有结论，但是通过研究文献发现有相同点。概括得到：合作学习是一种在教师的引导下，并且以小组为单位进行活动与学习的教学组织形式，在小组内，组员有一致的目标、定向的任务，并且每一个人都具备责任心。翻转课堂是"线上＋线下"相结合的教学模式。学生在课前的自主学习固然是课堂学习的基础，学生们在课堂上需要在教师的组织下参与到合作学习中去，在小组内发挥自身的优势，互帮互助，从而达到学习目标。因此，在翻转课堂的教学实践中，合作学习大力发挥了它的特点与功能。

（五）学习循环圈理论

美国的伯尼斯·麦卡锡于20世纪80年代总结并提出了学习循环圈理论。他创设了"自然学习设计"（Nature Learning Design）模型，认为任何学习都要经历"Why-What-How-If"这样一个学习过程，由"为什么""是什么""如何""如果"这四个环节构成一个循环圈。学生经历一整个循环圈就是从了解学习价值到掌握数学概念，再到熟练地操作与灵活的运用，实现学习数学知识的全过程。将"学习循环圈"理论引入到翻转课堂中去，将知识传授与知识内化进行翻转，在课前进行知识的传授，在课堂上加深知识的内化。翻转课堂教学设计的课前阶段，与"学习循环圈"的"为什么""是什么"相对应，即与为意义而教，为理解而教相呼应，体现教师的主导性，完成知识的传授。而翻转课堂教学设计的课中阶段，与"学习循环圈"的"如何""如果"相对应，即与为掌握而学，为创新而学相呼应，凸显学生的主体性，完成知识的内化。

（六）联通主义学习理论

联通主义学习理论由乔治·西蒙斯于2005年提出，他认为学习不仅是一个人的活动，而是在网络化、社会化的交互环境中寻找和意会知识的过程。2013年，他开发了具有开放性、交互性、社会化的供学习者和参与者学习的网络课程，并且分别在发表的文章、专著中阐述了该理论包含的学习观、知识观、课程观等。这一理论吸引众多学者的兴趣，大家纷纷提出了教师是学习网络中的一个关键的节点，作为学生学习的促进者，教师的职能发生了很大的变革。而学习者则需要有很强的自我导向能力，语言表达能力、创造能力等，这些能力是学习者参与联通学习的一个必备条件和发展因素。在教师的教与学生的学中，以多媒体为中介的交流互动在联通主义学习中是非常重要的。翻转课堂可以分为课前自学（线上）和课堂教学（线下）两个阶段，联通主义学习这一理论可以使翻转课堂体现出"互联网+"时代教育信息化的特点，在线上的教学中通过微课视频、慕课等交互形式对学生进行知识的传输，学生在这样的学习环境下生成具有个性化的创新知识，提高自主学习的能力。在教师这一"促进者"的引导下通过线下的小组合作、探究学习等教学活动锻炼学生的思维、语言表达等素养，实现师生、生生之间深层次的交互，从而学会知识。

三、翻转课堂教学的实践操作

（一）翻转课堂教学模型

技术进步和开放源代码运动（The Open Source Movement）在很大程度上为教学从传统课堂转变为翻转课堂提供了可能。在翻转课堂的实施上，翻转学习网络（The Flipped Learning Network）发表了翻转学习网络（Flipped Learning Network）研究团队设计的四柱模型（Four Pillars Model，F—L—I—P）翻转方法，第一，F—L—I—P 模型更注重教学内容的设计，而不是教学内容如何得以实现；第二，它更侧重教育者的角度，而从学生的角度则阐释不足；第三，它缺少对个体学习空间的指导。为了弥补这些不足，他们提出了三个附加的柱子（P—E—D），构建了七柱模型（F—L—I—P—P—E—D，Flipped），全部七根柱子及其含义如下。

灵活的环境（Flexible Environment）。翻转课堂教学需要灵活的环境以满足学生随时随地的学习需求，同时教师可以根据学生的学习预期来安排教学进度并选择对学生进行考核的方式。

学习型的文化（Learning Culture）。翻转课堂教学需要将学生消极被动学习的教师中心教学模式转变为学生积极主动、成为学习主人的学生中心的教学模式。这一转化的目的是促进学生的深度学习（Deep Learning）以及针对最近发展区的合作学习，这意味着教师应帮助并挑战学生能力的极限，但是并不超越其极限，因为如果超越了他们能力的极限就会使学生失去学习的动力。

精心策划的学习内容（Intentional Content）。翻转课堂教学要求教师准备适合个人学习空间和群体学习空间的教学内容与活动，明确哪些内容需要在课堂内通过活动来学习，哪些需要在课外通过观看教学视频等材料来完成。教师通过精心的教学设计、恰当的教学内容选择以及多样化的教学方法的运用使得课堂教学实践更加有效。

专业化的教师（Professional Educators）。人们往往认为在翻转课堂教学模式下教师的付出要少一些，其实翻转课堂教学对教师的要求要比传统教学多。教师必须精心设计恰当的教学视频及其他材料，不断反思如何组织好课堂内的探究、问题解决等活动，最大化与学生互动的时间并评价学生对学习内容吸收和理解的情况。

渐进的网络学习活动（Progressive Networking Learning Activities）。这个特征

强调主动学习的社会性成分，例如强调"通过网络学习"的必要性，以协作和团队合作为中心的活动来实现教学目标，并通过"做中学"（Learning by Doing）活动进行补充完善。这一特征也表明翻转课堂应采用渐进的策略逐步让学生适应由低风险到高风险的活动（Low-to-high-risk Activities），低风险活动往往具有持续时间短、易于设计、具有良好的结构、没有争议并且对教师和学生来说都能得心应手等特点，而随着翻转课堂教学的逐步深入，需要逐渐提升活动的难度。

引人入胜并且有效的学习体验（Engaging and Effective Learning Experience）。这个特征拓展了"专业化的教师"的作用，并提出了监控"交互影响距离"（Transactional Distance）来提高学习效果的要求。"交互影响距离"是心理或者是交流的距离，它在翻转课堂环境中波动起伏、处于不断变化的状态，因而，为了减小"交互影响距离"，拉近教师和学生以及学生之间的心理距离或者是交流距离，教师在翻转课堂教学环境中应该成为一个管理者。曾有教师提出了达到这一目的的方式：增加对话机会（师生对话、生生对话）而减少课堂的预设结构。例如，学习者的自主活动（比如观看视频教学）增加了这种距离，而我们应该通过加强学生与教师的交流以及允许教师监控学习（比如测验或通过电子邮件或者学习平台的个性化反馈）来平衡这种距离。

多元化和无缝学习平台（Diversified and Seamless Learning Platforms）。这个特征拓展了"灵活的环境"，并且将对数字化平台的需求视为满足个性化、差异化、可靠性和一致性的必要条件。

从某种角度来讲，翻转课堂教学模式其实并非一个全新事物，事实上它利用了一些现有的教学模式，比如主动学习（Active Learning）、基于问题的学习（Problem-based Learning）以及同伴互助学习（Peer-assisted Learning）等，翻转课堂教学的一个新元素是"翻转"课堂内的内容教学（将面对面的讲座替代为视频讲座），并且尽可能将课堂时间用来"做中学"和"通过网络学习"的活动，尽可能多地增加互动的时间和进行个性化的辅导。基于翻转课堂教学模式借鉴的这些已有的教学模式及其新增的要素，其区别于传统课堂教学模式的特点。

　　翻转课堂教学模式依据了大量以学生为中心的学习理论和相应的教学模式，没有这些理论，翻转课堂可能根本就不存在。但正如我们所讨论的，翻转课堂由两个部分组成：一个部分是需要人的互动（课堂内的活动），第二个部分是通过使用诸如视频教学等以计算机技术为载体的自动化学习（课外活动）。很显然，课堂教学本身也是至关重要的，而学生中心的学习理论只是呈现出提供这些活动设计的哲学依据。在视频教学和课堂教学中，教师通过以下几方面起到促进者或监督者的作用：指导学生使用教学视频进行学习；定期评估学生以确定他们已经知道了什么、需要知道什么，从而进行适当的学习活动设计；在课堂上给需要帮助的学生提供进一步的解释和提供额外的资源等帮助。翻转课堂教学可以使得学生在教师恰当的帮助和同伴的合作之下获得更多的体验学习机会。

（二）翻转课堂教学模式的学习框架特征

　　当学生的学习超越了正式—非正式学习环境的边界时，学习文化的转变是必需的，而这种转变使得学习以结构化（Structured）和脚手架 (Scaffolded) 方式成为"无缝 (Seamless)"的学习。在使用数字技术集成的非正式学习空间 (Inform Learning Space) 中，该框架表明教学视频点播并非人们通常认为的在家中学习的唯一形式。根据在家中学习的目标，除了点播观看教学视频，学生在家庭这种非正式的学习空间中还可以通过聆听播客、参与在线讨论、进行在线形成性评价小测验、参加模拟或者游戏、关注在线研究教师布置的学习主题、阅读基于网络的信息并尝试回答问题等方式进行学习。教师能够通过测验反馈以及课前讨论来评价学生所处的学习阶段。在课堂内进行的正式学习中，学生通过小组内的同伴互动以及与教师进行的一对一互动，进一步发展最近发展区并澄清学习中的疑难问题。

　　翻转课堂学习中，学生可以通过元认知策略反思自己的思维、对自己的理解进行自我评价并对下一步的学习采取行动等举措掌控自己的学习进程，从而发展其自主学习和独立学习的能力。课堂活动的问题解决性质可以促进学生的批判思维能力和高阶思维能力的发展。精心设计的问题提供给学生解释和分析信息的准确性和可靠性，诊断与问题相关的信息并发现相关假设的缺点以及与同伴交流思想的机会。而在探究或者是基于项目的学习任务中，学生还可以通过与他人进行合作，促进社会交往能力和团队合作技能的发展。而这些都是21世纪的工作所需要的技能。

对翻转课堂教学中的教师而言，需要精心设计学生活动以使那些正式的或者是非正式的学习活动的建构与学习单元或课程的目标相符，而学生在家中浏览视频时需要积极建构对学习内容的理解并弄清其含义。在翻转课堂教学中，学生的学习面临社会建构和认知建构，其中社会建构关注外在的知识以及诸如教师、同伴以及父母等人在调节学生知识发展中的作用。认知建构和社会建构之间的一个区别是，后者中教师的作用更大，并且教师需要通过深度讨论、创设支架以及鼓励学生参与到恰当的活动中来以帮助学生掌握概念。在翻转课堂教学中，许多正式学习空间中的活动都是具有社会建构性的，教师需要帮助学生在自身的基础上反思其理解并且在需要的时候进一步解释概念，另外，学生需要在同伴指导和合作项目中与其他同伴进行互动。

在教学中，教师需要意识到学生的能力是有差异的。在常规教学中，门罗认为学生对教师教学的理解可以分成三种类型。一是对教学信息主观化的质朴理解：学生对教学信息的理解仅停留在字面意义上，对具体信息的理解表面化。二是更为普遍的自发性理解类型：这些学生能够形成诸如因果关系、必然趋势等新的概念或关系，这些学生在没有指导的前提下能够自己形成阐释。三是自发的、广域图景式的理解，类似于在某些方面的专家级的理解。他们的理解比一般类型的要更宽广，并且通常具有创造性的解释。这类学生能建立起知识或者观点之间新颖的、功能性的、往往是出人意料的联系，他们的理解使得知识或者观点的远端迁移成为可能，这一群体通常都是一些具有天赋的学生。学生对教师的教学有不同层次和水平的理解这一事实的启示是，对教师而言，在进行教学的时候需要设计不同的知识和活动以适应学生不同的能力水平，采用的教学材料对水平较高的学生应该具有充分的挑战性，而同时对水平较低的学生能够提供更多层次的脚手架以帮助学生理解。在翻转课堂中，教师需要设计恰当的问题以帮助学生在已有的知识和在教学视频中学习的新内容之间建立起联系，发展学生的元认知能力。而对学生而言，则需要在与视频点播进行互动的时候诊断出自己的最近发展区，对需要进一步关注的内容保持注意力，并在正式课堂教学环境中寻求帮助。

（三）有效视频播客的制作

翻转课堂教学的一个关键工具是视频播客（Video Podcast）。视频播客是一个包含明确教学内容的多媒体资源，由教师上传到网站上供学生下载并在家中为下一节课的学习进行浏览准备，在制作视频播客的时候，教师可以充分利用截屏软件同时捕捉记录诸如图片、幻灯片、文档中的文本或者是诸如方程式等的画线文本段落以及教师的旁白等信息，并用来创建视频。视频播客对学生的学习态度、行为和成绩的积极影响已经被先前的研究充分证明。视频播客是包括新概念的介绍、修改的内容材料、模拟和知识建构的游戏等有用的学习主题的视频。视频播客的优点有：学生和教师之间可以离线互动、学生能够随时通过其移动设备或者是台式机按照自己的需求来获取视频，为了能够掌握困难概念还可以随时倒回到视频的适当位置重复观看。视频点播可以快速传播教学信息并能迎合不同学习偏好的学生，为了有效地创建和管理教育视频播客，教师在创建视频播客时需要注意以下几点。

为了维持学生的注意力，视频往往比较短，在 7 ～ 15 分钟之内，如果教学的主题不能在一个短视频中完全呈现的话就录制一个短视频系列。把教学内容分解为简单易于管理的部分（即分块），能够帮助学生更好地吸收信息，而不至于在学习的过程中承载太多的工作记忆（Work Memory），而分块的教学视频内容也便于编辑和更新。

一个录制的视频应该只包含一个核心概念。如果一个概念比较复杂，可以在恰当的知识节点将一个知识点录制为几个视频。

选择可以重复使用的材料或者案例并使之服务于多重目的。

尽管对一个自然录制的视频而言，脚本不是逐字逐句的，但是在录制视频之前设计好教学视频的脚本是非常有用的。

最好能够提供视频播客的结构。比如在导论的时候应该清楚地介绍视频播客的目的和价值，在结束视频录制的时候能回顾教学目标和知识要点。

避免分散注意力的背景（包括音乐）、服装和过度的身体姿态。通过使用高质量的设备（例如麦克风、数码相机）和定位相机捕捉所需的视域并确保视频的视听质量。

说话的声音要清晰沉稳，避免赘词（如口头语）。通过下定义和重复表述等手法来对新的关键词进行强调。

可以考虑增加一些与教学材料相关的形成评价和终结性评价。例如，在视频结束时增加一个小测验的链接，这样做的目的是监控学生是否在家观看了视频并评价他们对内容的理解程度。有必要在视频一开始就让学生知道评价的存在，并提供有关如何完成测验的清晰说明，以确保他们能够完整地看完播客（视频）。

在管理播客（视频）的时候，通过明确使用播客作为学习资源的目的和教学价值让学生做好学习的准备。如果学生能够意识到视频（播客）的价值就会在学习的时候更有动力，因此就有可能潜在地提升课程的学习成绩。

第三节　翻转课堂有效教学设计

一、高中数学翻转课堂教学设计的原则

（一）学生主体性原则

建构主义和课程标准都对学生的主体地位给予了肯定，因此高中数学的教学应当围绕着学生的主体地位的体现、促进学生的学习兴趣与动机的加强来尽心设计。结合翻转课堂师生角色转换的特点，教学应当覆盖全班所有学生，学生从听众变成了表演者，教师则变为导演甚至是学生学习探究的伙伴。在翻转课堂中，教师在课前设计适合学生特色的微课视频和自学任务单，使学生在课前根据自身

的学习节奏观看微课视频并完成任务单，学习中如果遇到有困难或者疑惑的地方，学生可以查阅书本、网络，或是将疑难点记录在任务单空白的地方通过第二天的课堂活动得以解决，这样的设计可以保证学生学习的自主性与主体性，教师还应当提前设计好课堂上的教学环节，比如小组讨论、解疑释难等活动，使学生在课堂上充分展示自己，表达自己的观点和疑惑，并结合其他学生的发言进行反思和改进，从而对知识点理解得更深更透。

（二）教学资源信息化原则

在翻转课堂中，微课视频、自学任务单以及书本都是学生在课前自主学习需要用到的学习材料。学生是独立的个体，有各自的个性特点，每个人对学习资源的喜爱程度不一样，有的人喜欢图文并茂的书本，有的人喜欢动态图，有的人喜欢伴有讲解的知识点，有的人则喜欢演示文稿等。因此高中数学教师进行翻转课堂的教学设计时，应当考虑资源的多种选择性，从而满足学生的不同喜好。但同时要符合新互联网时代的教育信息化要求，可以把课堂上需要讲解的知识点做成微课视频并投放至在线上平台供学生观看，将课本上原有的内容或是习题，应用到视频里面去，也可以将几何中抽象的静态图像，通过软件做出动态图的效果，使学生直观地感受抽象的知识，教师还可以从网络中例如中国微课网中选取精致的优秀的教学视频给学生观看，让学生在多种优秀的信息化学习资源中，按照自己的喜好选择，从而形成自身对知识的创新性认识和理解。

（三）重视能力素养原则

新高中数学课程标准中，最新提出了"数学核心素养"这一概念，要求数学课程以"学生"为本，培养学生的数学能力，发展数学核心素养。这也就要求在当今高中数学课程的教学中不只是关注学生的成绩，更重要的是把课堂还给学生，促进学生创新意识等能力素养的发展。结合翻转课堂的特点，数学教学应当注重在课前的学习阶段中提供自主学习的环境用以培养学生自主学习、发现问题和提出问题的能力，在课堂活动的设计中安排小组交流和成果汇报的环节，从而使得学生的语言表达能力、逻辑推理能力得到发展，在对问题的探究过程中培养学生的发散思维和创新思维，使学生养成良好的学习习惯，体会数学的生活化与趣味性，从而激发学生对数学的热情，增强动机，促进学生数学核心素养的发展。

（四）反馈及时、评价多元化原则

基于上述重视能力素养的养成原则，想要将高中数学课堂进行翻转，还需要以反馈及时性、评价多元化为原则进行教学设计。翻转课堂中的教学反馈应当是有时效性的，教学评价不仅是教师的一项责任，还应当多元客观，鼓励学生参与到自我、互相评价中去。对课前的线上学习和任务单的完成情况，教师要及时跟进学生的学习进度，也就是说，教师在课前要翻阅学生的任务单查看学生的完成情况，以及写在任务单上需要解决的疑难点，还可以通过一定的网络平台，对学生观看视频的情况有一个进度的了解，从而做到心中有数。对课堂上学生的练习情况的反馈以及学生的反应，随机应变地对教学环节或是教学活动做出相应的调整。通过教师评价、组内评价、自我评价的方式总结课堂教学内容和学生的学习状态，对学生的学以及教师的教都起到了一定的鼓励作用，从而为实现高效教学做好铺垫。

二、高中数学翻转课堂教学设计的思路

翻转课堂教学模式主要由课前学习和课堂学习两部分组成。在这两个过程中，信息技术的融合、教学活动以及评价方式的设计与选择是现代翻转课堂学习环境创设的关键。

（一）课前学习设计：内容信息化、目标层次化

1. 制作"微课视频"

教师必须充分了解学生，清楚学生已有的知识基础和发展水平。学生通过教师提供的微课视频和课程资源初步完成知识的学习。微课视频可以选择中国微课网上的优质获奖微课视频，也可以由教师自行录制。两种方法各有利弊，如果选择已有的视频资源，教师可以节省时间和精力，然而网络教育资源可能会与课程

目标、课程内容不完全相符；如果教师自行录制，虽说视频的内容能够与教师设定的教学目标和教学内容相吻合，而且可以结合学生的特点录制并控制视频时长，但这对教师的个人素养有较高的要求，教师要具备生动展示、讲解和灵活使用现代信息教育技术的能力。微课视频用时相对较短，针对高二数学知识内容特点并考虑到高中生的学习时间紧张以及学生在课堂中能够注意力集中的时间有限，视频时长控制在 4 ～ 12 分钟内最为恰当。制作微课视频是为了引导学生自主学习，需要考虑的是如何使学生积极参与到微课视频的学习中去。为了避免学生的注意力分散和数学学习兴趣的消失，避免学生对教师的抵触心理，视频中尽量减少教师的出镜频率，最好只有画外音、课件或是电子白板的板书以及动画等。微课视频需要进行脚本的设计，不同的数学知识点和教学内容，需要不同的呈现方式。微课视频的脚本设计需要具体到每个画面需要讲解的内容，在完成脚本设计之后，可以通过对着视频试讲的方式进行脚本的调整与修改。除此以外，语言的设计应当注重启发性，带动学生的思考。准备充分的脚本不仅可以让教师清晰自己的教学思路，而且对微课视频的录制与编辑来说更加方便快捷，从而提升教师制作微课的效率。

2. 制作"自主学习任务单"

自学任务单是一种重要的学习资料，它是翻转课堂教学模式的关键文件。它贯穿于学生学习的全过程，能够让教师和学生从课前环节自然地过渡到课堂环节。一来，如果有学生在微课视频的学习中，存在个人见解或者疑惑，可以将其记录在自学任务单上，以便在课堂上提出，得到教师和同学们的帮助。二来，教师通过查阅学生的自学任务单，了解不同的学生在学习时遇到的困难，在课堂的教学中有针对性地解析难点，有利于建立良好的师生关系，促进学生对知识的理解。

为了了解学生的课前自主学习情况，自主学习任务单的设计中应该包含学习目标、学习资料、学习探究过程以及自我评价这四个部分。首先，学习目标应当从教材分析和学情分析两个方面出发，不仅要有知识技能学习目标，还要有能力素质培养目标，要让学生知道本节课的学习目的是什么，利用目标驱动法提高学生学习数学的主动性。其次，在学习资料中要明确地指出学生在自学过程中可以利用的教学资源，提醒学生在观看微课视频时可以自由调控学习进度，尽量将学习的时间控制在15分钟左右。同时，学习探究过程中的内容应当明确学生微课视频学习的知识点并给以基础练习，用开放式的作答方式方便学生小组讨论自主学习的成果。除此之外，在自我评价部分让学生提出在课前未解决的困惑，这样不仅可以培养学生大胆质疑、主动提问的品质，教师还可以通过了解每名学生在学习过程中遇到问题的不同，做到因材施教。

（二）课堂学习设计：活动协作化、问题探究化

1. 课堂研讨题目的来源

学生主动提出在课前的自主学习中存在的问题，在小组中交流讨论，互相帮助。教师也可以以本节课的重难点、学生观看微课视频，完成自学任务单中存在的疑问为基础，归纳出具有探究意义的问题供学生在学习小组中进行探索。要保证班级中的每名学生在交流、探究的过程中动脑、动手、动口，从而培养学生提出问题、分析问题、解决问题的能力。

2. 课堂教学活动的设计

协作交互学习是指学生个体之间通过对话、讨论、争辩的方式对研究的问题做一个论证，在这样小组协作的活动中，学生要做到人人参与、积极交流，在讨论的过程中对自己的看法进行判断和审视，并在讨论结束后对小组讨论的结果进行总结和汇报。在汇报成果的环节，应当注重对已展示成果的讨论、分析和纠错，帮助学生进行知识的迁移与内化。这样的课堂活动有利于学生个体的发展，能够培养学生的语言表达能力和团队合作的意识。在课堂学习的活动设计中，教师要尊重学生的主体性，学生主体地位的体现应当贯穿整个课堂的设计，教师不能完全将课堂交给学生，而是应当亲自跟进小组的讨论进度并及时加以指导，保证小组课堂活动有效地进行。

（三）学习评价设计：评价过程化、方式多元化

评价是必要的，它是正常进行翻转课堂教学活动的必要前提。及时准确的反馈评价可以激发学生的学习动力，有助于学生自主协调学习节奏。对学生的学习评价要具备过程化、方式多元化的特性。在课前学习阶段，随着信息技术的高速发展，学堂在线、爱课程、优课联盟等慕课学习平台都具备了全程记录学生学习痕迹的功能，教师可以根据对学生课前学习情况、完成测试题情况、互动情况的跟踪来了解学生的课前学习情况，提前发现学生在课前学习中存在的问题。在课堂学习阶段，教师根据课堂中学生的反映情况、互动情况、回答问题解决问题的情况来对学生进行学习评价。通过课前与课中的全程跟踪评价使评价具有过程化。评价的形式有很多，除了可以通过线上网络课程的具体情况进行评价之外，在线下的课堂上还可以采取教师总评、小组学生互评以及学生自评、个人小结之类的方法对学习的结果和学习过程中的表现进行评价，还可以采取学生测试的评价方法，通过随堂或是章节测验对学生在一段时间内的翻转课堂学习的真实情况进行评价，并针对存在问题采取切实可行的措施。评价的方式多种多样，教师选择适合且合理的即可，帮助学生在认清自己的基础上通过努力和改进实现自己的目标。

三、翻转课堂教学模式的高中数学教学设计模式

目前国内的大多数翻转课堂教学模式都是依托杰姬·格斯丁环形四阶段模型而创建的，四阶段模型主要包括概念探究、意义建构、体验式参与、演示与应用四个环节，分为课前和课中两个阶段，翻转课堂教学设计模式忽略课后环节，总归有些不完整，因此，以当前高中数学课堂存在的问题为指导，以建构主义、混合式学习、掌握学习等学习理论为基础，设计了"一二三十"教学设计模式。

在该教学设计模式中，"一"即一个共同的教学目标；"二"即课前、课中和学生与教师地位的两个翻转；"三"即课前阶段、课中阶段、课后阶段；"十"即十个环节，对课前阶段包括三个环节，即：教学目标设计、学习资源发布、课

前练习，是知识传递的过程，课中阶段包括五个环节，即确定问题、自主探究、小组合作、成果展示、反馈评价，是知识内化的过程，课后阶段包括两个环节，即：整理总结、拓展知识，是知识拓展的过程。

（一）课前阶段

课前阶段是整个教学设计中最为重要的阶段，它直接决定教师的课堂教学效果和学生的数学学习体验。同时课前阶段是知识传授的阶段，即学生预习阶段，学生通过学习教师发放的学习资源获取新知识，了解本节课的内容，为课中阶段内化知识打下坚实的基础。

1.教学目标设计

教学目标在整个教学过程中起着指导作用，具有一定的指导和评价作用，全面而准确的教学目标是一堂优秀课的关键因素。传统教学模式的教学目标比较注重知识传授，而忽视了课堂上师生之间、生生之间的交流互动。翻转课堂教学模式的教学目标更加注重细化教学目标，在设计教学目标时应体现出层次性、具体性。依据布鲁姆教学目标分类将教学目标分为知识、理解、应用、分析、判断、创新 6 个子目标。

2.学习资源发布

在课前预习阶段，学习资源是至关重要的因素，其形式灵活多样，主要包含导学单、教学视频、学案、测验等形式。其中教学视频是最主要的形式。教学视频是翻转课堂教学模式的关键，是其运用的基础。在翻转课堂中，学生通过课前观看教师发放的教学视频获取知识，而教学视频可以由教师自行录制，也可运用网络上的优秀教学资源。随着教育信息技术不断发展，在线教育平台也随之快速发展。例如，上海市高中名校慕课、慕课网、课程教材研究所、中国微课网等平台，教师可在这些优秀的平台中挑选符合自己教学内容的教学视频作为学生课前阶段观看的内容。当然，众多网络资源的质量可能良莠不齐，因此教师可根据自己的教学目标和教学内容自行录制。

教师自行录制视频，需要注意以下几点：

　　教师应对教材进行全面、深入的分析，并不是所有的知识点都适合使用翻转课堂教学模式，对过于简单、学生可以很快掌握的知识点使用翻转课堂教学模式，反而将教学复杂化了，因此教师应对教材进行全面、深入的分析，并认真钻研课标，设计出适合学生的学习目标。

　　教师应准确分析学生学情。教学视频是重要的课前教学资源，一个好的教学视频能够保证学生从中获取知识的针对性、完整性、有效性，因此在制作教学视频的过程，要针对学生的具体情况，制作出符合学生实际情况的教学视频，因材施教，促进学生全面发展。

　　教学视频应符合学生身心发展特征，激发学生的学习兴趣。要注意的是观看教学视频的对象是学生，学生具有与成人不同的身心发展特征，因此只有符合学生身心发展特征的教学视频，才更有利于学生的学习。

　　教学视频应简短精悍，时间控制在 10 ～ 15 分钟之间，整个视频的时间不宜过长也不宜过短，应该符合学生注意力发展特点，教师应尽可能地将知识点讲解清楚，让学生循序渐进地掌握每个知识点，从而使学生达到学习的最佳效果。

　　制作教学视频要遵循启发式原则。教师应该明确教学视频只是整个教学过程的前提，是一个组成部分，并不代表全部过程，因此在制作教学视频时不要试图将全部内容展现给学生，而是应该给学生在内容上适当留白，给学生留有思考的余地。孔子曾说"不愤不启，不悱不发"，教学视频应贯彻启发式原则，调动学生的主动性，使学生主动思考问题。

　　3. 课前练习

　　学生观看完视频，应进行相关的课前练习，以检验自己的学习效果。教师应针对视频内容设计课前练习并提前发放，良好有效的课前练习能够有效地帮助学生快速吸收知识，并且加强和巩固对新知识的理解。同时练习的数量和难度要遵循"最近发展区"，有效促进学生新旧知识的衔接。学生通过观看教师上传的教学视频，进行知识的吸收，完成教师设计的课前练习和任务单，促进知识的理解，构建旧知识与新知识之间的桥梁。当然在课前预习阶段，学生会遇到很多的问题，对这些问题，学生可以自己查找资料解决，也可以与同学交流、讨论，共同解决问题，若仍然不能解决，学生可记录下来，在课堂讨论环节与教师一同探讨。

（二）课中阶段

课中阶段是知识内化的阶段。教师将课前阶段的疑难问题或者学生不懂的知识点收集起来进行分析，然后通过组织课堂交流、讨论等环节促使学生完成知识的内化。同时教师要考虑课程的类型和特点，并根据学生课前阶段的反馈，创造性地创设学习环境。

1. 确定问题

问题是整个课中阶段的核心要素，只有先确定问题，才能够顺利开展各种教学活动，问题还直接影响着整个教学过程的效率和教学氛围。问题主要有两个来源，一是学生在课前阶段解决不了的疑难问题上传至云平台，由教师综合整理得到的具有代表性问题；二是教师根据教学重难点以及自身的教学经验预测到学生可能遇到的问题。但是在课前学习过程中学生可能会遇到各种各样的问题，有的问题太过简单，放在课堂上讨论明显浪费时间，有些问题过于难，不符合本节课的教学目标，因此这需要教师根据自己的经验以及学生的具体学情整理出具有代表性和符合教学目标的问题。教师要做到这点，需要深入钻研教材和课标，具备较高的教学能力，并且能够准确分析学生的学情。只有满足大多数学生的需求，才能够激发学生的学习兴趣，使学生参与到整个教与学的过程中来。

2. 自主探究

不难发现，翻转课堂着重发展学生的自主探究能力和培养学生的独立学习能力。现代化的信息技术能够为学生创设个性化的学习环境，促使学生成为自我求知的激励者，同时翻转课堂将知识传授环节转移到课下，这就解放了学生的课上听课时间，能够使学生根据自己的学习习惯和认知风格设计出自己独特的学习方式，从而达到课上学习最佳的效果。自主探究能力是每个学生的基本能力，教师要引导学生自我发展自主探究能力，因此教师应该在课上多多设置讨论问题的环节，给学生留有思考的余地，引导和帮助学生通过独立思考、自主探究得到问题的答案，这不仅有利于学生养成独立思考问题的习惯，而且也有利于培养学生的创新能力，从而更有效地实现知识内化。

3. 小组合作

小组合作是在课堂中以学习小组为基本学习单位，采用交流答题、案例讨论、辩论等形式以达到解决问题目的的一种学习形式。传统课堂主要是以教师讲解，学生被动接受为主，在传统课堂教学模式中，师生之间、生生之间缺乏交流，学生参与感不强，学习数学的兴趣下降，而在翻转课堂中教师与学生位置互换，学生成为课堂的主人，教师是组织者、参与者、指导者。在翻转课堂中小组合作要遵循"同组异质，异组同质"的原则，学生通过教师的启发引导，组内合作解决问题，从而培养学生的团队意识和合作精神。在具体实施过程中，教师应帮助学生建立合理的小组，分组原则以"异质小组"为主要形式，引导小组设立小组目标，建立小组奖励和评价机制，使每名组员都明确自己的职责，保证每名组员有均等的成功机会。小组合作学习将学生的个体差异作为一种积极的教育资源加以利用，组织学生之间的交流与合作，让每个学生带着自己的认识倾向、思考方式和价值观念参与到集体学习中来。组内不同学生的智能和知识基础会有所差异，因此，在合作学习中学生可以取长补短，因为同龄人的帮助有时比教师更为贴近，更为有效，而且当一个缺乏自信心的学生，一旦能主动完成任务，一定会得到全组的鼓励和赞许，小组的支持将激励他更加积极向上。

4. 成果展示

通过确定问题、自主探究、小组合作，每名学生都会有属于自己的收获和对知识的不同理解，这时需要各个小组或学生向全体学生汇报自己的学习成果，与同学共同分享自己的学习经验，实现全体学生共同进步，同时有助于对自己本节课的收获查缺补漏，其他同学也可根据别人的成果或经验取长补短，不断完善自己的知识体系。其形式多种多样，如汇报会、报告会、讨论会、制作成果展评会、主题竞赛等。

5. 反馈评价

翻转课堂注重形成性评价和总结性评价相结合，提倡评价方式多元化，因此教师在课堂结束时，应对学生整节课的表现和学习结果进行评价，并反馈给学生，促进学生不断发展，同时教师还应组织小组互评、学生自评等，实现多种评价方式和多个评价主体有机结合。

（三）课后阶段

1. 整理总结

课后学生应对本节课内容重新梳理、归纳总结，形成自己的知识框架，并主动上传至平台，供教师和学生查看和互相学习。需要注意的是整理总结并不是把知识点全部抄写，而是应该根据自己的理解对知识进行总结，对不熟悉的知识重点梳理，以达到查缺补漏的效果。

2. 拓展知识

每名学生都有自己的发展需要，课上环节只能满足大多数学生的需求，使每名学生达到学习的最低标准、基本要求，而对那些学习能力强的学生则需要拓展知识来满足其需要，因此教师应照顾这些少部分的学生，提供一些拓展性的问题以供这些学生进行探究，拓宽他们对课堂知识的理解，促使他们能力不断发展。

四、翻转课堂应注意的问题

（一）翻转课堂教学在中学数学各学年阶段的实施特点

翻转课堂作为信息化时代催生出的一种新型教学模式，在中学不同学年阶段所存在的矛盾点各不相同，中学数学教材难易度变化相对较大。进入中学阶段，学生的学习模式发生较大变化，数学学科也由早期跟着教师机械模仿地学向自主学习灵活运用、举一反三触类旁通方向迈进，这种学习方法的转变为开展"翻转课堂教学模式"提供了基础保证。中学教育在脱离义务教育范畴后主要注重学生群体的个人学习能力和逻辑思维培养，翻转课堂模式下的数学学科需要学生群体的高度参与，并且无条理的课外学习也会给学生造成学习负担，所以在翻转课堂模式下的数学学科教育还要继承传统教育模式资源集约高效、教育目的明确的优秀特质。在此基础上通过翻转课堂激发学习热情和活学活用、科学灵动的教学目的。为此，翻转课堂要想在数学学科发挥作用，需要开展大量的前期工作和科学合理的计划统筹。

（二）翻转课堂教学存在的矛盾困难

一是学生的学习兴趣和理解规律把握较为困难。在实验过程中明显感到，以兴趣为支撑的学生，主动学习的积极性强，能够主动预习相关内容，理解知识点也更为透彻；对数学兴趣不大的学生，虽然能够预习相关内容，完成相应课前任务，但是对知识点理解不深不透，学习热情不高；而对数学没有兴趣或者根本不爱学习的学生，翻转课堂给了他们较为宽松的学习空间，他们也不会认识到学习的意义。二是家庭教育及家庭态度也有可能成为翻转课堂的阻力。家庭教育对学生的学习态度、学习兴趣都有着较大的影响。父母较为开明的，孩子的独立性较强；父母严厉的，孩子的独立性较差；而父母放任自流的，孩子则比较难引导。而不管父母是什么样的，虽然表面支持翻转课堂，但是他们对翻转课堂其实是持怀疑态度的，毕竟，他们觉得对高中学生来说，没有太多的机会给孩子的学习试错。第三，教师在研究过程中，实践经验的缺少容易将翻转课堂带偏。制订教学目标需要教师对每名学生有一个很完整的把握。有时很用心设计出的教学目标也不可能完全适合每名学生等。

（三）翻转课堂教学实验存在的不足及注意事项

一是因教师水平有限，制作出来的教学视频观赏性不高、引导性也不强。这也间接导致了课前学习的整体效果不够理想。二是因实践经验问题，在实际操作过程中，还有很多可以完善的细节未能完善，还有不少环节被忽视，使得部分学生对翻转课堂的认识还不够全面，总片面地认为翻转课堂就是课堂上的翻转，而没有融入日后的拓展实践中。三是师生交互和学生间交互还有相当的欠缺。

（四）关于翻转课堂教学实践中的几点意见

一是应在家长、学生群体中加大对翻转课堂的宣传力度。翻转课堂教学模式的受众还不够广泛，有的家长和学生对翻转的效果是持怀疑态度的。因此，部分学生的课前参与积极性不高，还过多依靠课堂讨论去学；家长对翻转课堂的实效性和长远意义还抱有怀疑态度。二是应把翻转课堂延伸到课前与课后。翻转课堂教学模式，从效果上看不够理想，学生大多不愿意花太多时间。课前阶段，应加强督促提醒，课后拓展环节，教师需要重视学生个性发展要求，耐心指导，注重养成，引导学生把知识运用到实践中去。三是开展翻转课堂应形成合力。只依靠一个教师或者一个组很难完美地开展好翻转课堂。四是开展翻转课堂还是应该循序渐进。在高中直接开展翻转课堂，对接受了传统教育较长时间的高中生，学习的依赖性已经养成、自我独立性还比较差、合作能力也比较差，突然展开，势必会与高考应试相冲，社会的压力就会接踵而来。

（五）关于翻转课堂教学实践可行性的总结

其实，国内已经有不少学校开始翻转课堂的尝试了。当然，传统教学模式还是有着较大的市场。在这里一个问题值得所有的教育工作者去思考："我们到底要培养什么样的学生？"综合分析，从目前的物质技术基础来讲，社会信息化的发展已经提供了较为完备的条件，同时、教师、学生群体的大力支持与积极参与、大部分学生家长对孩子未来的期待也提供了较为适合的人文环境、通过教学实践过程中发现的普遍现象是学生学习兴趣大幅提升，多数的学生的成绩都有上涨。它建立和提高师生之间的关系，学生也会感到学习的重要性和社会存在感。但是课前如何督促学生自主学习、课上如何组织学生进行深入学习、课后如何组织拓展深化是翻转课堂的难点。另外，实施翻转课堂需要学生增加几个小时的课外工作，这可能也在一定程度上增加了学生学习的负担等。要解决以上问题，需要集中优势教学力量，为不同类型的学生量身定做教学视频、教学设计以及课后拓展等。如学习正弦定理，不同水平的学生可以观看网上不同的教学视频，完成不同的教学任务，开展不同的课后拓展等，从而节省较大的师资力量，使得与学生经常相处的教师有更多的精力和时间做好教练员和引导员。

第八章　大数据背景下高中数学有效教学研究

第一节　大数据产生的背景

一、大数据产生的背景

从 20 世纪中叶计算机产生以来，人们越来越广泛地使用计算机，充分利用其所带来的数字化和网络化。

（一）数字化

自计算机发明以来，随着技术的进步，计算机硬件设备越来越便宜，性能越来越好，这促使越来越多的数字设备被发明出来，并被应用于数据的存储、传输和处理。

计算机所能处理的数据量与存储设备的存储量是紧密相关的，而在计算机的存储设备体积越来越小、价格越来越低的同时，容量却越来越大。IBM 在 1956 年生产了一个商业硬盘，这个硬盘容量只有 5MB，不仅价格昂贵，而且体积比冰箱大。如今，容量为 TB 级的存储设备随处可见，不仅价格只有几百元，而且体积很小。

伴随着容量更大、传输速度更快、价格更便宜的存储设备的产生，计算机数据处理所依赖的 CPU 的性能也在快速发展。从 20 世纪 80 年代开始，按照摩尔定律，CPU 的运行频率已经从 10MHz 提高到了 3.6 GHz，CPU 中核的数量也在逐渐增加，同等价格下 CPU 的处理能力已经呈几何级数上升。

随着 1977 年世界上第一套光纤通信系统在美国芝加哥投入商用，信息的传输速度进入了一个新的阶段。在宽带网络速率不断提升的同时，移动通信宽带网络发展迅猛，使得各种移动终端设备可以随时随地并更加快速地传输数据。

（二）网络化

如果说数字化背后高性能、低成本数字设备的发明和使用是大数据产生的基础，那么互联网所带来的网络化则是大数据产生的催化剂。互联网消除了地域、国别等阻碍信息流通的限制，使得人类能够快速地传输和分享数据信息。它所带来的便捷也将全世界更多的人卷入网络中。人们在享受这种便捷的同时，也变得更加依赖数字设备，以至于 PC、手机等数字设备成为人们生活和工作的标配。这种依赖也在无形中使得人们更加主动地生产诸如短信、微博、邮件等各种数据。在全世界数十亿人口的加持下，人们每天通过持有的数字设备所产生的数据是海量的。特别是以社交网络为代表的 Web 2.0 技术的发展以及智能手机的普及，加速了人作为数据主动生产者的角色，从而生产了更大规模的数据。2022 年的新浪微博用户发展报告显示，微博月活跃用户达 5.62 亿，月阅读量过百亿的领域达 40 个。

如今，在互联网蓬勃发展的同时，人们已经不满足于通过互联网实现人与人之间的互联，更希望将物理世界融入互联网之中，实现人与物理世界的沟通。而这种沟通的重要媒介就是各种用于感知物理世界的传感器设备，如各种摄像头、湿度/温度传感器。为了感知对象，这些传感器设备时时刻刻都在不辞辛劳地产生各种数据，并且它们产生的数据规模更是惊人。如果将摄像头的码率设为 4 Mbit/s，假设带宽允许的情况下，1 个摄像头 1 h 会产生 14 GB 数据，一天会产生 336 GB 数据，一年会产生 120 TB 数据。100 个摄像头一年会产生 12 PB 的数据。如今各城市中遍布各种摄像头，可以设想一下如果把这些摄像头产生的所有数据全部存储起来，那么所产生的数据量会远远超出普通的计算机或者服务器所能处理的数据规模。

二、大数据对教育界的影响

1970 年，托夫勒的一本畅销书《未来的冲击》似乎早已为我们今天的这个时代奏响了序曲。随着互联网技术的发展以及在线教育自身优势的逐渐显露，50 年后的今天，网络教育的优势已经清晰地展现在眼前，教育也将朝着更加个性化和全球化的趋势发展下去。

大数据是教育未来的根基。没有数据的留存和尝试挖掘，教育信息化只能流于形式。从竹简记录到蔡伦的造纸术，再到活字印刷术，每一次技术的革命都革新了教育的一个时代。同样，今天计算机和信息技术的发展、大数据的发展使得教育面临一场新的革命。谁能更好地把握大数据，谁就会在未来的竞争中获得更多的主动权。

信息化革新教育模式下，教育数据更容易获得和整合。处于信息化时代，我们获取知识的途径不再仅是课堂，线上学习逐渐成为学习知识的主要途径，课堂将成为交流学习成果、答疑解惑的场所。比尔·盖茨声称，"五年以后，你将可以在网上免费获取世界上最好的课程，而且这些课程比任何一个单独的大学提供的课程都要好"。如此一来，学习行为的数据将自动留存，更易于后期学习行为的评估。教师不再基于自己的教学经验来分析学生的学习偏好及共同点等，只要通过分析整合学习的行为记录就能轻而易举地得到学习过程中的规律，这样对教师的下一步工作重点有指导意义。同时，线上学习能做到个性化教学，会根据个人的学习数据制订相应的学习计划和辅导。利用数据挖掘的关联分析和演变分析等功能，挖掘学生管理数据库中有价值的数据，分析学生的日常行为，从中得知各种行为活动之间的内在联系，并做出相应的对策。

对于未来的教育，"越来越少的课堂，越来越多的网络；越来越少的教室，越来越多的咖啡厅和厨房；越来越少的讲授，越来越多的交互；越来越少的编制，越来越多的合作；越来越少的办公室，越来越多的实验室……"这些场景也许你曾经不敢想象，但确实已经随着技术的发展，悄悄渗透到了教育领域。

2011 年的秋天，斯坦福大学人工智能的一门网上课程有 190 多个国家共 16 万学生参加学习，22000 人通过了考试、获得了认证。课程的讲授者 Thrun 教授离职后创办了一家在线教育网站 Edacity。该网站提供 11 门课程，包括数学、物理、统计学、软件等，且提供认证，并将学习成绩前 1% 的学生直接输送给全世界最大的公司，从中收取中介费。2013 年 4 月，商业网站 Coursers 上线，与普林斯顿大学、斯坦福大学、密歇根大学和宾夕法尼亚大学等大学联盟一起提供课程。这件事的前因后果是，斯坦福大学计算机系的 Ng 教授，把自己的一门课程放到了互联网上，结果全球有十几万人注册。这些人，除了在网上听他的实时讲授，还与斯坦福大学的在校生一样做同样的作业，接受同样的评分和考试。最后，数千人完成了这门课程。

这些新现象正与日俱增地发生在我们身边。世界已经发酵出一种新的工业模式，具体到教育和高等教育，云、物联网以及基于云和物联网发展所带来的大数据趋势，是变革的技术原因。

托夫勒在《未来的冲击》一书中，还批评了以哈钦斯为代表的面向过去的教育，支持了以杜威为代表的面向现实世界的教育，更创造性地提出了明确的面向未来的教育，即小班化，多师同堂，在家上学，在线和多媒体教育，回到社区，培养学生适应临时组织的能力，培养能做出重大判断的人和在新环境迂回前行的人。

50 多年后的今天，基于云、物联网，数据库技术，社会网络技术等的成熟应用，托夫勒当年感性预知的理念性的东西清晰地展现在我们面前：信息不仅仅是一种视觉和感官的东西，更是可捕捉、可量化、可传递的数字存在。于是从 1970 年到现在，教育悄悄地发生了一场革命。"教育革命"一词，正是托夫勒最早所说的。而今天，我们已经明确知道带来这场革命的真正原因，那就是大数据。

那"数据"和"数字"有何区别？举个简单的例子，一个学生考试得了 80 分，这只是一个"数字"；如果把这 80 分背后的因素考虑进去，诸如家庭背景、努力程度、学习态度、智力水平等，那么 80 分就成了"数据"。正在发生的这场教育变革与之前的远程教育和在线课程的最大不同在于，前者不过是"数字"，后者却是"数据"。数据的集中是以物联网、云计算等综合技术的成熟为基础，而数据是过程性和综合性的考虑，它更能考量真实世界背后的逻辑关系。

由于互联网的迅速发展，自 1997 年以来的十多年中，美国在家上学的人数迅速增长，已经超过 5%，教育不再是每个学生必须接受的事情，互联网的作用在不断增加。然而，如果就此断言未来的教育会消失，那就错了。正如随着印刷术的普及，教师的比例并没有减少而是大幅度增加一样，大量的信息垃圾的出现，反而需要更多的教师进行指导。未来的教育在互联网教育的推动下，会更加个性化和普及化，只不过教师和学校的定义和内涵需要重新定位。

云技术、物联网和基于云技术、物联网的大数据是教育变革的技术推动力量。在向大数据时代、知识时代跨越的过程中，知识将无处不在。目前，仅就知识传播而言，教育资源正在经历平台开放、内容开放、校园开放的时代，这是前所未有的。未来的教育会是怎样的呢？其主流模式必将是，视频成为主要载体，教育资源极其丰富，如翻转课堂，按需学习，终身学习，不以年龄画线，远程教育的提法将消失，距离不再是问题，等等。

随着网络资源的普及和开放，在线教育如果仅仅是将传统课堂搬上网络，也许更加不符合学习的原有规律。

NMC（新媒体教育联盟）通过历史研究，将人类的学习行为归类为社会学习、可视化学习、移动学习、游戏学习、讲习学习等，每种学习方式基本上对应信息与知识的载体的技术方式，一旦有新的技术改变信息和知识的传播模式，人类学习的方式马上会产生根本性的变化。

传统的教育兴盛于工业化时代，学校的模式映射了工业化集中物流的经济批量模式：铃声，班级，标准化的课堂，统一的教材，按照时间编排的流水线场景。这种教育为工业时代制造了可能的标准化人才。而大数据教育将呈现另外的特征：弹性学制，个性化辅导，社区和家庭学习，每个人的成功。数据将火热地穿梭在其中，人与人（师生、生生）的关系将通过人与技术的关系来实现。大数据时代，无论你是否认同技术丰富了人类的情感，但技术的出现让我们再也回不到从前了。

大数据与传统数据相比，具有非结构化、分布式、数据量巨大、数据分析由专家层变为用户层、大量采用可视化展现方法等特点。这些特点正好适应了个性化和人性化的学习变化。目前教育革命的讨论，过于集中在在线教育，如远程、平板、电子、数字等，这正像任何一个科技让人们最先想到的都是偷懒的哲学，多媒体时代人们最先想到的是游戏。在线教育本身很难改变学习。在这场教育革命的浪潮中，由在线教育引发的教育由数字支撑到数据支撑变化（教育环境、实验场景、时空变化、学习变化、教育管理变化等），却是很多人没有在意的巨大金矿。

教育环境的设计、教育实验场景的布置、教育时空的变化、学习场景的变革、教育管理数据的采集和决策，这些过去靠拍脑袋或者理念灵感加经验的东西，在云技术、物联网、大数据的背景下，变成一种数据支撑的行为科学。

教育不再是一个靠理念和经验传承的社会学科。大数据时代的教育将变成一门实实在在的实证科学。

在上海的东华大学，学校将十多个学院的数十个实验室管理起来，通过物联网和云技术将实验系统连接起来，实现了实验室数据的整合、分析、可视化、上报等，这些依靠的是数据，而不再依靠人的上报。

对于教育者来说，这是一个大转变的时代。或许，我们说教育革命言过其实，各种变化是在更迭着逐步推进，多元化教学模式可能会长期并存，但技术确实从外围给教师增加了新的"竞争对手"，同时又导致学生预期、学习习惯等方面的变化，从内部促进了教学过程的变更。

第二节　大数据与高中数学的联系及应用

一、信息技术与高中数学的融合

（一）信息技术与高中数学融合的理论视野与实践指向

1. 信息技术与高中数学融合的理论视野

（1）信息技术与高中数学融合的内涵

受政策资料的影响，信息技术与高中数学融合的内涵研究在不同阶段有着不同的表述。在工具辅助阶段，信息技术与数学学科融合的理论建构发展最为迅速，一般提法为"信息技术与数学课程的整合"。何克抗教授结合《美国 2010 国家教育技术计划》，针对信息技术在教育应用中效果不明显的问题，从实质、目标、方法以及它们三者之间的关系等详尽地论述了信息技术与学科课程整合的内涵——整合的实质在于变革传统教学结构，即推动传统的"以教师为中心"的教学结构转向"主体—主导"相结合的"自主、探究、合作"型教学结构；整合的目标在于落实学生创新精神与实践能力的培养；整合的方法在于营造新型的教学环境；三者不是并列结构，而是逐步递进的——方法作为手段面向实质，促进教育目标达成。根据这一表述，结合数学学科的特点，信息技术与高中数学整合的实质就是，通过信息技术手段营造教学环境，改变传统高中数学课堂教学方式，进行有效甚至高效教学，从而促进学生创新精神与实践能力的培养、落实。实际上，这一表述已经超越了"整合"层次，符合"深度融合"的内涵。

与此同时，为了说明信息技术与数学教学的关系，唐文和等人从定义出发，将"整合"分为"大整合论"和"小整合论"。两者主要是程度上的差别："大整合论"强调信息技术下课程内容、课程结构体系的整体变革；"小整合论"更强调信息技术在课程中的工具性，即信息技术融入学科课程并不改变课程的整体结构，而主要作为一种辅助工具在教学中起促进作用。这实际上涉及学科课程与信息技术两者在教学中的地位问题。结合类似文献，多数研究者对信息技术与课程整合持"课程主体，技术辅助"的"小整合论"观点。

到了整合应用和融合创新阶段，"深度融合"这一表述代表着信息技术与教育教学融合的最高水平。研究者开始反思"深度融合"与"整合"的区别及限度。罗祖兵指出，信息技术与教学的"融合"可以分为三个层次，即简单结合、中度整合和深度融合，三者在程度上是递进的，但在教学过程中应该是并存的，因为信息技术与教学的融合有限度，深度融合不是在任何情况中都能实现的。"深度融合"不仅指信息技术融入教学的各个方面，实现教学全方位的变革，而且指其思想理念、思维方式等对教学产生的影响，推动教学向多元化、个性化、开放化的方向发展，促使教学结构的改变。

结合高中数学特征，可以将信息技术与高中数学的融合实质归纳为：信息技术以其工具性和思想性融入高中数学教学的全过程，通过营造新型高中数学教学环境，改变传统高中数学课堂教学方式，从而促使教学向多元化、个性化、开放化的方向发展，以落实学生创新精神与实践能力的培养。

（2）信息技术与高中数学融合的课程文本研究

随着信息技术与高中数学的融合，数学教材、课程标准、教学设计等都成为研究者的关注点。在高中数学课程方面，研究者从国内外两个视角比较了高中数学教材和课标中技术运用情况。如徐稼红、周超借助已有研究框架从技术工具、呈现方式、内容环节、应用形式、知识领域五个维度分别比较了中日高中数学教材和中美高中数学教材在信息技术方面的运用情况；郭衎、曹一鸣等人利用质性数据分析软件 MAXQDA 对 14 个国家的高中数学课程标准进行编码，通过关键词筛选，从提及率、技术种类、应用领域等几个方面横向比较了国内外高中数学课堂中信息技术的使用情况；雷沛瑶、胡典顺等人从技术工具种类和分布、内容领域、情境领域、呈现位置、功能作用五个维度，运用定量和定性相结合的方法，比较了我国三个版本高中数学教材在信息技术运用方面的差异，并针对性地提出了编写建议；孙彬博、曹一鸣等人从纵深角度出发，采用质性文本分析法系统梳理了自 1978 年以来我国中学数学课程标准（教学大纲）中信息技术应用的演变。这些研究都对我国高中数学教材和课程标准更好地融合信息技术，促进学生数学信息通信技术素养的培养有着很好的借鉴作用。

信息技术融入高中数学的教学设计研究呈现出典型的案例研究特征，大多以某一节课为着力点，从情境的创设、教学方法的变化以及教学过程的调整等方面展开。由于缺乏标准规范，研究水平参差不齐。为了解决这一问题，王光明、杨蕊等结合案例提出标准假说，通过专家问卷、访谈的方式不断修改、完善，最终形成融入信息技术的数学教学设计标准。该标准的导向性和参照性使其在解决信息技术融入数学教学设计的标准化问题上起着一定的作用。

2. 信息技术与高中数学融合的实践指向

（1）信息技术与高中数学融合的教学工具发展

在信息技术与高中数学融合的过程中，许多教学工具也在迅速发展。例如作为动态几何工具，"几何画板"在陶维林等人的推动下，广泛应用于高中数学教学课件的制作；作为集绘图、计算、简单数学编程为一体的手持计算器，"图形计算器"在教育部重点实验室"手持技术与高中数学课程整合"的研究课题推动下深入高中数学课堂。结合时代特点，利用互联网、人工智能等新兴技术开发的掌上技术软件、平台，为教师教研培训、学生学习提供了有力抓手。例如"国家教育资源公共服务平台"作为教育部的官方平台，为师生提供了丰富的免费课程资源和学习资料；"Z+Z 智能教育平台"集合了超级画板、立体几何绘图等功能，在帮助教师直观动态地展示数学教学过程、学生自主探究数学问题等方面发挥着重要作用；"洋葱数学" APP 作为融合了微课与习题等功能的动画视频课程软件，在调动学生兴趣、发挥学生自主性、促进学生个性化学习方面深受学生与家长的喜爱。同时，为了测定信息技术工具在高中数学课堂中所起的作用及其限度，研究者也积极开展研究。如顾小清、胡梦华等人在改进已有研究框架的基础上，对国内外采用实验法测定电子书包应用效果的 39 篇文献进行了元分析，得出结论：电子书包对学习具有积极作用，但其作用受到调剂变量的影响，总体还需进一步提升。

（2）信息技术与高中数学融合的教学模式研究

课堂教学的整体改变总是从教学模式改变开始的。许多研究者对信息技术与高中数学融合下的教学模式改革进行了深入探讨。如骆魁敏基于自身教育实践和学校教学改革，提出了"创设情景—提出问题—自主探索—网上协作—网上测试—课堂小结"的数学网上教学模式；范建凤、王敏详细介绍了信息技术背景下的三种常见高中数学课堂教学模式："传统课堂+"模式、互助探究型学习模式、研究学习型模式。这三种模式有着不同的教学操作流程，信息技术在这三种类型的高中数学课堂中所起的作用是不同的。"传统课堂+"模式下，信息技术主要作为演示工具参与以教师传授为主的课堂教学，帮助学生直观地感受数学变化过程。互助探究型学习模式下，信息技术在探究型数学课堂中不仅是教师的演示工具而且是学生学习的帮手，扮演着帮助学生合作探究、解决问题的角色。研究学习型模式下，信息技术深入数学课堂，不仅可作为演示工具帮助学生更好地理解教学内容，而且可作为学生自主探究的学习工具和重要资料来源以支持教师引导下的学生自主研究学习。这三种教学模式并未摆脱传统教学模式的桎梏，根本区别还是数学课堂中师生话语权的不同，并没有充分发挥出信息技术的优势。章飞结合信息技术的发展提出了四种信息技术支持下的数学教学模式：基于信息技术的辅助教学、基于网络主页的自主学习、基于软件平台的探究学习、基于任务驱动的网络学习。这四种教学模式根据不同的信息技术特征适用于不同类型的课堂，能够充分发挥信息技术的优势，促进高中数学教学模式的革新，使信息技术深入课堂。

（3）信息技术与高中数学融合中的数学教师专业发展

在信息技术与高中数学融合的过程中，教师作为教学的实施者与推动者，其信息化意识、能力与信息技术在教学中运用的程度密切相关。研究者从信息化知识与信息化能力两方面入手，运用质性分析和量化手段对高中数学教师信息化意识与能力的现状进行了分析，并给出了一定的解决策略。在信息化知识方面，方勤华等从国内外相关文献入手，梳理确定了高中数学教师所需的"数学与技术"知识的三个维度，利用自编问卷，从重要程度和具备程度两个方面对高中数学教师的数学与技术方面的知识现状进行调查，并提出缩小现实需要与理论要求之间落差的办法。更多研究者关注的是高中数学教师的信息化能力：吴华、赵圆圆等为了解高中数学教师的信息化能力现状，从信息化意识、信息基本操作技能、学科信息化教学技能和信息素养教育四个维度展开问卷调查，并针对存在的问题提出了改进建议；程永生通过对高中数学教师信息化能力现状的分析，提出了高中数学教师信息化能力的提升路径。这些都在一定程度上为高中数学教师信息技术应用培训及自我提高提供了一定参考。

（二）信息技术与高中数学融合的发展趋势

1.信息技术与高中数学融合推动相关理论发展

理论指导实践。我国教育信息化起步较晚，研究者通过借鉴发达国家的经验，结合我国国情形成了一部分具有中国特色的信息化理论，如信息技术与课程深度融合理论、智慧教育理论等，这为信息技术与课程的融合提供了一定的理论基础。但由于信息技术与课程的深度融合触及教育本质，同时作为推动社会变革的重要力量，信息技术本身就具备工具性和思想性的双重特征，因此深度融合需要从更多的视角来丰富基础理论。如周建军在生命哲学的视角下重塑信息技术与教育的深度融合内涵，并深入剖析深度融合存在的深层困境，提出相应的发展策略；丁婧、李艺等借鉴信息系统发展的诺兰模型，界定了我国教育信息化的不同阶段，并初步构建了教育信息化标准体系的基本框架。这些都对信息技术与教育的深度融合起着一定的指导作用。与此同时，准确落实信息技术与某一学科的深度融合还需深挖信息技术与学科的结合点，形成具有学科特色的信息化理论。如信息技术融入高中数学的过程中对高中数学教师也提出了更高的要求。近年来关于教师整合技术的学科教学知识（TPACK）的相关研究层出不穷，但其理论"本土化"还十分欠缺。与之相比，关于高中数学教师整合技术的学科教学知识研究更为缺乏，这可以作为未来研究的一个着力点。此外，信息技术与高中数学深度融合的相关研究对学生的关注较少，缺乏相应的理论建构，这也可以作为一个方向来进行研究。

2. 信息技术与高中数学融合营造全新教学环境

营造全新数学教学环境是促进信息技术与高中数学深度融合的主要手段。教学环境是指包括教学场所、教学设施、师生关系等在内的影响师生教与学活动的全部因素。传统教学环境呈现出强烈的固定性，即在固定的时间和固定的地点，以固定的班级为单位，由教师面对面地向学生传授知识以达成教学目标。在新兴信息技术的影响下，时空界限已经被打破，网络教学、移动教学等新型数字化教学方式不断涌现，营造出全新的教学环境：大数据能有效适应个性化教学与精准教学的要求，促进教育管理的标准可视化；人工智能可为教育教学提供各种新型工具，为教育教学有效实施和准确评价提供强有力的支持；尤其是引起全世界关注的教育云建设对信息技术与高中数学融合的影响会更大，能共享跨时空、跨地域的优质教育资源，提供师生沟通的一体化环境，真正实现家校互联、师生互通。在新形势下，信息技术融入高中数学教学营造出的全新教学环境符合时代特征，能为高中数学教育提供更丰富的资源，摆脱时空控制，转变传统教学形态，促进封闭学习向开放学习的转变，有利于学习型社会的形成。在新冠肺炎疫情的影响下，各种在线网络直播及录播平台、电视直播卫星平台、自媒体平台纷纷响应"停课不停学"的号召，为教育教学提供免费服务权限。但由于各地区信息化水平参差不齐、各教育平台产品良莠不齐，"全媒体学习生态环境"的有效构建还面临着重大挑战。如何有效解决平台产品标准、教学过程评估、师生教学测评、教师线上教研、学生学习干预等问题还需进一步研究。

3. 信息技术与高中数学融合革新传统教学模式

信息技术与高中数学融合的过程中需要革新教学模式，以适应实际教学。受教育资源与技术手段的制约，传统教育模式有着显而易见的三个特征：阶段性、择取性、封闭性。在时代背景下，信息技术融入教育教学的过程中新型教育模式必将改变这些缺陷，向持续性、普适性、开放性等方面发展。随着信息技术的飞速发展，大量的新型在线教学模式涌现出来，例如MOOC、基于学习社区的协作学习模式，尤其是后者为学生提供了一个可以自由讨论、质疑、学习的虚拟社区，能够充分发挥学生的集体智慧，使学生在合作中得到自我提升、互助发展。此外，网络学习支持下的翻转课堂作为典型的线上线下混合教学模式，在高中数学课堂中也有着很好的效果。这种教学模式将学习新知过程前置，利用课上时间进行提升，使得"课上学习、课后练习"的传统教学模式翻转为"课前学习、课上提升"，充分发挥了学生的主观能动性，有效促进了学生学习的效率与深度。疫情防控期间，线上直播、"翻转课堂"等教学模式在高中数学教学中都发挥了一定作用。但由于地区信息技术普及化、学生自身接受程度与学生自控力的不同，这些教学模式同样面临着是否能确保学生注意力、满足不同层次学生需求、促进学生个性化学习等问题。因此，如何在信息技术环境下，在高中数学课堂中充分利用不同类型信息技术的优势，开发出更符合个性化教学的新型教学模式就成为新的研究课题。

4.信息技术与高中数学融合促进教学内容变革

数学教材作为数学课程内容呈现的主要载体在信息技术与高中数学融合过程中起着重要的作用。随着信息技术的发展，烦琐的运算都能借助技术完成，数学素养也由更强调快速准确的运算转向更注重恰当地运用信息技术建立模型、解决问题。教材内容也相应地融合了众多技术手段，把一些抽象的数学思维过程转变为直观可见的数量、空间变化过程，引导学生在信息技术手段下更好地理解数学本质。如"指数函数的性质"借助信息工具控制底数的大小来观察指数函数图象的动态变化，帮助学生直观感受指数函数的性质。信息技术也能为高中数学提供丰富的学习资源，以帮助学生认知探究、内化理解。如建模软件能帮助学生建立几何与代数、现实情境与数学模型之间的联系，仿真实验能帮助学生理解概率与频率等。此外，信息技术与高中数学的融合也要求教师和学生在数学学习中掌握一定的技术手段，这在一定程度上改变了数学教学内容。信息技术融入高中数学教学的过程中，需要针对不同的知识内容选择合适的信息技术，从而促进师生信息素养的结构化变革，适应时代发展，更好地应对未来可能出现的重大危机。

5. 信息技术与高中数学融合提供教学评价新可能

随着新兴信息技术的飞速发展，互联网、大数据等技术支持下的教学评价反馈系统能够打破时间与空间的阻碍，通过对教师教学全过程与学生学习全过程相关数据的收集，为教师成长、学生发展、师生沟通提供标准化、可视化评价，在反馈时机、反馈来源、反馈频率、反馈形式等方面为教学评价带来较大变革。例如基于人工智能的"智能导师系统"和云计算支持下的"互动反馈系统"在精准教学、个性化教学和教学评价等方面都具有相当可观的应用。此外，信息技术与高中数学融合过程中的考试形式及内容也不可避免地需要改变。一些大型测试和教育研究项目就十分注重信息技术对教育的影响，已经在考试中结合信息技术并借此给出评价建议。PISA 在 2012 年的数学考试中就有一部分测试是基于计算机进行的。这为信息时代我国数学教育考试评价的内容和形式调整敲响了警钟。囿于技术条件，目前信息技术在高中数学课堂教学评价中的应用仍处于起步阶段，还有许多问题亟须解决。例如，如何有效利用信息技术在动态的数学课堂教学中提供有效的"伴随式"评价，以帮助教师精准教学，促进学生更科学地学习。这也是未来需要关注的一个问题。

信息技术与高中数学的融合在经历了工具辅助、整合应用后，在融合创新阶段深度交融。在这一过程中，政府、企业、学校的联动互通是保障，促进课堂的深度应用是重点，教学全过程的数据化是抓手，它们共同推动相关理论的发展、教学环境的营造、教学模式的革新、教学内容的变革等。

二、大数据应用于高中数学教学的意义

将大数据应用于高中数学教学，是一次具有突破意义的尝试。尝试的目的是多样的，既要寻找大数据与高中数学教学的联系点，又要让大数据对学生的数学学习的促进作用体现得更加清晰与高效。数学教师对大数据应用于高中数学教学意义的认识是有效实施的前提，也是化解探究过程中遇到的问题的动力。具体来说，大数据应用于高中数学教学的意义可以从如下几个方面来理解：

（一）大数据应用可以帮助教师更好地掌握学情

任何学科的教学都必须以把握学情为基础，只有知道"学生已经知道了什么"，才能"据此实施教学"。传统的教学中，教师基本上都是基于自己的经验去判断学情的，这样做的好处是便捷，而不足之处则是不准确。如果应用了大数据，那么不仅可以改变传统的教学模式，还可以在课前把握学生的学情，精准实施课堂教学，做好课堂反馈和课后精准的作业推送，并通过阶段性考试对学生的答题情况进行数据监测。这种学情把握既全面又准确，还可以夯实教师有效教学的基础，对高中数学教学具有特别重要的意义。

（二）大数据应用可以帮助学生更好地反思自己的学习过程

对于高中生的数学学习而言，如果能够让学生准确把握自己的数学学习过程，那么学生就知道哪些好的学习方法需要坚持，哪些薄弱的知识需要巩固，哪些不好的学习习惯需要改变。与教师教学类似的是，在传统的学习状态中，学生都是凭着自身的经验来反思学习的。有了大数据及其技术的应用后，学生可以借助具体的统计结果，准确把握自己的学习过程，从而进行针对性更强的反思。

（三）大数据应用可以促进数学学科核心素养顺利落地

在《普通高中数学课程标准（2017年版）》颁布后，数学学科核心素养如何落地就成了一个重要课题。数据分析与大数据存在着密切的联系，与学生的数学学习过程也是联系在一起的。当大数据的应用对学生的学习过程进行优化的同时，依赖具体知识建构过程的数学学科核心素养的落地过程也会更加顺利。

综合来看，大数据应用对高中数学教学有着重要的意义，在实际教学中应当充分展现这一意义。

三、大数据给高中数学带来的机遇与挑战

（一）大数据视域下高中数学教学迎来的机遇

1. 数据信息为教学研判提供了支持

大数据视域下教师可以整合各个教学环节所产生的信息，包括但不限于学生

的课堂检测信息、课后作业信息、数学考试信息、高考真题信息等。教师利用数据挖掘手段，对上述信息进行整合、分析与处理，分门别类地统计其中包含的数据，挖掘数据背后隐藏的信息，以期精准研判教学成效、学习成效，为改进数学教学方法、调整数学教学模式提供了依据。

2. 数据平台为教学开展提供了助力

大数据视域下教师可以从数据平台上调取海量优质的数学资源，将知识点串联在一起。这不仅可以助力数学教学的开展，而且可以促进数学知识的系统化，帮助学生形成完善的数学认知体系，提升学生的学习成效，强化数学教学的实效性。与此同时，教师可以依托数据平台，统一管理所有的教学环节，整合学生自主学习、探究的过程。

3. 信息资源为环境优化提供了契机

大数据为各类教学资源的呈现提供了新的契机。教师可以在课前依托数据平台向学生发送预习资源，引导学生自主学习、感悟新知识、克服理论知识的障碍，在自主预习中提高学习能力、思维能力。

（二）大数据视域下高中数学教学面临的挑战

大数据虽然为高中数学教学带来了新的契机，但也对教师的技术应用能力、信息化教学设计能力提出了更高的要求。大数据视域下高中数学教学面临的挑战主要体现在以下三大方面：

1. 教学理念挑战

大数据视域下的数学教学需要教师树立数据思维、网络思维，即认识到教学资源与教学内容间的关联性，紧密结合学生的个性、需求等，对海量信息资源进行筛选、加工、整合，最大限度地避免教学资源与数学教学脱节，充分发挥大数据的技术优势，真正体现大数据在数学教学中的价值。

2. 教学技术挑战

大数据技术在数学教学中的运用需要教师遵循数学学科的本质属性、基本逻辑，在此前提下把握好不同大数据技术、数据平台及教学软件的特点、功能及用法。对部分高中数学教师而言，借助大数据展现教学资源较为简单，但将大数据技术应用于学情分析、课堂交互等环节则面临着较大的挑战。

3.大数据与传统教学间"度"的把握

大数据仅仅是数学教学的辅助工具，不能代替教学中师生间的情感交互、教师对学生的言传身教、教师对学生的启发引导等。因此，如何避免大数据技术"喧宾夺主"，让学生将注意力放在学习与实践而非新颖技术上，是高中数学教师亟须思考与解决的问题。

第三节　大数据背景下高中数学有效教学研究

一、大数据与高中数学课程整合的原则

（一）学生主体性原则

多媒体教学是辅助教学，因此学生的主体地位不能忽视。不要把课堂的全过程都做成多媒体，要留给学生尽可能多的思考机会、思考时间、联想空间、发言权利、质疑余地，确保学生的主体性发挥。教师要精心选择教学软件、设计教学程序，使学生在亲身参与几何图形演变的过程中，观察平时遇不到的现象，如几何图形的放缩；体会平时体会不到的过程，如整合和拆分几何图形等。这个过程有观察，有交互，有比较，有思考等。实践表明，学生直接参与实践，可以获得更加准确、牢固和清晰的空间观念；可以加强对几何图象、图形的理解，形成清晰的几何表象；有助于学生自学能力的增强；有助于学生空间想象能力的快速提高。

（二）交互性原则

交互性是计算机辅助教学必须具备的，它包含以下三方面的含义：

在运用多媒体教学手段时，传统教学中的情感交流和师生对话务必要坚持。课堂教学是一个多变的活动。在传统教学的讲解活动中，教师的手势、启发、提

227

问、语调、表情等都在向学生传递着各种信息，学生通过听、看、学、想、问、答等与教师进行知识和情感的交流。这其中有许多是计算机根本无法实现的，也是无法替换的。因此，在运用计算机辅助教学时，固有的师生交流方式也应该被强化和坚持，不可以被多媒体教学所取代。

多媒体课件要着重设计计算机与尖子生的对话和沟通，课件的互动性应当向可操作性方向发展和努力。在整合的教学设计中，运用多媒体导入新课，在师生交流、人机交流、生生交流下，使原有的认知获得重建和发展。同时，还要随时随地接收学生的反馈信息，并根据学生的反馈信息准备下一节课的教学内容，教学方法和教学进度要进行适当调整，从而真正提高教学效率和教学质量。

教师所设计的课件既要为教学提供方便，又要为教学设想实现发挥作用。积件式的多媒体课件是教师和学生根据教学内容的需求，自己组合教学策略和教学信息的工作平台，将多媒体教材开发成素材库和教学模式库并通过适当的教学平台实现。教师只需了解生成课件的一般方法，就可以根据教学特点、理论、内容、经验和学生的实际学习情况对教学模式库和素材库进行筛选，最终生成课件。在运用此种教学方法时，教师的主导作用尤为明显，教师所发挥的价值也更容易由以前的如何"教"转换为如何辅助学生"学"，使得学生在课堂的学习主体作用更加突出。在各科教学中，运用多媒体教学可以更好地普及计算机辅助教学这种教学方法，进而减轻教师的工作量，使教师能把更多的精力放在组织课件、制订计划、研究教学理论和教学体系等方面。

（三）实效性原则

在教学中，教师要根据不同的教学时机、教学对象、教学内容和各种配套设施的具体情况，将多媒体技术和传统的教学手段结合在一起。制作的课件要实用，不能一味地增加感官刺激，造成课堂上热热闹闹，课后学生脑袋一片空白的结果。例如，在讲授《空间四面体的概念和性质》这节课的时候，根据教学内容的需要，教师先给学生呈现大量的模拟图形和实物模型，为了体现几何体的立体感，可以活用 3D 软件，利用技术的独特性逐渐地淡化相关的一些内容。这样学生就对四面体的各条棱、各个侧面和顶点有准确的、整体的把握和全面的了解。这个过程给出了实物和相应图形之间的变换，展示了几何图形的由来，实际上是真实地演示了其中的抽象方法。

（四）学科性原则

任何一个多媒体教学课件都要体现数学的学科特色，体现数学教学的特殊性，不论是新知识的传授和学习过程，还是相应的解题过程，语言的描述都应精练和简洁，尽量使用数学符号和语言，显示数学学科的特色。在进行多媒体课件设计时，文字演示需要做到重点突出、画面简化，或者借助旁白来完成。

（五）开放性原则

多媒体课件要创设适当的问题情景，让学生用自己的思维、眼光去探索，情景的设计要富有吸引力、探索性，而且要灵活。

多媒体课件应该有助于教师在课堂教学中组织学生积极主动地进行知识框架的建构。学生的基础和能力千差万别，每一位教师授课的特点、风格、思路也都各不相同，这就使得一些有计划的教学活动在实践的时候充满着各种不确定性因素。然而简单的课件无法对各种不确定性因素做出及时的反馈，因此多媒体课件不能只提供单一的、固定的教学程序。供教学使用的多媒体课件的教学资源和过程必须是有一定开放性的，应当允许教师在课堂上临场发挥，临时变换、整合，进而实现实时控制。这一原则的实现既便于今后的发展，又有利于发挥教学资源的价值。

开放性问题教学可以有效地培养学生的分析能力、探究能力、发散思维能力。许多开放性试题的结论有很多种，学生解答的快慢又各不一致，教师常常很难控制场面。如果利用多媒体课件，就能把多种答案事先做好，只要用鼠标点击相应的链接，预先设计好的答案就会出现在屏幕上，从而大大提高课堂效率。

（六）逐渐淡化原则

立体几何的最终教学目标是发展学生的空间想象能力，树立学生的空间观念。空间想象能力的本质是使学生在脱离几何图形和实物模型之后，仍能借助其表面现象来分析问题、解决问题，进而提高学生几何图形的抽象思维能力。由此，利用各种计算机技术，逐渐提高学生的抽象思维能力，使学生能够借助原有的几何图像和图形的表面现象，直接利用几何体立体地处理问题。多媒体课件中的图形首先由多变少，由动逐渐变静，然后颜色逐渐由鲜艳变为单一，最后图像和图形渐渐地由清晰变为模糊，最后消失。其中，数学符号和公式的演算将慢慢取代几何图形的操作。这样，立体的图形消失了，由此建立起来的框架便留在了学生的大脑中，学生从习惯了的直观思维慢慢过渡到抽象思维。利用这种方法尝试了平行六面体的教学，结果，大多数学生不但扎实掌握将空间平行六面体的几何图形，而且还能记住平行六面体不同位置的截面图形和性质。同学们再遇到与平行六面体相关问题时，便能轻松地提取记忆中的相关知识来分析和解决问题。

（七）适应性原则

由于多媒体能实现高密度、大容量的信息转换，教师就容易错误地加大课堂容量，为提高教学速度，从而忽略学生思维的过程和节奏。其实，学生一节课能掌握多少知识，在很大程度上取决于学生的原有知识框架和认知能力。

二、大数据时代下高中数学课堂教学现存的问题

（一）教学方式趋于传统

当前的高中数学教学仍然采用着几十年前的教学方式，灌输式教学、题海战术等依旧广泛存在。这种教学方式在以前的教学中可以起到很好的作用，但是在当下将不能发挥很好的作用。为什么会出现这样的情况？难道是这些教学方式不好用了吗？显然不是。随着社会的发展与进步，以及教育观念的发展与更新，学生生活的环境和接受的教育都已经发生了翻天覆地的变化。特别是随着大数据的飞速发展，学生从幼儿园开始，就在不断获取大量的信息和内容，这就使得他们的思维非常活跃，思想极其丰富。同时，学生自幼就对网络十分熟悉，他们可以通过网络获取大量的信息和知识，在无形中增强了他们获取知识的能力。正是因为这种情况，这种教学方式越来越传统，越来越落后。

（二）教学内容不够丰富

在大数据快速发展的背景下，学生的生活和学习环境发生了很大的变化，考试的内容和结构也都与以往大不相同。在以往的考试中，重点考的是课本上的知识和内容，学生只要学会和吃透课本上的知识和例题，就能够轻而易举地取得好成绩，所以教师在教学时，就会让学生重点关注课本内容，同时进行大量的练习，巩固所学的知识。但是随着新高考的实施，相较于以往，题型变动非常大，考查学生综合运用知识的题目越来越多。想解决这类问题，学生除了要熟悉知识点外，还要有清晰的思路、灵活的思维以及综合运用知识的能力。学生如果还是像以往一样，只是吃透课本内容就想取得好成绩，这已经越来越难。

（三）学生学习兴趣不高

高中生因为面临着高考的压力，所以他们能够明白学习的重要性，并且在学习的时候也能够尽自己最大的努力。但是长期处于这种状态，学生的学习就会越来越机械，学习的兴趣也会丧失，无法带着兴趣进行学习。这样，就很难提升学习的效果，也无法取得理想的成绩。同时在高中阶段，学生要学习的知识越来越多，难度也越来越大，如果学生没有学习兴趣，只是在教师的监督下上课听课、完成作业，那么很难提高学习效率，很难真正学会知识。随着大数据的快速发展，学生的学习方式更加多样化，在自主学习时可以运用多种方式。因此，教师要对大数据进行充分利用，发挥大数据在数学教学方面的价值和作用。

三、大数据背景下高中数学有效教学的策略

（一）基于大数据背景，开展精准化教学

受到信息时代以及新课改的影响，教师应该更加关注实际教学中的积极引导及有效启发，促进学生在比较轻松的环境中积极阐述自己的看法和疑问，激发学生创造力，实现情感提升。整体来说，在大数据技术的支持下，高中阶段的数学教学必须将学生整体发展、个体差异特征纳入重点考虑的范围中，予以高度的尊重。可以从以下两个方面入手：

1.纵向上的精准划分

教师需要参考新课标中的相关要求，将教学内容适当地具体化，把数学的应用能力合理地划分成若干层次，并针对不同层次设置精准化的教学目标。这不但能够促进学生数学素养的形成，还能够提升教师的教学质量。首先，在有条件的情况下，将学生学习情况输入到大数据资料库中，尤其是每次考试的成绩以及日常学习行为记录，并借助统计和分析功能对学生进行分层。其次，在每次教学活动结束后，教师要尽快将下次教学的关键性预习知识点下发给学生，并为不同层次的学生提供预习指导和支持。如果是层次偏下的学生，因为其对数学知识点的理解和接受速度相对偏慢，可以以巩固旧知识为主，教师结合实际情况予以支持和帮助，令其能够主动思考，尝试把旧知识融入新知识中，加深旧知识的印象，探索新旧知识之间的关联，逐渐提升学习能力；对于层次偏高的学生，因为其掌握知识的速度较快，不需要继续巩固旧知识，教师就可以加强引导，令其能够在新知识学习之前就掌握新知识点，具备初步解答问题的能力。这样循环往复，就能够持续性地提升不同层次的学生的学习能力，巩固旧知识，学会新知识，同时加强其自主探究的思维。这一过程是针对相同层次予以相同的教学指导的过程，为"纵向划分"。

2.横向上的精准划分

受大数据技术背景的影响，在一个层次内学生发生的变化令其有必要转移到下一个层次上精准教学，是针对相同层次内不同情况予以"因材施教"的过程，即为"横向划分"。具体来说，教师需要配合大数据资料库中学生在一段时间的学习状态、成绩水平等方面的基础信息整合分析结果，重新规划该层次内学生的构成，主要参考自主性的原则来引导学生重新看待自身层次。比方说，某个阶段层次偏下的学生成绩呈现出稳步上升的趋势，教师针对此层次的学生提出的学习任务已经不能起到实际的学习效果，此时教师就可以参考其成绩水平在班级内的层次，将其转移到上一层次。该过程中不同层次之间流动的"规则"需要予以明确，和学生动态发展密切相连，可以由学生自己提出，并由教师提出建议或直接予以调整，也可以由教师观察后并配合适当的沟通交流再予以调整。

（二）利用大数据归纳整理数学知识结构图

在高中数学中，数学知识不仅数量多、复杂，而且抽象性和逻辑性也很强，学生完整的数学知识结构如果无法搭建起来，那么在学习时就会出现混乱的情况。因此，学生就要归纳和整理数学知识，对知识的前后联系进行贯通，从而使自身的知识结构更加完整，提升学习的效果。而利用大数据，则可以很好地达到构建知识结构的目的。通过大数据，教师可以运用信息技术，将知识的结构图归纳整理出来，为学生直观展示各个单元知识的结构和联系，这样学生对知识就会有一个整体的把握，从而在学习时不会感到迷茫。学生只有清楚明白地了解数学知识的联系和结构，才能做到有效运用知识，从而达到提升学习效果的目的。

（三）通过大数据拓展知识获取途径

在大数据时代，信息共享性得到了大幅度提升。教师要针对课堂教学具体内容，借助网络收集相关信息加以补充，不断引入课外资料和知识，拓展课堂教学的深度与广度。学生在此环节也会逐渐形成一定的自主学习意识，借助大数据收集相关学习资源，拓展知识获取途径。教师要在保障教学真实性与有效性的基础上，引导学生开发数学数据。在学习等差数列时，教师引导学生利用课余时间，让学生从生活中寻找一些等差数列，如电影院的座位数等，帮助学生了解等差数列基础知识。在课堂上，教师借助多媒体设备，运用图片、视频等多样化形式，让学生深度了解相关知识点，并解答相应的等差数列问题。与以往的教学方式不同，这种教学方式活跃了课堂教学氛围，结果是教师更加了解大数据并实现了有效运用，学生也拥有了更多的知识获取途径。

（四）利用大数据开展分层教学

由于学生在初中阶段的数学基础有一定差距，学生自身数学学习兴趣和能力也不尽相同，所以教师开展教学也必须有针对性，以保障学生整体的数学学习进度，实现数学课堂教学目标。教师要利用大数据充分了解学生的基础，将学生分为不同的学习层次，用分层教学形式增添课堂教学的针对性。学生分层的推进，不仅要考虑学生平时考试的成绩，也要参考学生课堂学习状态、平时学习中的具体表现等因素，而这仅靠教师个人的力量是无法实现的，需要借助大数据。通过大数据合理将学生分层，教师对不同层次的学生开展不同的教学指导。结合学生后续的学习表现，学生的层次也可以做出合理调整。借助大数据技术整合和选取优质教学资源，并结合学生的实际学习现状、数学学习能力以及兴趣爱好等，教师适当地调整教学目标、教学方案、教学方式与教学深度。对于数学基础薄弱的学生，教师应适当降低问题难度，使得他们在学习中感知到成就感，从而提升他们的自信心。而对于学习能力较强的学生，教师应引导他们拓展和创新数学思维，提升他们的综合能力。

（五）结合大数据背景，进行教师角色转变

不同于传统数学教学模式，大数据时代有效拓展了课堂教学形式，教师要及时转变教育理念，了解学生的学习兴趣与能力水平，在课堂上开展分层教学，满足学生多样化的学习需求，实现"因材施教"。也可以结合教材相关内容，借助互联网等工具，拓展教材中的数学知识，让学生能从学习中有更多的收获。大数据时代的到来，让教师在课堂教学环节的定位得到重塑，不再是绝对的主导者，而是学生学习的引导者与帮助者，这极大丰富了高中数学课堂教学的内容与形式。此外，大数据帮助教师深入了解学生的学习情况，进而调整课堂教学环节与内容。传统课堂教学受制于师生之间沟通不畅，时间成本有限，教师无法有针对性地开展数学教学。大数据技术的合理利用能够有效分析学生的学习数据，促使教师根据具体数据对学生开展有针对性的教学指导。正是因为大数据在教育领域的应用，教师能够开展个性化教学，明确学生具体的学习需求。根据学生的数学学习水平和兴趣点，教师在教学设计环节做好调整，为课堂教学做好准备，推动后续数学教学环节的有效开展。

（六）大数据背景下创新学科课堂教学

首先是对课堂教学方式的创新。进入大数据时代，教师可以对教学方式进行创新。比如，立体几何的很多知识和定理需要记忆和背诵，并且几何的变化也要理解，这样学生学习的难度就很大。面对这种情况，教师可以充分利用多媒体，对立体几何的构造进行拆解，为学生进行直观展示。这样，学生在学习时就会比较容易，也能更清楚明白地掌握知识。同时，在立体几何中还有许多重难点知识不容易理解，教师可以将这些内容录制成微课，让学生可以随时随地对这些知识进行反复学习，从而取得良好的学习效果。

其次是对课堂教学内容的创新。学习数学并不仅仅是为了让学生学会一些数学知识，同时也是要让学生学会数学知识后，将知识运用到生活中，这样学生才算是真正学懂了数学。因此，如果教师只是让学生吃透课本的知识，学生则很难获取应用知识的能力。所以，教师需要利用大数据，在网络上收集和整理一些新颖的教学内容，然后根据教学要求，对其进行转化和创新，将其运用到数学教学中，这样学生在学习课本内容的基础上，还可以学到创新的内容，有效地提升了学习效果，增强了数学知识水平。

最后是对教学工具的创新。在大数据背景下，学生在进行自主学习时，可以运用多种方式。在以往的学习中，学生在课下只能通过做作业或者做练习的形式巩固知识和自主学习，很少有机会理解知识的真正内涵，遇到问题时也无法及时与教师和同学讨论。随着大数据的快速发展，许多电子学习工具陆续出现，如直播平台、社交平台等。利用这些工具，学生和教师能够及时进行沟通，同时师生之间也能够共享学习资料。

综上所述，在大数据时代下，知识的边界已经越来越模糊。教师的教学、学生的学习，都不再受到时空的限制，可以非常容易获得想要的知识。因此，教师在教学时要充分利用大数据，使教学效果得到有效的提升，从而推动学生的学习不断进步。

第四节　高中数学数据分析有效教学策略

一、影响数学数据分析培养的因素分析

（一）教师认识及引导方式

要想行之有效地强化学生的数据分析素养，便要充分凸显教师的引领作用。教师对该素养的理解及重视程度，直接关乎素养培养的落实情况和最终效率，是影响数据分析素养培养的先决要素。纵观当前的教学实际，仍有不少教师受固化观念的浸染，在课堂上沿袭以往的习题练习、讲解模式，很少运用专门的数据分析教学，在相关方法及技巧的引导方面也不够重视。在此背景下，学生的数据分析素养很难得到切实提升。随着新课改的深入推进，高考对数据分析方面的考查越来越重视，教师才逐渐意识到数据分析素养的关键性。此外，许多教师在进行数据分析教学时，所采用的引导方式还是停留于固化的灌输、讲练层面，不够灵活多元，导致课程教学乏味、课堂气氛低沉。针对这一状况，必须致力于引导方式、课堂模式的创新和优化。

（二）日常练习及技巧传授

数据分析素养的养成除了要求学生掌握好最基本的理论内容，更要以足够量的练习为支撑。日常练习在学生数据分析素养强化方面的助力效力很是显著。就当前来看，教师在这方面多有忽视。细化而言，主要表现为两点：一是缺少练习机会，二是题目质量较差。许多教师往往只是趋于形式主义，随手设置几道练习题目，不但题目质量难以保证，还存在练习重复的状况，很难起到较好的作用。此外，教师在数据分析技巧方面的引导做得也远远不够。学生未能掌握必要的分析技巧，也不能累积足够的作答经验，在实际进行数据分析时，自然会觉得无从下手。如此，不但浪费时间，也难以收获应有的锻炼效果，可谓事倍功半。

（三）试题研究及归纳总结

研究高中数学中的数据分析试题可以发现，这类题目囊括的知识内容多元，且大多同图形相结合，潜藏于题目中的信息较多，与解题无关的干扰信息也较多，需要学生掌握必要的解题技巧。若没有提前对有关试题类型加以分类汇整，对一些基本的解答思路、做题技巧加以梳理归纳，学生在实际做题时很可能走弯路、绕远道，甚至在无用信息的误导下做出错误的解答。做好试题研究及归纳总结对数据分析素养强化的重要性显而易见，教师务必要认识到这一点，在日后的引导中改变零散的练习模式，致力于对试题特征的研究及对解题思路和技巧的总结。

二、助力数据分析核心素养培养的方法分析

（一）组织有效的课堂练习活动

数据分析素养的培养并不是一蹴而就的，需要按步推进。教师要有意识地将素养培养渗透于教学点滴，注重平时的课堂练习，尤其要把好练习质量关。其一，立足于日常教学实践和各种大小测试，将涉及数据分析的题目按类别做好汇整，授课时结合课程知识精选与之相宜的题目，对学生开展针对性练习，考查学生对课程的掌握情况以及数学分析能力；其二，对学生题目练习的整体情况加以研究，找出那些学生普遍容易出错的知识点，以此进行有针对性的专项练习让学生熟能生巧，将难点内容一一击破；其三，为更好地保证练习质量，练习之后的点拨、引导同样不能忽视，在回顾题目的同时设"一题多解"活动，探寻最佳解法，使学生再遇到同类题目时能轻松解答。

（二）以信息技术改变固化课堂

数学教学的一大目标在于核心素养的强化。在实际教学中，教师必须摒弃一味按图索骥、让学生被动听讲的课堂模式。基于新课标的相关要求，教师应当致力于固化课堂模式的创新和突破，如可以借助信息技术开展数据分析教学，以期更好地激发、强化学生的数据分析思维。以一元线性回归的讲解为例，教师可以

将课程内容以信息化形式展现，便于学生针对结果加以分析。讲解完基本内容后，教师还要给学生布置一些实践性任务，让他们自行进行数据的收集、分析和探究，如探讨本班学生的性别、身高、体重间的线性关系等。

（三）开展数据分析的变式练习

在数据分析素养的培养中，教师需适时开展一些变式练习活动。这里的变式练习，主要侧重于考查学生的知识迁移能力，题目所包含的知识内容没有太多改变，只是变了一种出题方式。要求学生透过题目展示出来的内容看到潜藏于其中的信息，运用已经学过的知识点解答问题。变式训练，一方面能强化学生的数据分析素养，另一方面也能锻炼学生的解题能力。比如对概率、统计等数据分析的变式练习，题目当中往往会包含文字、数据或图表，此时教师要做的便是同学生一起解读文字、数据、图表，从中提取必要的信息。若是题目只涉及文字和数据，未附带图表，教师要引导学生基于题干信息自行绘制图表，使得解题要点的呈现更直观化，以期提高数据分析、解答运算的准确度，处理好数据分析的相关问题。

（四）做好试题研究和归纳总结

在做数据分析练习时，重视试题研究、抓好归纳总结很有必要。对此，教师需从两点着手强化学习总结效率：一是要引导学生将自身学习态度摆正，并逐步培养科学高效的学习习惯。在做完数据分析题目之后，要及时剖析解题思路和技巧。特别地，对于错题，要仔细揪出导致错误的原因并及时加以纠正，要有专门的错题笔记，将错题及时整理至笔记当中，注意时常翻阅、定期重做，以防再次因为相同的原因出错。二是要引导学生多组织一些总结、分享活动，彼此畅谈数据分析心得、解题技巧等，让学生基于自身学情，多多汲取他人优势，做到查缺补漏，逐步形成一套同自身实际相适宜的数据分析方法。

三、高中数学数据分析有效教学策略

（一）教师的基本要求

1.教师注重不断提高自身的数据分析能力

教师注重不断提高自身的数据分析能力对学生的数据分析素养有积极的影响。教学过程是教师和学生共同发展、共同提高的过程，现代教育理念要求教师必须树立终身学习的观念。教师是知识的传授者，教师要给学生一杯水，自己首先得有一桶水。因此，教师必须不断提高自身的数据分析素养。除了要学习教材中提到的概率统计知识外，教师还要适当学习大学统计学的内容，跟上学生的需求及教学改革的步伐。教师更加深入地学习统计理论，在课堂教学时才能站在更高的层次上给学生讲解知识。

2.注重与"数据分析"相关的数学思想方法的渗透

教师在教学中注重数学思想方法的渗透对数据分析的各个方面都有积极影响。数学思想方法是数学学习的重要生命线，是数学的精髓。掌握了数学方法就是掌握了数学理论和内容的本质，能够帮助学生更加深刻的交流与总结。因此，教师注重渗透与"数据分析"相关的思想方法是提高数学教学质量的需要。教师在传授知识的过程中要适当渗透随机思想。随机思想是通过对偶然性的研究发现其背后的必然性——统计规律，并通过这种必然性来认识随机现象。随机思想的渗透可以帮助学生更好地理解随机现象的本质，从而在复杂的情境中准确找出随机现象。教师还要适当渗透模型思想。模型思想实质上是将实际问题数学化，进而用数学的方法解决实际问题。在统计与概率的教学中，教师一方面要使学生了解典型模型的构造规律，让学生学会正确地使用模型；另一方面要弄清模型之间的联系，区别易混淆的模型。

3.注重信息技术在教学中的应用

教师在统计与概率教学中运用多媒体技术、计算机软件对提升学生的数据分析素养有着积极影响。教师要注意在教学中综合运用多媒体等现代信息技术。新

课标中强调，高中数学课程应提倡实现信息技术与课程内容的有机整合，提倡利用信息技术呈现以往教学中难以呈现的课程内容，加强数学教学与信息技术的结合，鼓励学生运用多媒体信息技术进行探索和发现。高中数学课程中数据分析素养的培养主要集中在统计与概率模块。传统板书的教学方法已经不足以引起学生的兴趣。利用多媒体技术，教师可以展示板书所不能展示的内容。例如，准确地绘制图表，进行大量的模拟试验，展示样本平均数及标准差的求取过程，展示使用工作表计算回归直线方程等正态分布模型的建立，展示随着期望与方差的改变正态分布图形的变化。现代信息技术多媒体的使用不仅生动地展示了教学内容，还扩大了课堂容量，为学生和教师节省了大量的时间。最重要的是，多媒体技术让学生经历了知识发现的过程，提高了学生的兴趣和学习效率。

4.注重数据分析案例教学，在解决现实问题的过程中提升素养

教师注重案例教学，注重解决以现实为背景的问题对学生数据分析素养有积极影响。新课标中提出，为了更好地体会统计思想和概率的意义，强调数学必须通过典型案例来进行。丰富的案例素材能够增加学生见识，丰富学生头脑。引用现实题材中的素材，使学生在处理问题时能够感受到生活气息，唤起情感上的归属感，提升学习情趣与积极性，从而促进学生的主动思考与交流，培养学生用数学解决实际问题的意识和能力。解决现实问题的过程还能让学生认识到统计与概率知识和自身的生活密切相关，并能够结合自身的经验和背景，将所学知识应用于实践，将数学应用于生活，增强学生学好数学的自信心。

5.注重让学生经历数据分析的全过程

让学生经历数据分析的全过程对学生数据分析素养的思维、表达和交流、反思方面有积极影响。数据分析的过程包括收集数据提取信息、利用图表展示数据、构建模型分析数据、解释知识获取数据。新课标中指出，要求学生了解在现实生活中有许多问题应当先做调查研究，收集数据，通过分析做出判断，体会数据中蕴含的信息。因此，培养学生的数据分析素养要注重过程性，组织学生展开完整的数据调查活动，让学生经历数据的收集、整理、分析及信息的获取和结论

的推断等过程，感受概率和统计在工作、生活甚至科学技术方面的重要作用，不断提升学生的数据分析素养。

6. 注重指导学生根据不同的统计与概率问题选择不同的方法

教师指导学生根据不同的统计与概率问题选择不同的方法对学生数据分析素养的问题与情境、知识与技能方面都有积极影响。高中阶段的学习中涉及的概率模型主要有古典概型、几何概型、条件概率、二项分布、超几何分布等。教师将几种模型的概念、特点和求解方法归纳明确是概率有效教学的一个重要策略，同时能够将问题变得清晰直观。高中阶段主要学习的统计问题有随机抽样、样本估计等，体会用样本估计总体的思想。以统计抽样为例，要根据不同的问题情境选择不同的抽样方法才能使样本更具有代表性。因此，教师在传授知识的同时指导学生根据不同的概率或统计问题，选用不同的方法，更加有利于问题的解决。

7. 注重指导学生建立完整的统计与概率的知识网络

教师指导学生建立完整的统计与概率的知识网络对学生数据分析素养的知识与技能方面有积极影响。数学知识网络是数学课程与教材的知识体系，是由数学概念、公理、定理和方法构成的知识结构。它是形成学生认知结构的基础，是形成学生头脑中知识的基础。中学数学课堂中完善学生的数学知识结构是非常必要的，有利于建立数学知识之间的联系，是促进数学学习的有效措施。建立统计与概率的知识网络，有助于学生理解统计与概率之间的联系和区别，有助于学生选择适当的概率模型解决问题，从而提高解题能力，有效地帮助学生进行知识的迁移。

8. 注重指导学生整理数据

教师注重指导学生整理数据对学生数据分析素养的问题与情境、思维与表达、交流与反思方面都有积极影响。整理数据是对调查、观察、试验等研究活动中所收集到的资料进行检验、归类编码和数字编码的过程。学生学会整理数据能够锻炼归纳能力，从而能够在大量信息中准确找出有效信息。整理数据的方法有很多，如分类、排序、分组、编码等。学生学习整理数据还可以锻炼思维，感悟归纳推理的思想。因此，教师要注重在教学中指导学生整理数据。

9.合理地对学生数据分析学习方法进行指导

经过调查、计算、分析等活动发现，教师在指导学生数据分析学习方法时，对学生数据分析素养的知识与技能和思维与表达两方面起反作用。因此，教师要合理地指导学生学习数据分析的方法，指导学生学会听课、学会记忆、学会总结等。例如，在学习统计与概率的知识时，教师要指导学生预习，让学生带着问题学习，课堂上积极参与互动，共同经历数据分析的过程；在记忆知识点时，教师要指导学生合理用脑，适当教授学生记忆方法；在总结统计与概率知识时，教师要指导学生总结解题思路等。

10.合理地培养学生的数学问题解决能力

通过 AMOS 计算得出，教师培养学生的数学问题解决能力对学生数据分析素养的知识与技能和思维与表达两方面起反作用。因此，教师在培养学生问题解决能力时要注意从学生的实际出发提出问题，给学生提供自主探索和交流的机会，让学生真正地掌握统计与概率知识，训练表达能力。

11.合理地指导学生从数据中提取信息

教师在指导学生从数据中获取信息时，对培养学生数据分析素养的情境与问题、知识与技能、思维与表达、交流与反思等方面都起反作用。这就要求教师对学生信息提取的指导要更加合理。除了要教授学生一般的信息提取方法（如观察法、试验法等），还要为学生创造适当的收集信息的外部环境（如可以通过适当的激励方法，调动学生对信息收集的兴趣等）。

12.合理地指导学生加强统计与概率知识之间的联系

经过 AMOS 计算得出，教师在指导学生加强统计与概率知识之间的联系时，对学生数据分析素养的知识与技能、思维与表达两方面起反作用。因此，教师应帮助学生准确地分清概率问题和统计问题，避免概念混淆，同时也要讲明统计与概率知识之间的联系，从而帮助学生提升数据分析素养。

13. 合理地指导学生用学习统计与概率模块的方法学习统计与概率知识

教师在指导学生避免用学习其他模块知识的方法学习统计与概率知识时，对学生数据分析素养的知识与技能、思维与表达两方面起反作用。因此，教师要弄清数学学习的通法及统计与概率模块知识的特法，了解哪些学习方法能用于学习统计概率知识，哪些方法只能用于学习其他数学知识，帮助学生少走弯路。

14. 合理地指导学生掌握数据分析的方法

经过 AMOS 计算发现，教师在指导学生掌握数据分析方法时，对培养学生数据分析素养的情境与问题、思维与表达两方面起反作用。因此，教师要注意鼓励学生从多角度分析数据，帮助学生掌握各种统计量的意义和作用，从不同情境中准确提取有用信息，并能够通过合理的统计量表达出来。

15. 合理地指导学生在实际应用中分析数据

经过 AMOS 计算发现，教师指导学生在实际应用中分析数据对学生数据分析素养没有起到积极的正向作用。教师要合理地指导学生在实际应用中分析数据。

16. 合理地指导学生在解决简单案例过程中提出与数据分析相关的问题

经过 AMOS 计算发现，教师指导学生在解决简单案例过程中提出与数据分析相关的问题对学生数据分析素养的培养起反作用。教师要合理地指导学生在案例中提出数据分析相关问题。

（二）课堂教学策略

1. 依托于主题强化，让学生体验案例应用过程

主题教学，即以深度学习为核心的单元教学，其在课程设计中以课时为单位，有助于教学流程的简化和教学活动的优化，引导学生更系统地学习，形成更完整的知识框架。将主题课程内容渗透于单元课程中加以把控，需要教师强化对课程内容本质的深入剖析，紧抓授课期间数学理念的融入，强调学生核心素养的养成，继而在潜入默转中扩宽学生的视野，助推课堂效率的不断提升。例如，高中数学中有关统计部分的知识，可以将数学建模、统计、统计案例等部分汇整为

一个教学主题，同时在习题设置上尽量取材于生活实践。如此，学生在进行数学分析的同时还能切实意识到数学知识本身的实用性。

例题：有6只动物，其中1只患有疾病，必须经过血液检测才能找出具体是哪只动物患病。如果化验结果为阳性表示患病，为阴性则表示没有患病，以下是两种化验方案。

方案一：依次对6只动物进行检测，直至找出病畜。

方案二：从6只动物中随机选取3只动物，抽取其血液样本加以混合，然后进行检测，若化验结果为阳性，则表示病畜在这3只动物之中，依次对这3只动物进行检测，直至找出病畜；若化验结果为阴性，则表示病畜不在此列，而在其他3只动物之中，依次对这3只动物进行化验，直至找出病畜。

用X表示采用方案一所需的化验次数，求X的数值。如果化验一次需要30元，那么，要想降低化验总费用，最好采用哪种化验方案？

该题运用的检测方法同之前各地区为便于新冠感染检测而实行的混检法相似，可以极大地调动学生进行数据分析、探寻解题方式的积极性，同时也使得学生在分析、思考、探索的过程中发现数学知识的实用价值。

2.依托于校本延伸，让学生感知数据分析过程

校园是课程教学的主要阵地，校本课程作为常规课程的有力补充，亦是课堂教学的重要延伸，可以立足于学校实际、学生学情、教学现状等多元要素，对校本课程加以针对性建设。就高中学年段而言，课标修订的关键在于助推数学核心素养的强化，依靠设置适宜的学习任务、恰当的学习情境、合理的学习活动等手段，将核心素养融入常规教学的点滴。教学评价形式的优化将使知识能力的评价同核心素养的养成整合于一体，继而达到课标所强调的学业质量标准的相关要求，实现立德树人这一核心目标。例如，对于学生数据分析素养的强化，教师可以在教学之余设计若干小课题，面向研究对象，让学生通过合理方式获取数据，巧用数学方法汇整数据，由此提取关键信息，继而构建数学模型。在对数据加以分析和推断的过程中，教师要对与研究对象相关的结论加以概括，引导学生在切

身实践中感知数据分析的详细过程。总之，活动化校本课程正是依托于学生的内、外在活动，让他们获得感性、理性上的认识，继而达成教学目的。在小课题的研究实践中，引导学生切实经历数据分析的详细过程，方能更深入地感知数据分析的意义，继而强化这一素养。

3.立足于数据分析完善高中数学课堂模式

课堂模式是教师贯彻自身教学理念、发挥才能素养的整体展现。好的课堂模式可成为提升教学效率和学生听课水平的重要推动力。立足于数据分析，循序优化课堂模式，革新以往照本宣科式的固化教育，有助于教学效率及品质的双向提升。例如，可以推行"五环双优"课堂模式，在框架上包含先学先行、问题反馈、交流研讨、当堂练习、延伸应用五个具体的环节，本质上属于以学生的自主合作学习为主导的参与式、合作式、探究式教学。与此同时，为做到高效化、精准化、针对性教学，教师可以将智慧课堂、智能作业引入其中，推进精准授课和数据沉淀，实现"信息化＋五环教学"的深层次融合和优化，使得课堂教学效率不断提高。在信息化"五环双优"课堂模式下，学生的学习行为和学习信息便会被大数据收录和统计，加之数据收集本身比较客观全面，能更好地防范因学生主观原因而产生的数据无效化问题。另外，立足于数据分析与统计的相关结果，针对学生加以分类、分层是实现层次化教学的先决基础。推行可操作性、时效性相整合的授课方针，致力于提高课堂教学的层次性和针对性，方能为学生的高效听课及核心素养的培养保驾护航。具体来看，可以以课堂表现、测试成绩、作业完成情况为基准，将班上学生划分为优秀、良好、基础三个层次，基于各层次学生的学情水平、理解能力拟定与之相宜的课堂目标及授课方案。课堂授课目标的拟定，一方面应基于课程大纲的相关要求针对各类型、各层次学生加以动态化调整，充分凸显数学教学的原则性，另一方面也应立足实际，兼顾不同学情水平学生的特殊性。

第五节　大数据背景下高中生心智发展研究——以数形结合为例

能力的形成必须以知识和技能为基础。基于数学的特点，数学技能主要表现为心智技能。心智技能是知识向能力发展的桥梁，通过心智技能的训练提升能力是重要的途径。数形结合是数学研究和探索的基本途径，也是基本的心智技能。

一、按阶段系统培养，确定重点

高中生心智技能正处于发展中，其心智技能发展具有一定的规律性，如果忽略学生自身心智技能发展的特点和阶段性，将达不到培养目标，甚至会背道而驰。很多学生之所以数形结合的能力较弱，是因为他们的数学教师虽强调过数形结合思想，但在进行数形结合教学时，较少关注学生数形结合心智技能发展的规律，对学生心智技能发展特点缺乏深入的研究。因此，教师教学时，教师应充分尊重学生心智技能发展的规律，依据学生心智技能发展的阶段进行教学设计，由低级到高级，由简单到复杂，由具体到抽象，循序渐进，连续不断地培养学生数形结合心智技能。

（一）构建各阶段培养模式

建构数形结合心智技能各个阶段的培养模式有一定的必要性，不仅可以增强教师分阶段培养的意识，而且有利于提高教学的针对性和有效性。借鉴加涅、加里培林、安德森、冯忠良等学者有关心智技能的理论，数形结合心智技能发展按顺序分为定向阶段、操作阶段、内化阶段三个主要阶段，根据各阶段发展特点，可形成不同的培养模式。

1. 定向阶段培养模式

这个阶段要在学生头脑中建构起数形结合的有关知识，主要教会学生数形结合活动如何进行。学生在初中阶段已遇到过一些几何问题用代数来处理，复杂的代数问题也可以用几何方法表示出来，已经具有一些代数和几何的基本知识，但是没有明确的活动方向，并且使用数形结合的方法也比较随意，意识性不强。因此，进入高中阶段，教师必须让学生有意识地使用数形结合的方法。这也是有效形成数形结合思想的第一步。

数形结合方法的使用首先让学生在头脑中建立"数"与"形"的联系，认知"数"与"形"的关系。如教师在讲解函数的表示方法时，对于同一个函数关系，如果既能用解析式来表示又能用图象来表示时，可以适时地让学生体会解析式与图象的本质特征，在"数"与"形"之间建立联系。其次，让学生在探索解决问题的过程中，知道数形结合活动的方向，确定数形结合活动的操作程序，并能够对各步心智动作及其执行程序加以概括。这里教师可以通过实例引导学生，通过判断问题的性质→找已知条件→明确活动的方向这些思维活动，让学生知道数形转化的两个方向，对于代数问题可以转化为几何问题，几何问题可以用代数形式来表达。最后，教师在讲解练习时应完整地将使用数形结合的方法示范展示出来，并讲解给学生听，有意识地让学生亲自感受由数构图和由图构式的实践模式，帮助学生在大脑中构建起完整的有关数形结合活动模式的思维图式。在这里，教师的引导是促进学生形成数形结合心智技能的重要外部条件。

2. 操作阶段培养模式

经过定向阶段的学习，学生头脑中已经初步建立了定向映像，熟悉了数形结合心智模式的基本组成结构和操作方式方可进入操作阶段。以下是此阶段培养模式。

首先，必须向学生强调操作活动目标的重要性，让学生在每次操作练习前务必明确目标，这是保证心智活动顺利进行的前提。例如，证明两条直线垂直的模式操作，首先要让学生明确操作活动的目标是将两条直线垂直问题转化为求两向量的数量积为 0 或两条直线的斜率乘积为 -1 的问题，活动方向是从"形"到"数"的转换。

其次，要使学生按照数形结合心智活动的一般模式，即"数"转化为"形"或"形"转化为"数"来展开。在数形结合心智活动中，学生必须知道每一步的原因，找到每一步依据的公式、定理、法则等，并对每个操作动作进行及时检查，以便养成良好的习惯，使获得的数形结合心智活动方式趋于稳定。例如，证明两条直线垂直的操作顺序如下：建立坐标系；几何转化为代数，化为向量或直线方程；化为向量的数量积或直线斜率的乘积；求值证明；检查。紧接着，要不断对学生进行变式训练，让学生在不断变化的问题情景中进行练习，这可以使学生在直觉水平上获得数形结合活动的心智操作模式，为心智技能内化打下良好的基础。

最后，讲解时应给学生机会让其先用自己的话对操作活动的目标、步骤及其依据进行叙述，后面教师也要使用外部语言准确地描述，进行总结。心理学认为，在模式定向和模式操作阶段，外部语言作为心智活动的标志及执行工具，在模式内化过程中具有十分重要的意义。另外，用自己的语言描述数学活动的过程，对于促进学生对活动的理解具有重要作用，而且也是检验理解和技能掌握水平的一种手段。

3. 内化阶段培养模式

内化阶段的完成标志着数形结合心智技能的形成，外部的操作动作转化为内部，几乎都在头脑里进行，并且好像失去了意识，自动化了，具有一定的直觉思维。依据心智技能理论，学生心智活动必须经历如下过程：运用出声言语对智力活动作精确的练习→从出声言语活动向内部转化到以内部不出声的言语自由叙述→心智活动的压缩和自动化。要让学生达到自动化的水平绝非易事，加之很多教师认为数形结合思想是隐性的知识，偏向于隐性的渗透，因此，学生要内化数形结合思想方法，形成数形结合心智技能，教师可以适当地将隐性数形结合教学向显性数形结合教学转变，并进行专题教学，结合具体实例，形成综合运用能力，抽象概括提升学生解决问题的能力。在进行专题教学时以学生为主体，让学生多抽象概括运用数形结合解决问题的方法。在学生出现思维障碍时，教师只需进行适当指导，帮助学生将数形结合专题活动进一步内化，并概括出解决数形结合问题的一般模式及规律，最终学生的心智活动方式达到定型化、简缩化、自动化的程度。例如，学生在遇到复杂的数形结合问题时能够系统地分析、处理问题，不再纠结每一步该怎么做，思维极其流畅。

（二）合理设置教学目标

教师教学的随机性在很大程度上反映在对教学目标的设置上。部分教师对数形结合的讲解表现为没有教学目标。针对这类问题，教学时教师应该注意设置教学目标，从而促进学生更好地掌握数形结合心智技能。

设置目标时尽管可以把心智技能发展理论作为依据，但仍需结合实际情况进行教学设计，尤其是在教学目标的确立上，我们应该理论结合实际，合理设置教学目标。根据心智技能发展理论，结合学生的认知规律、知识水平，数形结合心智技能宜采用螺旋上升的模式进行培养，并贯穿于整个高中。教学目标设置主要从阶段目标和课时目标两方面着手，统筹兼顾。

阶段目标：目前高中分为高一、高二、高三阶段，因此我们可以以此来划分阶段，制定阶段目标。首先，在每个阶段教学前，教师需要对学生学习准备状况进行了解。例如，学生具备哪些学习的知识和能力，分析其数形结合心智技能形成内部条件的状况。其次，每个阶段对学生数形结合心智技能培养目标要定位清楚，依据学生的情况制定不同层次的目标。最后，每个学段对学生的要求要清楚，依据学生的身心发展规律和所掌握的知识技能，为学生提供与其年龄段相符的教学目标。每个阶段目标也要有所区分和侧重，对数形结合能力要求要有所侧重。如在高一年级阶段的课堂教学中，教师在完整地向学生呈现数形结合的心智活动，经历数形结合心智技能发展的三个阶段的过程中，对数形结合心智技能操作、内化阶段的要求可以适当降低，但应侧重对学生数形结合心智技能定向阶段的培养，主要目标是使学生头脑中具有数形结合的意识，明确数形结合的活动方向，能够理解并模仿教师的操作程序；高二年级阶段在加深学生对数形结合心智技能发展的三个阶段的过程理解的基础上，对数形结合心智技能内化阶段的要求可以适当降低，且他们定向阶段已经基本达到成熟，可侧重对学生数形结合心智技能定向阶段的培养，主要目标是要求学生熟练掌握构图、构式、运算技能，能够流畅、灵活地进行数形结合活动；高三年级阶段在学生对数形结合心智技能发展的三个阶段活动过程都达到成熟后，应侧重对学生数形结合心智技能内化阶段的培养，主要目标是让学生数形结合心智技能活动接近自动化水平。

课时目标：课时目标是阶段目标的具体化，每一个阶段的目标都可以分为若干个小的课时目标，课时目标的实现是阶段目标实现的基本保障。根据课的类型不同，我们需要结合具体内容，设置课时教学目标。如新授的概念课，教学目标更多考虑的是通过学生对概念的理解，发现"数"和"形"的特点，发展数形结合意识，进而发展数形结合思想。习题课的教学目标则侧重学生对构图、构式、运算技能的掌握，要求学生熟练掌握数形结合心智技能相关的基本技能。数形结合专题课的教学目标应该注重对学生抽象概括能力的培养，通过专题学习，引导学生自觉对数形结合相关知识进行概括，形成或改造自己的认知结构，形成良好的认知结构。

教学目标是我们根据教材内容特点和学生的实际情况对学生所做的预期要求，既是教学的终点也是教学的出发点。我们可以从多角度分析数形结合的教学目标，根据学习阶段的不同可以将数形结合的教学目标分为阶段目标和课时目标，根据具体内容可以分为过程目标和结果目标。通过对教学目标的细化，教学时教师才能做到心中有数，提高教学的效果。

（三）科学进行评价

教师在教学中之所以表现出随机性，目标不明确的很大原因在于数形结合心智技能具有内隐性的特点，不易评价。因此，教师需要结合理论，科学、合理地对学生数形结合心智技能水平进行评价。我们可以参照心智技能发展阶段水平结合学生实际情况进行划分，将其分为三个水平六个阶段。

第一水平：定向水平，包含数形结合意义建构和活动定向阶段，主要表现为在代数表征与几何表征之间建立结构映射（对应关系），完成数形结合的意义建构和了解，熟悉数形结合的每个心智动作。该时期是学生数形结合心智技能得以发展的重要基础。

第二水平：操作水平，分为数形结合心智技能整合阶段和稳定阶段，主要表现为获得数形结合完整、正确的活动经验和形成完备的动作映像，心智动作活动具有一定的稳定性。该时期是学生数形结合心智技能得以发展的重要途径。

第三水平：内化水平，分为自动化阶段和直觉思维阶段，主要表现为对数形结合问题能动地进行概括、类化，并达到自动化和能以直觉的方式对问题进行分析和判断。该时期是学生数形结合心智技能获得良好发展的重要体现。

教学时，教师要形成整体意识，将定向阶段、操作阶段、内化阶段看成数形结合心智技能发展的一个完整体系，遵循心智技能的发展规律，依次进行培养。对学生数形结合心智技能的评价也要系统化，便于及时进入下一个培养阶段，促进教师改进教学方法、学生调整学习方法。

二、强化意识，夯实基础

数学教师都能关注数形结合的教学，但能做到将数形结合能力提升作为重要教学目标的还不够多。因此，强化数形结合能力培养的意识对提升学生数形结合能力具有重要的意义。研究表明，学生的知识基础是数形结合形成的重要条件。因此，夯实知识基础也是重要的提升数形结合能力的途径。

（一）重视概念学习，发展意识

学生中存在一个共同的问题，就是对数形结合概念的表征和理解不够深入，这说明概念的掌握对数形结合心智技能的形成是有影响的。概念在心智技能的形成过程中具有重要的作用。概念是建构学生技能内部条件的基础，是知识体系中最基础的部分。概念的形成也是知识意义建构的过程。数学认知结构的建立主要是概念的建立和概念联系的建立。概念的学习是形成技能的内部因素，是形成数形结合意识的主要途径。因此，针对此类问题，我们需要引导学生重视概念学习，发展意识。

高中教材中很多重要的基础概念蕴含着数形结合的思想方法。下面以向量和解析几何学习为例进行说明。

向量是数形结合思想方法发展中的一个重大突破。教材首先从几何的角度给出向量的概念，介绍向量的几何表示，向量加法、减法的运算及其几何意义。在平面向量的基本定理中，慢慢由几何转向代数，通过平面向量的正交分解引入坐标表示，通过坐标运算可将几何问题转化为代数问题，进行垂直、平行关系的判定及夹角的求解。依据向量的概念，向量具有数和形两方面的特点，是培养数形结合意识的良好载体。概念的学习不是简单的信息传递，而是学生在教师引导下主动地在已有知识经验的基础上建构新的知识，促进学生认知结构不断完善。

（二）自觉概括，完善认知结构

学生头脑中形成了一定的概念，也不一定能形成数形结合心智技能。如 C 同学虽然头脑中有一定概念，但是没有将这些概念进行梳理，形成知识认知结构；而 B 同学善于主动将所学知识进行归纳，具有良好的认知结构，数形结合心智技能掌握情况比 C 同学好。针对 C 同学这类问题，我们需要引导学生自觉概括，这样不仅可以完善认知结构，也可以进一步强化学生数形结合的意识。归纳概括是促进知识和技能在头脑中记忆、简缩存储的重要途径，心智技能的内化往往需要通过思维概括才能达到。学生是学习的主体。教学应该充分发挥学生的主动性，激活学生的思维，让学生对所学知识进行概括，使知识一般化，促进学生思维的发展。随着学生对数形结合知识自觉进行概括，学生的认知结构会越来越完善。学生在进行自觉概括时应遵循教师为主导、学生为主体的教学原则。教师可以向学生讲授制作思维导图、列表、画图等方法，启发引导学生从数形结合适用范围、"数"转化为"形"的途径、"形"转化为"数"的途径三个方面进行概括。

1. 数形结合适用范围

从高中数学教材来看，数形结合思想方法与函数（一次函数、二次函数、幂函数、指数函数、对数函数、三角函数等）、数列、平面向量、不等式、平面解析几何初步及圆锥曲线与方程、立体几何等知识都有关。要在头脑中形成知识网络，需要学生对各部分内容进行自觉概括。

2."数"转化为"形"的途径

"数"转化为"形"的主要途径是将代数式的几何意义通过图形表示出来。

如：函数 $y = \dfrac{1}{1-x}$ 的图象与函数 $y = 2\sin \pi x\,(-2 \leqslant x \leqslant 4)$ 的图象的所有交点的横坐标之和等于 _____。

反比例函数 $y = \dfrac{1}{1-x}$ 和三角函数 $y = 2\sin \pi x\,(-2 \leqslant x \leqslant 4)$ 都是由最基本的初等函数经过变换得到的。此题需要学生掌握一些初等函数的概念及性质，知道这些函数图形的几何性质，并能转化为下图。借助图形的直观性不难发现，两个图象都关于点（1，0）中心对称，在 $[-2,4]$ 上共有 8 个交点。设这 8 个交点的横坐标分别为 x_1，x_2，x_3，…，x_8，则由函数图象的中心对称性可知，$x_1 + x_8 = 2$，$x_2 + x_7 = 2$，$x_3 + x_6 = 2$，$x_4 + x_5 = 2$，故所有交点的横坐标之和等于 8。

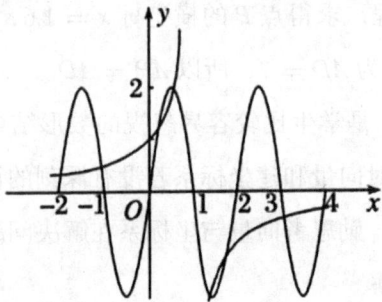

图 8-1

"数"转化为"形"是学生比较常见的数形结合方法，可以鼓励学生集中收集、整理不同代数式的几何意义，尝试将高中阶段所学代数式的几何意义列出来，并画出相应的图象，这对学生内化数形结合的方法具有重要意义。

3."形"转化为"数"的途径

"形"转化为"数"的主要途径是将图形的几何特征通过代数式来表达。

如：在正方形 $ABCD$ 中，点 E 和 F 分别是 AB 和 BC 的中点，连接 CE 和 DF，相交于点 P，连接 AP。求证：$AP=AD$。

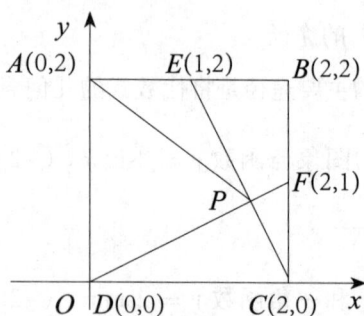

图 8-2

　　由正方形的几何特征，需要学生，以点 D 为原点，DC 所在的直线为 x 轴，DA 所在的直线为 y 轴，通过建立直角坐标系的方法，用代数值来证明 $AP=AD$。设正方形的边长为 2，则 $AE = EB = BF = FC = 1$，D（0,0），A（0,2），E（1,2），F（2,1），C（2,0），则可求出直线 CE 的方程为 $y = -2x + 4$，直线 FD 的方程为 $y = 0.5x$，联立两个方程，求得点 P 的横坐标 $x = 1.6$，纵坐标 $y = 0.8$，由两点距离公式得 $AP = 2$。因为 $AD = 2$，所以 $AP = AD$。

　　"数"转化为"形"是学生比较容易忽视的数形结合方法，需要借助向量和坐标系才能完成，学生对向量和建坐标系若没有深刻的认识很难做到。应让学生对这一类问题进行整理，勤思考向量与坐标系在解决问题中的作用，并引导其制作思维导图不断加深理解。

　　（三）加强技能训练，丰富经验

　　数形结合心智技能是由一系列心智活动组成的，组成要素有构图技能、构式技能、运算技能，其中只要有一个心智技能没有顺利完成，数形结合心智技能活动就会受阻。调查访谈中，我们发现 C 同学、E 同学、F 同学分别因为构式技能、运算技能、构图技能运用不熟练，进而导致不能顺利完成数形结合心智活动。因此，对于学生学习中出现的此类现象，教学中教师对数形结合有关的技能予以重视，并加强训练，在训练中让他们获得成功运用这些技能的体验。

　　1.构图技能训练

　　构图技能是"数"转化为"形"的重要途径，其考虑的重点在于数形结合心智活动中的几何表征问题。重视培养学生的构图技能，对建立良好的几何表征知识结构具有重要意义。构图技能的培养可以从下面几个方面入手：首先，让学生了解基本图形的画法，如二次函数图象、指数函数图象、对数函数图象等，并让学生自己亲自操作，在学生犯错时及时纠正。如画函数图象时很多学生忽略了定义域，这时教师要指出注意定义域可以做到画图的准确性。接着，让学生了解平移、对称、翻转等基本图形变换，要求学生能准确画出变换后的图形。最后，让学生了解一些代数关系的几何意义，掌握这些代数关系式的基本画法，如圆的方程、椭圆的方程、双曲线的方程等。

2. 构式技能训练

构式技能是"形"转化为"数"的重要途径，其考虑的重点在于数形结合心智活动中的代数表征问题。重视培养学生的构图技能，对建立良好的代数表征知识结构具有重要意义。构图技能的培养可以从下面几个方面入手：首先，让学生理解并记忆一些常见代数关系式的几何意义，如 $\frac{x}{a}+\frac{y}{b}=1$，了解一些基本图形的代数表达式，会求一些简单图形的解析式或方程。接着，让学生了解一些常见几何证明的代数表达式，如垂直、平行、相交等几何位置关系。最后，加强训练学生识图的能力，让学生能够根据图形的特点，构造其代数表达式。

3. 运算技能训练

运算技能是数形结合的一个重要环节，其考虑的重点在于数形结合心智活动中的运算问题。数形结合心智活动中的运算可以使学生构图和构式更加准确，有利于问题的最终解决，对数形结合具有重要意义。计算是数学学习最基本的技能之一。高中很多知识的掌握离不开计算，如函数最值问题、三角函数问题、数列问题、向量问题等。学生在小学和初中虽然有了一定的计算基础，但是高中阶段的计算远比小学、初中复杂，且有部分学生的运算能力较差。因此，教学时教师还应该给予重视，课堂练习及课后的习题练习应让学生亲自动手多做些，不断加强学生的计算能力。

对于学生构图技能、构式技能、运算技能的训练，应将其落实在平时教学中的课堂练习和课后作业的布置和检查中，且对学生提出严格的要求，帮助学生养成规范画图、准确计算的良好习惯。

三、逐步示范指导，综合提升能力

数形结合心智技能形成的一个重要外部条件就是教师正确示范与指导。调查访谈中，D 同学的教师尽管认知到数形结合的重要性，并在教学中强调，然而对数形结合活动操作很少示范指导，导致没有达到预期的教学效果。教师的引导对学生具有重要的影响。因此，对于 D 同学教师这类情况，我们可以加强教师对学生的引导，这里可以从两个方面展开：一方面，通过宏观设计教学环节，创建良好的学习环境，综合提升能力；另一方面，通过微观具体的教学方法逐步引导，引导学生养成主动学习数形结合的习惯。

（一）分步设计教学环节

教学时采用建构主义，教学环节设计可以如下：第一，进入问题情境，让学生在数形结合的具体问题情境中进行观察、分析，培养学生观察分析的能力。第二，搭建框架，为学生探索新知识提供必要的概念框架，引导探索。师生共同明确活动的方向，让学生主动地结合已有的知识经验进行比较、类比、综合分析。最后，教师可以通过示范或指出学生在数形结合活动中的不足，对其心智活动进行有效的反馈，及时强化。第三，独立探索。教师不再给予学生帮助或提示，让学生尝试独立思考、分析问题，并由此产生顿悟，发现解决问题的关键，明确活动的方向。

（二）逐步指导示范

问题解决的过程其实是思维的过程，需要对数形结合问题进行观察、比较、类比、综合分析等。在数形结合教学中，我们可以逐步指导示范，启发学生从以下几方面展开分析，帮助学生明确数形结合活动的方向，促进问题解决。

1.观察问题中"图"或"式"的特点

观察是我们发现问题，对问题进行深入分析的基础。可以说，一般问题的解决都需要运用观察，数形结合的问题尤其需要观察。在实际问题中，观察发现代数式或图形的本质属性和特点往往是我们解决问题的关键。因此，在日常的教学中我们要引导学生观察发现问题中"图"或"式"的特点。

2.类比已有知识经验，寻找突破口

在观察发现"图"或"式"的特点后，需要我们在头脑中搜寻已有的知识经验并进行类比，通过知识的迁移，找到问题解决的突破口。由上述观察的结果联想到函数递增，则 $f'(x) > 0$；函数递减，则 $f'(x) < 0$。

3.产生顿悟，明确活动方向

在寻找到问题的突破口后，还需要结合对问题的已知条件、性质、任务的综合分析，对信息进行加工整合，明确活动的方向，即需要经历形—数—形的活动过程。

参考文献

［1］白华贤.高中数学核心素养培养路径探讨——评《基于高中数学核心素养的教学设计与反思》［J］.中国教育学刊，2023,(04):144.

［2］王睿.1995～2021年我国高中数学课程标准研究热点、演进与展望［J］.辽宁师专学报(自然科学版),2023,25(01):21-27+33.

［3］朱蒋俊子.探究高中数学教学中信息技术的运用［J］.学苑教育，2023,(09):59-61.

［4］丁云进.数学建模有效融入高中数学课堂的教学策略研究［A］.//广东省教师继续教育学会.广东省教师继续教育学会教师发展论坛学术研讨会论文集（四）［C］.广东省教师继续教育学会：广东省教师继续教育学会，2023:639-642.

［5］刘春波.数学文化融入高中数学的措施分析［A］.//广东省教师继续教育学会.广东省教师继续教育学会教师发展论坛学术研讨会论文集（四）［C］.广东省教师继续教育学会：广东省教师继续教育学会，2023:844-849.

［6］桑征.数学思维能力在高中数学教学中的培养［A］.//广东省教师继续教育学会.广东省教师继续教育学会教师发展论坛学术研讨会论文集（三）［C］.广东省教师继续教育学会：广东省教师继续教育学会，2023:991-997.

［7］谷金花.有效教学情境的特征及其策略分析——以高中数学课堂教学为例［A］.//廊坊市应用经济学会.社会发展——跨越时空 经济基础论文集（一）［C］.廊坊市应用经济学会：廊坊市应用经济学会，2023:2088-2093.

［8］白露．基于深度学习的高中数学课堂教学问题设计［A］.//廊坊市应用经济学会．社会发展——跨越时空 经济基础论文集（一）［C］.廊坊市应用经济学会：廊坊市应用经济学会，2023:357-362.

［9］彭燕伟，吕世虎．国际高中数学课程结构的特点及启示［J］.内蒙古师范大学学报(教育科学版),2023,36(01):106-113.

［10］秦开武，别军．在高中数学教学中融入数学建模思维的实践策略探究［J］.教师教育论坛，2023,36(02):54-56.

［11］黄景怡．高中数学问题教学模式应用探究——评《高中数学基于"问题解决"的课堂教学与设计》[J］.中国教育学刊，2023,(02):113.

［12］李小强．构建高中数学高效课堂的初步探讨［A］.//中国陶行知研究会．第八届生活教育学术论坛论文集［C］.中国陶行知研究会：中国陶行知研究会，2023:119-121.

［13］陈俊菁．高中数学教学中合作学习模式的应用探索［J］.高考，2023,(04):89-92.

［14］王群峰．高中数学的单元整体教学设计初探［J］.高考，2023,(03):24-27.

［15］孟凡营．例谈高中数学教学情境设计的途径［A］.//中国国际科技促进会国际院士联合体工作委员会．2023年教育理论与实践科研学术研究论坛论文集（四）［C］.中国国际科技促进会国际院士联合体工作委员会：中国国际科技促进会国际院士联合体工作委员会，2023:473-475.

［16］方翠．探究数学建模思想在高中数学教学的应用［A］.//中国国际科技促进会国际院士联合体工作委员会．2023年创新教育实践国际学术会议论文集（二）［C］.中国国际科技促进会国际院士联合体工作委员会：中国国际科技促进会国际院士联合体工作委员会，2023:808-811.

［17］王立茹．高中数学教学中渗透数学文化的作用思考［J］.高考，2023,(02):24-26.

［18］邵耀荣．新课标下高中数学概念教学探讨［J］.高考，2023,(02):45-47.

［19］陶雄. 探索高中数学建模的实施［A］. // 中国国际科技促进会国际院士联合体工作委员会.2023 年课程教育探索学术论坛论文集（二）［C］. 中国国际科技促进会国际院士联合体工作委员会：中国国际科技促进会国际院士联合体工作委员会，2023:666-670.

［20］马常青. 数学史视角下的高中数学教学策略探析［A］. // 中国国际科技促进会国际院士联合体工作委员会.2023 年现代化教育国际研究学会论文集（一）［C］. 中国国际科技促进会国际院士联合体工作委员会：中国国际科技促进会国际院士联合体工作委员会，2023:307-309.